VISUAL READING : Text and Paratext in the Middle Ages

西洋中世におけるテクストとパラテクスト

ヴィジュアル・リーディング

松田隆美——著

ありな書房

ヴィジュアル・リーディング——西洋中世におけるテクストとパラテクスト

目次

序　章　中世写本のイメージとテクスト　7
1　教会によるイメージの擁護
2　中世写本の挿絵の類型
3　コンピラティオとミセラニー性
4　西洋中世の書物生産と流通
第一章　時禱書のテクストとパラテクスト　39
1　書物としての時禱書
2　時禱書の利用の実際
3　時禱書の基本的構成
4　時禱書の制作と書籍工房
5　活版印刷による時禱書
6　時禱書の用途の多様化
第二章　時禱書の変容――典礼書から教訓書へ　95
1　周縁部のイメージ
2　予型論の物語絵シリーズ
3　暦の中世的宇宙
4　「人生における諸時期」

5　時禱書の暦と「人生の十二時期」

第三章　「羊飼いの暦」と中世的宇宙　149
1　羊飼いの知恵と心身の「健康」
2　「羊飼いの暦」と時禱書

第四章　「専門の読み手」とミセラニー写本　185
1　アマチュア絵師の仕事
2　北イングランドの宗教文学ミセラニー写本
3　解釈のユニットとしてのコンピラティオ

終　章　中世の書物のポピュラリティ　215

註　220

主要参考文献　237

あとがき　247

人名／著作名索引　254——i

Takami MATSUDA

VISUAL READING
Text and Paratext in the Middle Ages

ヴィジュアル・リーディング——西洋中世におけるテクストとパラテクスト

序　章　中世写本のイメージとテクスト

1　教会によるイメージの擁護

西洋中世の書物の大半は挿絵入りである。一五世紀に活版印刷術が発明される以前の手書きの書物（マニュスクリプト、写本）では、写字生が写したテクストをとりかこむように、細密画、装飾イニシャル（頭文字）、欄外装飾、行の後ろの埋め草など、なんらかの絵や模様が描かれた彩色写本が一般的であり、装飾的な要素が一切ないテクストのみの写本はむしろ稀と言ってよい。『ヨハネによる福音書』の「初めに言《ことば》があった」という章句が端的に示すように、キリスト教はイメージよりもテクストに優位性を与えているが、一方で教化や思索におけるイメージの役割も中世初期から重視されてきた。教皇グレゴリウス一世は、五九九年と六〇〇年にマルセイユ司教のセレヌスにあてて送った書簡のなかで、その地でおきた聖像破壊行為を諫めて、以下のように述べている。

> というのも、絵を崇めることと絵に描かれた物語を通じて何を崇めるべきかを学ぶことは別のことである。なぜなら、文（書かれたもの）がそれを読む者たちに示すものを、絵はそれを見る無学な者たちに示すのだから。というのも、無学な者たちは絵のなかに彼らが従うべきものを見、文字の読めない者たちは絵のなかで読むからである。しかるに、とくに異教徒たちにとって絵は読むことのかわりになっている。……だから、崇められるため

ではなく、無学な者の心を教え諭すものとして教会に据えられているものは、破壊されるべきではない。[☆1]

この書簡におけるグレゴリウスの真意についてはさまざまな解釈がなされているが、ここでは布教におけるイメージの効用を擁護しているものの、絵が文字にかわって非識字者に同じ内容を伝えるという、文字通りのことを主張しているわけではない。[☆2] だがこのグレゴリウスの言葉は、ときに字義通りに受けとられて、中世を通じてイメージの利用をめぐる議論のなかでくりかえし用いられた。[☆3] 中世においてもっとも広く読まれた典礼論であるマンドのドゥランドゥスの『聖務日課の原理』（一二八六年）では、教会の絵画や装飾について論じた章で、イメージとテクストの関係についてさらに詳しく論じられている。ドゥランドゥスはこの章をこのグレゴリウスからの引用で始め、偶像崇拝を禁じた聖書のさまざまな章句を引用したあとで、さらに次のように続けている。

しかし、避けるべき邪悪な物事や見習うべき良き事々を節度をもって絵画に表わすことは責めるに値しない。主はエゼキエルにたしかに「入って、彼らがここで行っている邪悪で忌まわしいことを見なさい」と言って示した。「入って見ていると、周りの壁一面に、あらゆる地を這うものと獣の憎むべき像、およびイスラエルの家のあらゆる偶像が彫り込まれているではないか」（『エゼキエル書』第八章九～一〇節）と。これを受けてグレゴリウスは、彼の著書『牧者の心得』の第二部でこのエピソードを解説して、次のように述べている。「外界にある物の形が内部に描かれると、それらはまるで心のなかに描画されたかのように感じられる。ぼんやりとした像について慎重に考える時にはいつも」。同様に主は、エゼキエルに向かってこのようにも言われている。「れんがを一つ取って目の前に置き、その上に都であるエルサレムを刻みなさい」（『エゼキエル書』第四章一節）と。

だが、今いわれたこうした事柄、つまり像は俗信徒にとっての文字であるということは、福音書にある次のテクストと対立している。「アブラハムは言った。『お前の兄弟たちにはモーセと預言者がいる。彼らに耳を傾けるがよい』」（『ルカによる福音書』第一六章二九節）。……アグドの公会議は教会における絵画の創造と、壁に崇拝や礼拝の対象となるものを描くことを禁じている。しかし、「礼拝されるべきでない」ということにかこつけて絵画が壊されるべきではない、とグレゴリウスは言っている。実際、絵画はテクストよりも魂を大きく動かすように思われる。ある行為が絵画という形で目の前に出されると、その出来事が今目の前で起こっているかのように感じられるが、テクストでは、その行為はただの聞かれるべき物語としか思われず、物事が記憶によって思い起こされる時に魂をあまり動かさない。こうした理由から、われわれは像や絵画に対して示すほどには書物に対してあまり敬意を抱かないのである。[☆4]

ドゥランドゥスはイメージが偶像崇拝につながることを再三指摘しつつも、イメージの方がテクストよりも心を動かすと述べて、その効用については注意深くも積極的に認めている。さらに、ほぼ同時期の神学者ボナヴェントゥーラは、イメージの効用として、信徒を教育し、情動的に信仰心を高め、記憶を助けるという三点を挙げている。同じ内容はより簡潔なかたちで、すでに一二世紀中期にペトルス・ロンバルドゥスが編纂した神学の教科書『命題集』にも見いだされ、イメージを活用する根拠として中世を通じて引用されていたのである。[☆5]

この原理は、書物のなかの挿絵にも当てはまる。しかし、書物ではテクストとイメージが同一平面上で共存しているため、テクストとの関係性を無視して――たとえそれが無関係であるという判断に帰着するとしても――イメージの意味や役割を決定することはできないし、さらにその関係性は、書物の用途や読者層によっても多様に変化するのである。まずその関係性にいくつかの類型を認めることで、中世の書物の特色を考える出発点としたい。

2　中世写本の挿絵の類型

近代の書物においてもっとも一般的な挿絵の役割は、図示によってテクストの理解を助ける補佐的なものであろ

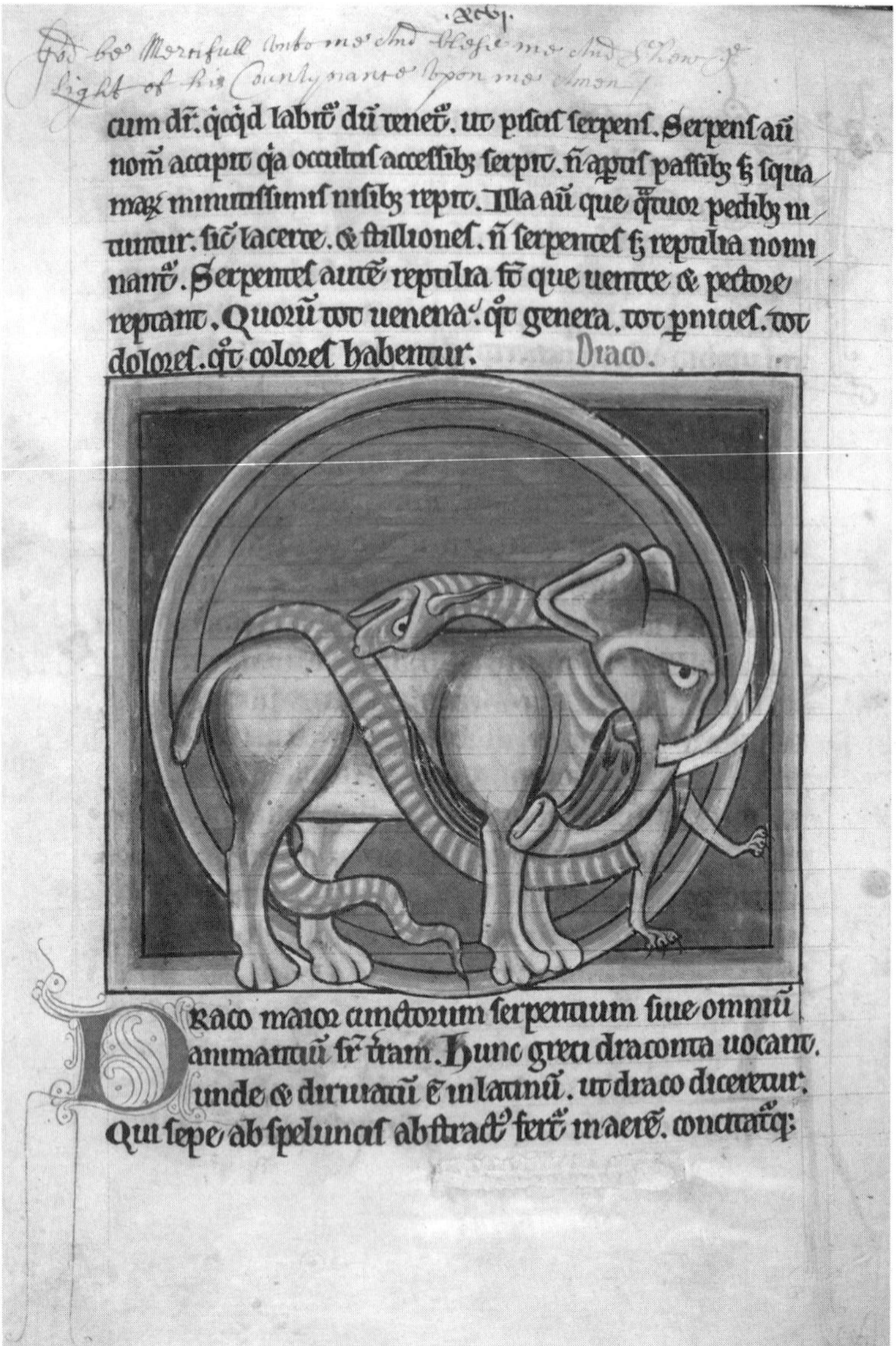

図1——〈象を絞め殺すドラゴン〉
「ベスティアリウム」 ソールズベリー（イングランド） 一二三〇～四〇年頃
ロンドン 大英図書館 MS Harley 4751, fol. 58v

図2――『オムネ・ボーヌム（すべての善き事）』の「像」の項目の物語絵付きイニシャル
ロンドン　一三六〇年～七五年頃
ロンドン　大英図書館　MS Royal 6. E. VI-VII, fol. 531r

う。そうした挿絵は中世写本においても少なくなく、事典的な内容のテクストにはしばしば挿絵がともなう。たとえば、「ベスティアリウム」はさまざまな動植物を寓意的かつ教訓的に解読した一種のキリスト教寓意事典で、一二世紀および一三世紀に人気を博し、対象となる動植物の挿絵が描かれた豪華な写本がつくられた（図1）。また、一四世紀に編纂された一種の百科事典である『オムネ・ボーヌム（すべての善きこと）』では、項目にとりあげられた概念や事象に関連する場面が「物語絵付きイニシャル」（後述）に描かれている。「像」（ymagines）の項目は、信仰におけるイメージの役割に触れていて興味深い。「像が教会にあるのには変わらぬ理由がある。なぜなら、それはわれわれにとって神と聖人を記念するものであり、そのためにつくられ見られるのである」と始まり、冒頭のイニシャルYのなかには、十字架上のキリストを崇敬する聖母マリアと聖ヨハネの姿が描かれている[☆6]（図2）。

物語文学の写本には、物語が世俗的か宗教的かを問わず、しばしば内容に対応した挿絵が描かれている。『薔薇物語』、『デカメロン』をはじめとするボッカッチョの作品、アーサー王ロマンス群など、フランス語やイタリア語で書かれ複数の俗語に訳されて中世後期に広く流通していた世俗の物語文学は、複数の挿絵入り写本で現存している。挿絵の大きさはさまざまだが、テクストから独立した空間として確保された四角い枠取りのなかに絵を描くページ・レイアウトは、こうした写本の基本的な形態である[☆7]（図3）。また、一三世紀から一四世紀にかけては、聖書を物語化し、随所に挿絵を加えた「絵入り聖書」が数多く制作された。『パドヴァ聖書』や『ホルカム聖書絵本』はその代表で、ラテン語の「ウルガタ聖書」や『創世記』から『使徒行伝』までの聖史を学生向けにパラフレーズしたペトルス・コメストルの『スコラ神学の歴史』（一二世紀）などに基づいた解説文と独自の挿絵とを組みあわせている。また、『ホルカム聖書絵本』（一三三〇年頃）はドメニコ会の説教用資料あるいは教会壁画の図案集として制作された写本と考えられており、アングロ・ノルマン語（中世後期にイングランドで使用されていたフランス語の方言）で書かれた解説とそれに対応する挿絵（絵によっては登場人物の台詞を含む）で全編が構成されている[☆8]（図4）。

中世写本の挿絵のなかでもっとも数が多いのは、聖務日課書、詩篇、時禱書などの典礼書や時禱書の随所に挿入されたキリストや聖母マリアの生涯を中心に描いた一連の細密画である。その主題や役割については次章以下で時禱書に即して検討するが、こうした挿絵は必ずしもテクストの内容と厳密に対応するものではない。それらはむしろ、読者が挿絵に描かれた場面に情動的な感情移入をし、キリストの受難や聖母マリアの悲しみへの黙想を深める助けとなったのである。

中世初期に登場した「物語絵付きイニシャル」（historiated initial）では、テクストとイメージが物理的に合体している。物語絵付きイニシャルは、アルファベットの形が絵画的場面のための「舞台を提供している」もので、八世紀のブリテン島の写本装飾に最初に登場し、中世を通じて典礼書や聖書の写本を中心に広く用いられている。[☆9] たとえば、カロリング朝の写本芸術の白眉とされる『ドロゴの典礼書《サクラメンタリウム》』（フランス、八五〇年頃）には全部で四一点の物語絵付きイニシャルが描かれている。図5では、ページの大半を占めるDの字のなかに三人のマリアがキリストの墓を訪れる場面（『ルカによる福音書』第二章四節）が描かれている。この文字は、Deus（神）の略字で（sがDのなかに記されている）、復活の主日の祈禱文の冒頭の単語である。「三人のマリアの墓訪問」はキリスト復活のエピソードの最初の出来事なので、物語絵付きイニシャルの図像とテクストの内容は一致しており、中世後期の典礼写本でも、復活の主日の祈禱文の冒頭は同じ場面が描かれた物語絵付きイニシャルDで始まっていることが多い。[☆10] こうした図像とテクストの対応は物語絵付きイニシャルでは一般的である。たとえば図6は、一三世紀中期の「ウルガタ聖書」の写本に描かれた『マカバイ記一』の冒頭のイニシャルCである。馬上の騎士は、中世では「九偉人」の一人として数えられていたユダヤの英雄マカバイを描いており、その姿は「巨人のように、胸当てを着け、武具に身を固めて、戦場に臨み、剣をもって、陣営を守った」（『マカバイ記一』第三章三節）という聖書の章句に対応する。物語絵付きイニシャルは、テクストの該当箇所を簡便に見つけるためのブックマーク的な機能を果たすとともに、テクストとイメージの関係性で考えるならば、イメージを展開するにはまずテクストという舞台が必要であるとする、テクストの優位性を表明していると解釈することも可能であろう。

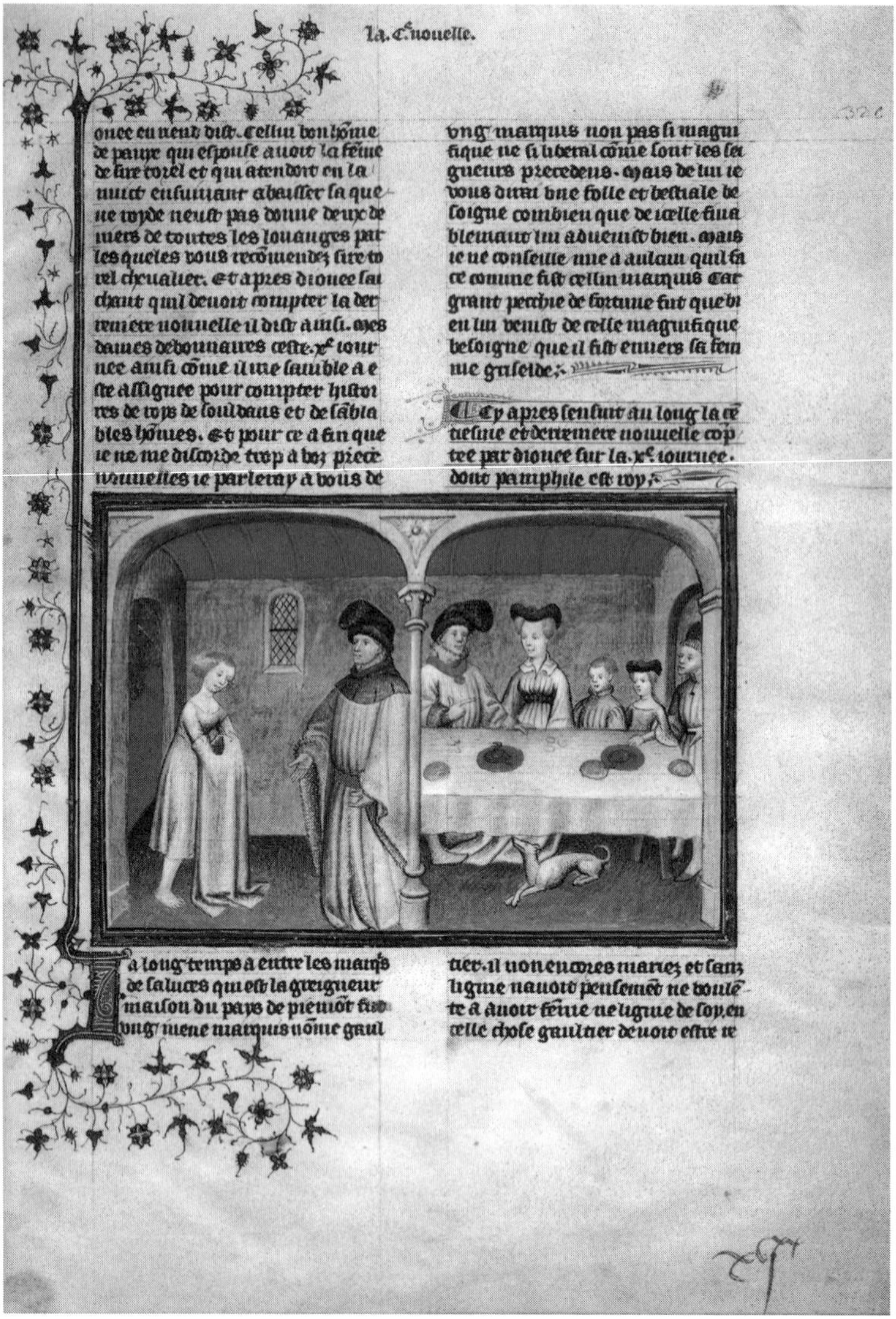

図3——ボッカッチョ『デカメロン』（一〇日目第一〇話［フランス語訳］）
フランス　一五世紀
ヴァチカン　パラティーナ図書館　MS lat. 1989, fol. 320r; König, *Boccaccio*

図4——〈羊飼いへのお告げ〉（上段）と〈羊飼いの礼拝〉（下段）
『ホルカム聖書絵本』　イングランド　一三二〇年頃
ロンドン　大英図書館　MS Add. 47682, fol. 13r

図5——〈物語絵付きイニシャルDに描かれたキリストの墓を訪れる三人のマリア〉
『ドロゴの典礼書（サクラメンタリウム）』
パリ　国立図書館　MS lat. 9428, fol. 58r

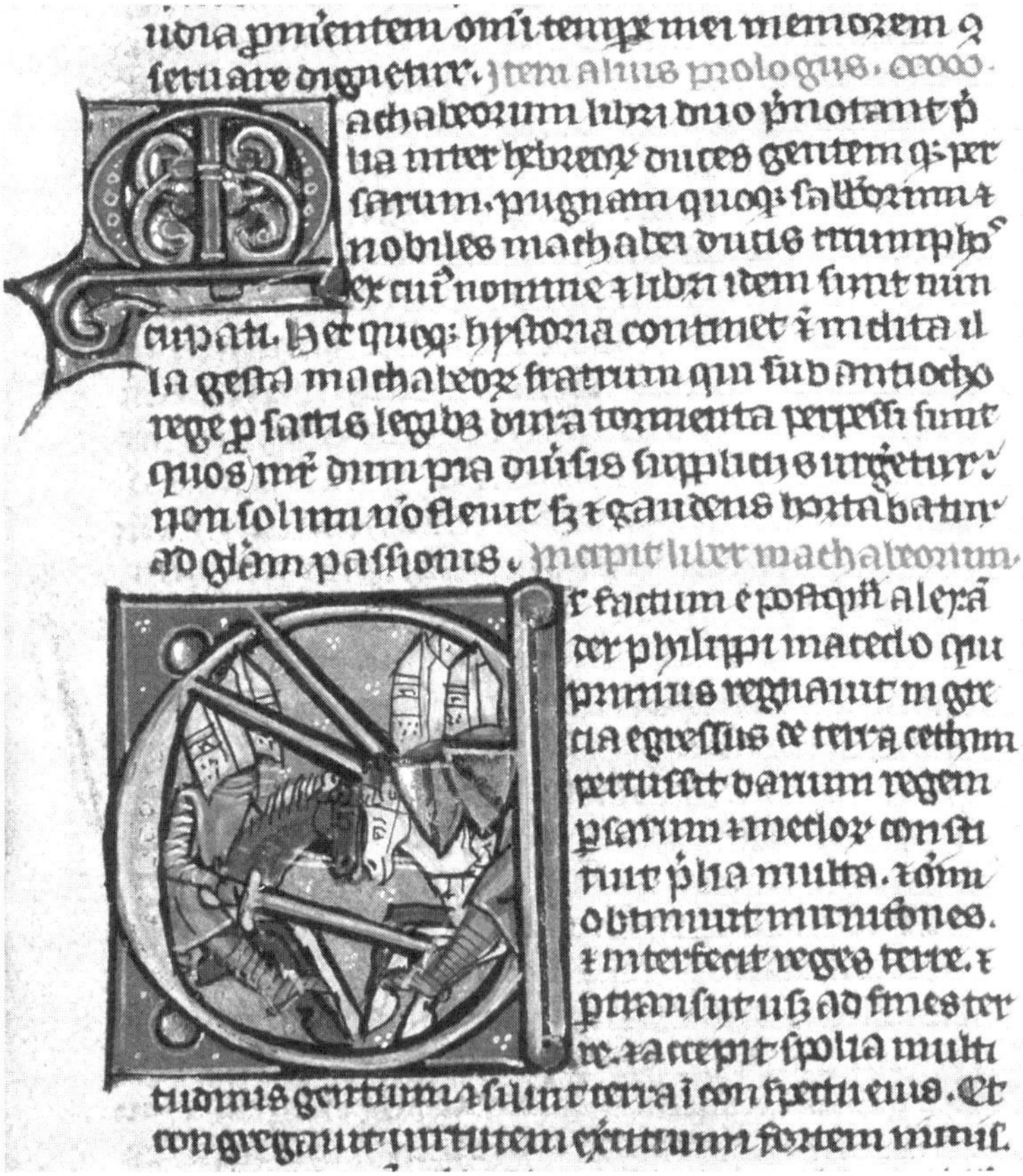

図6——〈ユダ・マカバイ〉
ラテン語聖書　写本零葉（部分）
フランス　13世紀中期　慶應義塾図書館

中世後期の写本では、ページ周縁部の余白部分にもさまざまな絵が登場する。『ラスキン時禱書』（フランス、一三〇〇年頃）の「聖母マリアの時禱」（朝課）の冒頭（図7）では、物語絵付きイニシャルDのなかにテクスト内容と対応して受胎告知の場面が描かれている。しかし、ページ下部の余白には、道化帽のようなものをかぶった二人の騎士が馬上槍試合をしている絵が描かれている。まるで騎士道物語のパロディのようでもあり、テクストとの脈絡はない。典礼写本の余白には、このように、テクストとは一見無関係で、ある意味意図的にテクストに反抗しているともとれるイメージも溢れているのである。それらは中世の絵師の仕事のひとつとして美術史的に注目されてきたが[☆11]、こうした周縁のイメージをそれが描かれた書物の文脈において再考すると、しばしばそのテクストとの関係性に関して首をひねることとなる。『ラスキン時禱書』の例もそうだが、聖母マリアへの祈禱文や詩篇の余白になぜ、妻が夫を打擲していたり（図8）、農民が麦を刈りとっていたり、騎士がドラゴンと戦っていたり、猿がリュートを奏でていたり、場合によっては男が尻を出して排泄していたりする絵が描かれねばならないのか、いくらテクストを熟読しても答えは見つからない。詳しくは第二章で論じるが、そこには一見、無関係という関係性が積極的な意味で存在していると考えざるをえないのである。

さらに第四章で述べるように、挿絵というよりはむしろ記号に近いイメージが余白に描かれている場合もある。そのようなイメージは、「参照せよ」を意味する指の記号のように単純なものから（図9）、テクスト中に登場する具体的なものの絵（図10）まで多岐にわたり、その機能もテクストの特定箇所を指し示す付箋的な役割から主題にからむものまでさまざまである。それらは、物語絵付きイニシャルのようにひとつの物語場面を描いているというよりも、むしろテクストの該当箇所を換喩的に言い換えたアイコン的な絵といえる。

中世後期に顕著なこうした周縁のイメージの機能は、書物自体の役割と読書形態の変化と無関係ではない。ベネディクト会則は読書を魂のための戦いの手段と位置づけており、一二世紀前半のベネディクト会士でシャルトルの司教であったセルのペトルスは、「苦痛と読書について」と題された小論のなかで、「聖なる読書に時間を捧げぬ者は、自己の城壁から、そこに吊されたであろう千もの盾をとりはずしてしまう。自室（修道僧の独居房）という都市は、もしそれが神の加護と聖なるページという盾によって守られなければ、実に容易かつ速やかに敵の手に落ちることか」と、読書の役割を中世都市の攻防戦の比喩で語っている。「自室」は脳内の記憶の小部屋を表し、そこの「書棚」に保管されたテクストは悪魔に反撃する武器として用いられるのである。[☆12] さらに、この「書棚」を満たす行為は贅沢な食事にたとえられる。

常に書物を読んでいる者たちの面前に、読書は酔いをもたらすグラスを、高価な香料で味付けされた飲みものを置く。読書は異なる種類のパンでいっぱいになった湯気の立つオーブンを見せる。だからそこから、正義を求めて飢え、渇きを覚えている者は、それぞれに選びとるもので満たされる。聖なる読書のパン入れには、オーブンで焼いたパン、グリルで焼いたパン、フライパンで調理されたパン、初収穫の小麦でつくられ油に浸したパン、大麦のパンの塊がある。だから人々が、このテーブルに近づくならば、どのような境遇の人であろうとも、年齢や性別にも地位や能力にも関係なく、皆自分にふさわしい食べものや飲みもので満たされるであろう。[☆13]

読書がさまざまなかたちで霊的な空腹を満たしてくれることが語られているが、この食事の比喩を敷衍して、そこからひとつの読書形態を想起することが可能である。それは、食物を咀嚼するように声に出して単語を発音して吟味し、それをくりかえすことで記憶に刻むという身体的行為としての読書で、そこでのテクストのとらえ方は基本的に音声的かつ線形的である。修道院におけるメディタティオ（黙想）のための読書とは、このようにテクストをゆっくりと声に出して吟味しながらおこなうものであったのである。[☆14]

しかし、スコラ学が台頭する一二世紀後半になると、テクストの注釈を目的とした読書がおこなわれるようになり、テクストは、意味を伝えるための視覚的記号として認識されるようになる。ポール・サンガーは、一一世紀に単語の

図7——〈受胎告知〉と周縁の挿絵
『ラスキン時禱書』
J・ポール・ゲティ美術館　MS. Ludwig IX 3, fol. 37v

60
Quoniam die ac nocte grauata est
super me manus tua: conuersus
sum in erumpna mea dum confi
gitur spina.
Delictum meum cognitum tibi fe
ci et in iusticiam meam non abscon
di.
Dixi confitebor aduersum me in
iusticiam meam domino: & tu re
misisti impietatem peccati mei.
Pro hac orabit ad te omnis sanc
tus: in tempore oportuno.
Uerumtamen in diluuio aqua
rum multarum: ad eum non ap

図8――〈糸巻棒で夫を打擲する妻、踊る男、教皇像〉などのボーダー装飾
『ラトレル詩篇』　イースト・アングリア（イングランド）　一三二五～三五年頃
ロンドン　大英図書館　MS Add. 42130, fol. 60r

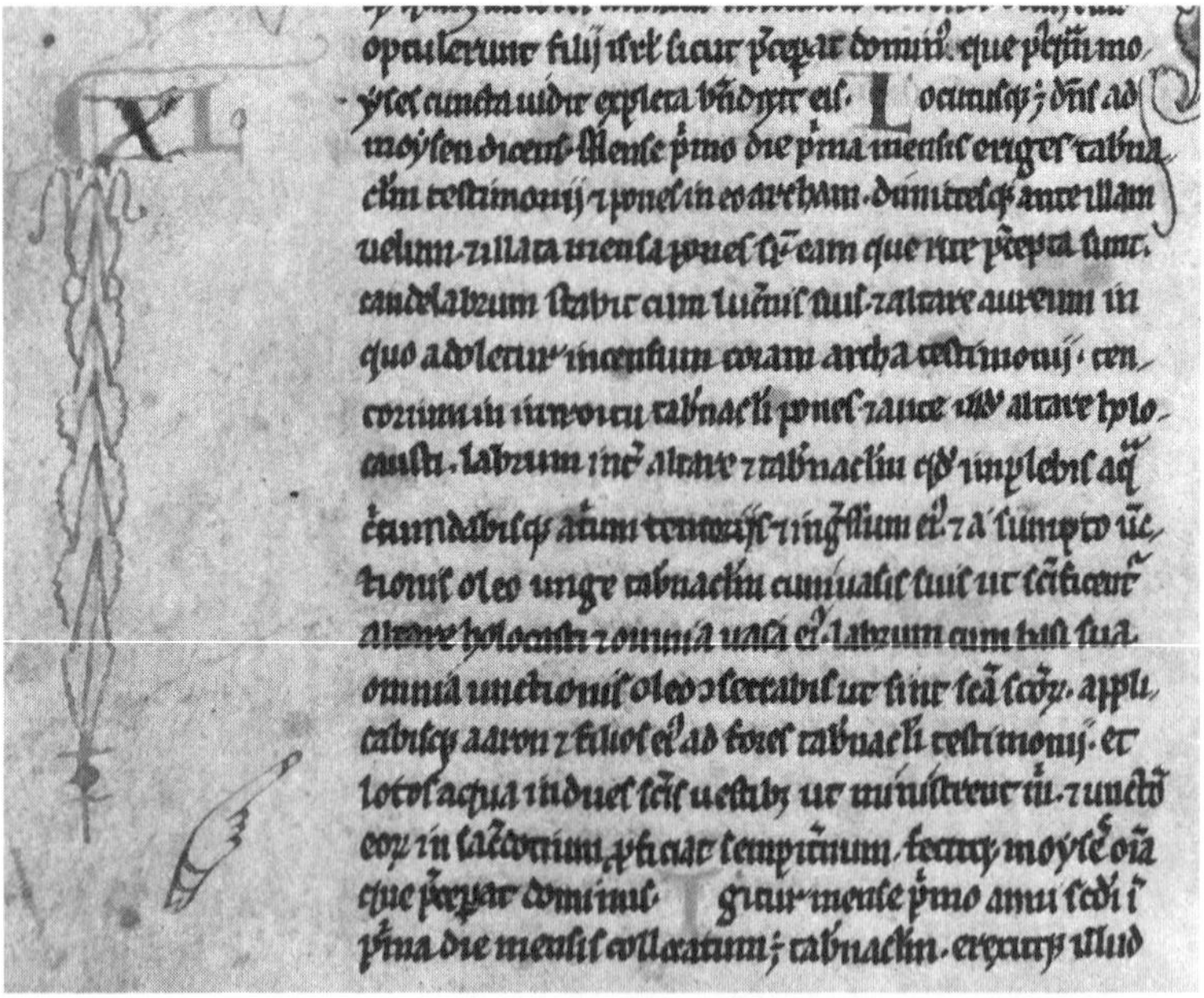

図9——「参照せよ」の記号
ラテン語聖書　写本零葉　イングランド　一二二〇〜四〇年頃
慶應義塾図書館　170X 9/2 7

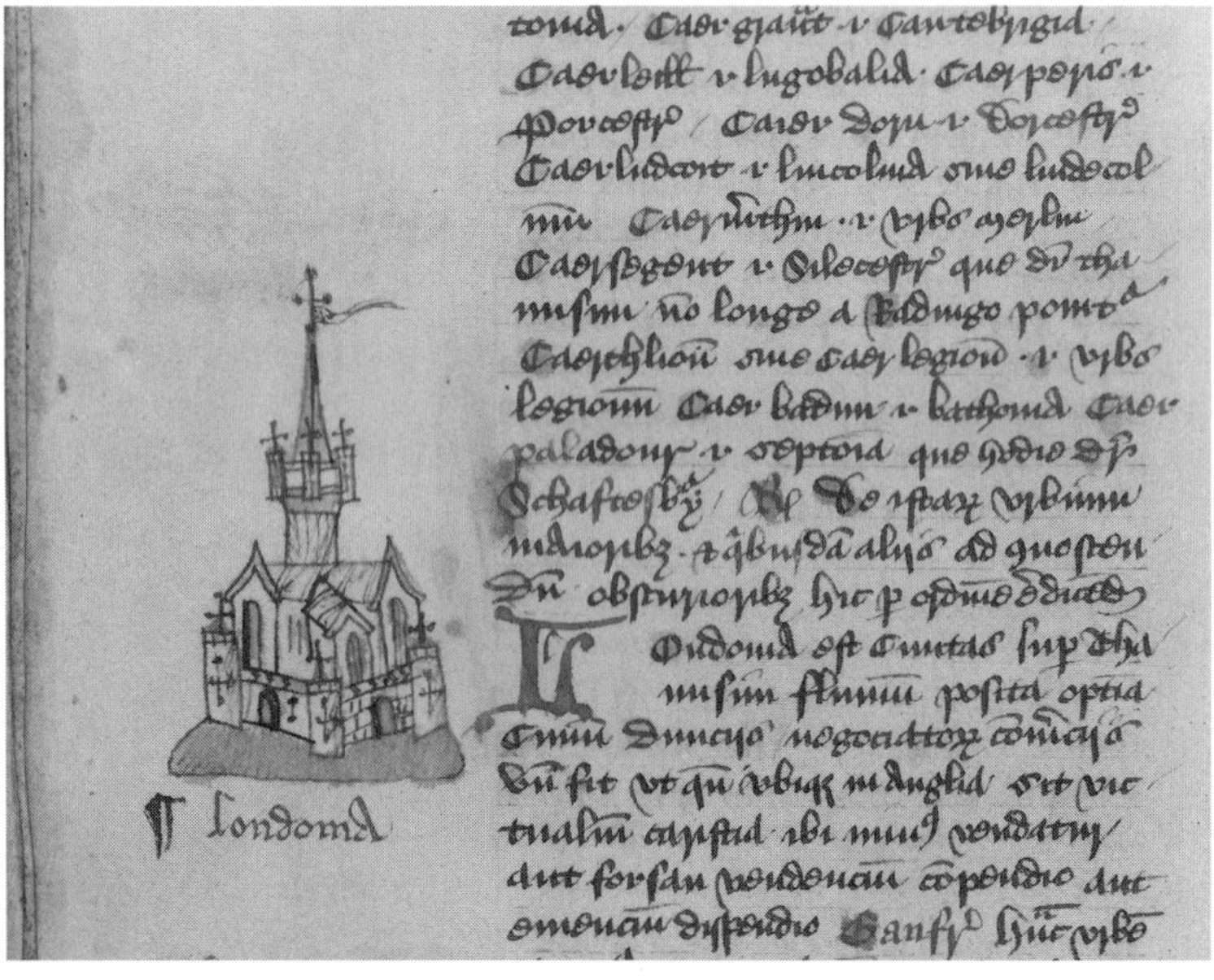

図10——〈ロンドン〉
ラヌルフ・ヒグデン『ポリクロニコン』　イングランド　一四五〇〜六五年頃
個人蔵

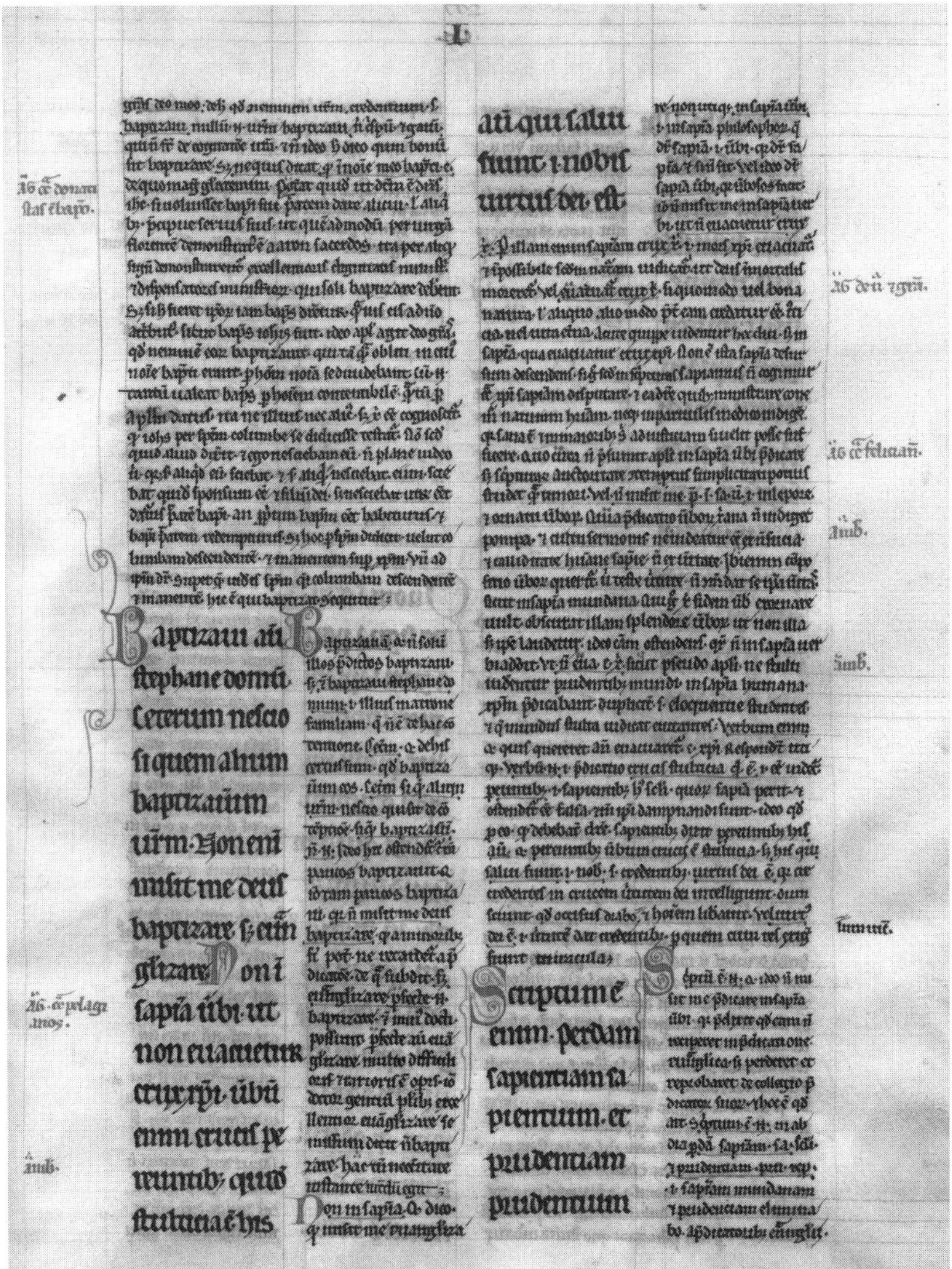

図11———ペトルス・ロンバルドゥス
『パウロの書簡への注解』写本零葉
パリ　1210 - 20年頃

図 12——〈人魚と男〉
『ラトランド詩篇』
ロンドン　大英図書館　MS Addit. 62925, fol. 87v

分かち書きが誕生した結果として、今日では一般的な黙読という読書形態が広まったと指摘するが、[☆15]それだけではなく、読書の目的に対応することで書物の形態までも変化したのである。読者がテクストの該当箇所をページの空間的拡がりのなかで見つけやすいように、テクストは、「段落」、「イニシャル」、「見出し」などの知覚を助けるための規則に従って配置されるようになり、結果として、参照を容易にするテクストの配列法（オルディナティオ）が発達したのである。[☆16]具体的には、探している内容を含むテクストの該当個所を同定し、さらにそこから、テクストの注解や同じ内容を扱っている教父やスコラ学者の著作へと検索の幅を拡げてゆくという過程を、なるべく「労力を少なく、速やかに」おこない、求めている情報に「即座にいきつく」ためにページ上のテクストのレイアウトに工夫が凝らされた。[☆17]書物の冒頭には章の一覧表（目次）が付されるようになり、さらにテクスト本体には、ページ上部の欄外見出し、章の始まりを示す大型の装飾イニシャル、小見出し用の赤や青のイニシャル、段落を示すパラグラフマーク、行番号、欄外のクロスレファレンス、赤文字や下線による典拠の明示など、検索を容易にするさまざまな仕掛けが考案された。ペトルス・ロンバルドゥスによる『パウロの書簡への注解』の写本（図11）では、大きめの書体で書かれた聖書の本文（『コリントの信徒への手紙二』第一六章〜二五章）の周囲を小さめの書体による注解が囲み、欄外に赤でクロスレファレンスが記され、注解の典拠を示す箇所は赤で下線が引かれている。アイコン的な絵も読書を助けるこうした工夫のひとつであり、その意味でテクストと挿絵の関係性の確立はテクストとイメージの相対的位置関係、つまりページ全体のレイアウトとかかわってくることになる。こうしたイメージが展開する余白は、あらかじめ絵のためにとりおかれた領域ではなく、むしろ注釈やメモを書きこめるように読者のために解放された場である。テクストとの境界もあいまいなため、ときにイメージはテクストと接触する。『ラトランド詩篇』（イングランド、一二六〇年頃）のあるページでは、絵師か写字生によってPの縦棒が矢のように長く伸ばされ、余白に描かれた人物の尻に突き刺さっている（図12）。この書き足しは、霊的なテクストが不謹慎な周縁のイメージを攻撃していると解釈されるだけでなく、文字の一部であると同時にひとつの絵であるこの部分は、テクストとイメージの境界領域において、両者の次元が不可分なかたちで重なりあえることを示唆している。[☆18]

以上のように、イメージとテクストは、写本のページという同一空間上に相対的に配置されてさまざまな関係性を構築している。読者はテクストを読むと同時に見るのであり、イメージは、それらが作者自身によって意図されたものではなくとも、テクストの意味を拡張し読者それぞれの解釈を導く。それは、ページ上においてテクストに作用するさまざまな視覚的諸要素のひとつとして、ページレイアウトや書体の違いと一緒に考察される必要があり、中世の読書を追体験するためには、こうしたヴィジュアルな要素を読み解くことが重要となるのである。

3　コンピラティオとミセラニー性

中世写本は一冊ごとに異なる内容と制作事情をもっているため、その編纂にかかわって作者と読者のあいだを仲介する人物の役割が重要となる。その役割を理解するためには、中世における作者の概念に触れる必要がある。中世の作者論では、著述に携わる人間には著者（auctor）と編纂者（compilator）の二種類があるとされた。ボナヴェントゥーラの定義によると、著者は、他人の見解で自説を補強しながらオリジナルな著述をする者で、編纂者とは、自分の見解を付け加えることなく、他人の書いたものを集めてひとつに編纂する者である。[☆19] しかも、著者は今日のように広く作者を指す呼称ではなく、「権威」（auctoritas）あるテクストを書いた過去の主要作家を指す場合にのみ使われた。具体的には、旧約聖書の知恵文学の作者と信じられていたソロモン王、新約聖書の書簡の作者であるパウロ、「ウルガタ聖書」を完成させたヒエロニムス、アウグスティヌスなどの初期キリスト教会の神学者（教父）たち、さらに古典作家のウェルギリウスやオウィディウス等の限られた著述家だけが著者と見なされる。権威あるテクストとは注釈を施す価値があるテクストで、聖書をはじめとするそうしたテクストに対して、それを多角的に解釈するために注釈を付すテクスト注解は、中世のラテン語による著述活動の主要な部分を占めていた。こうした注解に携わる著述家は、「編纂者」に分類される。

ボナヴェントゥーラは、さらに書物生産にかかわる存在として、テクストの内容を変えずに転写する写字生（scriptor）をあげている。実際には写字生の役割も完全に受動的なものとはかぎらない。中世の作者の自筆原稿が現存することは稀で、現存している写本の大半は、修道院や民間の書籍工房に所属する専門の写字生によって、しばしば作品の創作時期よりもかなり後になって転写されたものである。想定される執筆時期と写本の制作時期との隔たりが大きければ、それだけ転写が何度もくりかえされた可能性は高く、転記の誤りや欠落が生じる可能性も必然的に増える。写字生によっては積極的に内容にまで踏みこみ、見慣れぬ語句を訂正したり、欄外に説明を書きこんだりすることもあった。第四章で論じるように、こうした写字生は「編纂者」に近い役割を果たすとともに、最初の読者として一般読者と作者の橋渡しをするのである。

中世の書物において編纂者が大きな役割を果たすのは、書物生産の現実を反映した結果でもある。写本は手作業による一部ずつの筆写に頼っていたため、書物の需要増加にあわせて生産部数を柔軟に調整することは困難であった。

結果として、人気がある作品ほど刊行部数が多く広く流通し入手しやすいという近代の常識は通用せず、逆に、そういう作品ほど品薄になりがちで実際に手にすることがむずかしいという、印刷本の場合とは逆の現象も起こりえた[☆20]。このように、必要な書物が常に入手できるとはかぎらない状況下で中世の作者に重宝された書物が、「権威ある」著作からの抜粋を一冊に集めたコンピラティオ（compilatio）と称されるジャンルである。コンピラティオとは、聖書や教父の著作などの権威あるテクストから特定の主題に関する章句を抜粋し、それらを、たとえば七つの悪徳と美徳を枠組みとして用いて、具体的な利用目的にあわせて分類したものの総称で、神学の入門的教科書、説教の種本、聴罪手引き書などとして編纂された。たとえばペトルス・ロンバルドゥスの『命題集』は、一三世紀にパリ大学で使用されるようになると、中世を通じて最もポピュラーな神学の教科書という地位を獲得した。その後、該当箇所の検索や特定章句の典拠の同定を容易にするために、アルファベット順のインデックスや原典を明示するための略号などさまざまなオルディナティオの工夫が凝らされて、一三世紀の典型的なコンピラティオとして確立した[☆21]。

既存のテクストからの抜粋を集めたコンピラティオが盛んにつくられたということは、単独で一写本を形成する長編のテクストのなかに、抜粋を許す構造、言い換えればコンピラティオ的な性質がすでに存在していることを意味する。中世の大部なテクストは、複数の半ば独立したセクションから成るひとつの「編纂物」のような構造を有していることが多いからである。これはとくに、百科全書的な書物やキリスト教の基本的教義や道徳を総括的に扱った教化文学に顕著である。コンピラティオは、主題別の抜粋集や教訓例話集などの説教用便覧として数多く制作されたが、そのなかでも最大かつ最もポピュラーであったと考えられるのが、一三世紀のドメニコ会士ジョン・ブロムヤードが編纂した『説教大全』である。説教を重視したドメニコ会にとって、こうした大型の説教用便覧の編纂は重要な意味をもった。ブロムヤードは序文でセネカの『ルキリウスへの書簡』から引用しつつ、蜜蜂のように「花から花へと移って蜜を集め」、多様な素材から一冊の書物を編纂したと記し、そのコンピラティオ的性質を強調している[☆22]。

コンピラティオは、中世後期の俗語文学においてもひとつの構造原理として機能している。ラテン語の神学的著作や説教文学のように明確な使用目的を前提に編纂されてはいないが、さまざまな素材を特定の編集方針のもとで集めてひとつの作品をつくりあげるという図式は俗語文学にも広く認められる。☆23 俗語で著述する作家も、教父や古典作家を準拠すべき著者とみなしており、一方で自分たちの役割は、編纂者として著者が残したテクストを注解したり、翻訳したり、パラフレーズしたりして、新たに書物を編纂することにあると考えていた。一四世紀後半のジェフリー・チョーサーも『天球観測儀論』の序で、自らを「昔の天文学者たちの業績の、無学な編纂者にすぎない」と形容している。☆24 これは、中世の作者が好んで使う謙遜のトポス（常套語法）であるだけでなく、自分の執筆活動の基盤は古典を語り直すことにあるという基本認識の表われにほかならない。中世の作者の多くが自作に署名を残していないのも、自分は著者ではないという意識を反映しているからだと言える。実際、チョーサーの『カンタベリー物語』をはじめ中世文学の多くは、物語文学であれ宗教書であれ、既存のラテン語作品を俗語で翻案したり、複数の材源からの抜粋を新たな目的のために編纂することで成立している。『カンタベリー物語』の一写本には、巻末に「ジェフリー・チョーサーによって編纂された（compiled）」と記されており、『カンタベリー物語』のなかのいくつかの話は、一五世紀には単独でも流通していた。☆25 この事実は、『カンタベリー物語』がジャンル的にはコンピラティオであることを示している。また同時代のジョン・ガワーも、『恋する男の告解』の序文でセネカの『ルキリウスへの書簡』の蜜蜂の比喩を用いて、自作のコンピラティオ的構造に言及している。☆26

コンピラティオ的な構造原理は写本にも反映されている。中世の文学作品の場合、一作品のみで一冊の写本をなす長編作品はかぎられており、十分な長さのない作品――抒情詩、短い宗教散文、ロマンスに代表される物語詩など――の場合は、それらが複数集まって一冊の写本を形成している。写本は、同一作家の作品集やロマンス集のように統一方針をもつアンソロジーとして編纂されることもあるが、近代では一般的なこうした編集方法は中世写本では稀である。むしろ、作者もジャンルも異なるさまざまな作品が集まって一冊の写本を構成していることが多く、このように寄せ集め的に編纂された写本はミセラニー（miscellany）と総称されている。同じく編纂物であるコンピラティオが明確な主題上の統一とそれを支えるオルディナティオを有するのに対して、ミセラニーの内容はより雑多で、一見して共通する主題や機能は認められない。ミセラニー写本が誕生する理由は、一冊ごとに異なる写本の制作事情を反映してさまざまである。たとえば一個人が、比較的長期にわたって、自分の興味に任せて機会ある毎に多様なテクストを転写した結果できあがった備忘録的な写本（commonplace book）の場合、その内容は自然と脈絡のない雑多なものとなる。また、中世後期の書籍工房では、転写用原本（exemplar）をそれぞれ独立した小冊子（booklet）として管理することがあった。原本から転写して新たにつくられた冊子をいくつかまとめて綴じることで、一冊の写本ができあがるのである。[☆27]こうした写本の場合、冊子単位では主題やジャンルの共通点は見いだせても、一冊の書物としては、やはり内容的には関連が薄い複数の作品で構成されることとなる。しかし、こうしたミセラニー写本のなかにも、時に、異なるジャンルの作品を横断するかたちで、ゆるやかではあるが共通した主題や編集方針が認められることがあり、それは編纂者の方針を反映していると考えられるのである。

ミセラニー写本においては、出自の異なる複数のテクストが一冊の書物を物理的につくりあげることで、そこに含まれる個々のテクストを解読するための独自のコンテクストが生まれてくる。その意味で写本のミセラニー性は、中世文学の生産と受容の両方を特徴づけるひとつの原理にほかならない。[☆28]それはテクストが書物という物理的形態を獲得するために不可欠な要素であり、同一ページ上でテクストと並列するさまざまな視覚的要素と同様に、テクストに対するパラテクストのひとつと理解されよう。パラテクストは、ジェラール・ジュネットによると「テクストを取り囲み延長することによって、まさにテクストを……存在させる……テクストに伴う生産物」、「それによってあるテクストが書物となり、それによってあるテクストが読者、より一般的には大衆に対し、書物として提示される」要素であり、ジュネットは、書物のタイトル、副題、前書き、挿絵などをそのなかに含めている。[☆29]ジュネットの定義は近代の書物を前提にしたものだが、中世写本においては、タイトルや前書きなどは必ずしも存在しない一方で、独立した挿絵のほかにも装飾イニシャル、書体の違い、欄外装飾、さらに編纂者や写字生が付加した見出し（rubric）もパラテクストとして機能しうる。ミセラニー写本においてひとつのテクストを前後から挟みこむ隣接するテクストも、それらが共同して一冊の書物をつくりあげるという意味で、パラテクストのひとつと言えるだろう。書物という形態を獲得したテクストが実際に読まれるさいには、書物を取り巻くさまざまな文化的文脈、つまり読者の「期待の地平」をあらかじめ形成している文学伝統やジャンル意識、出版や流通をめぐる諸事情などが、読者にとって受容のためのコンテクストとして機能する。その意味で読書行為は、テクスト、パラテクスト、コンテクストの重なりあう三つの層から構成されていると考えられ、挿絵やページ・レイアウトなどの視覚的要素の役割もこの関係性に基づいて検討される必要がある。パラテクストが常にテクストの読みを左右するとはかぎらないが、中世の書物、とくに本書で検討する中世後期の挿絵入り本では、テクストとイメージの間に読者の読みに影響する多様な相関性が見いだされ、読書を通常以上にヴィジュアルな営為としているのである。

4　西洋中世の書物生産と流通

書物は中世から近代にかけて常にその役割、読者層、物理的形態を変えて存続してきた。具体的議論に先立って、そうした書物の歴史の大きな流れを、とくに写本から印刷本へと移行した時期を中心に押さえておく必要がある。中世の書物生産のもっとも古い担い手は修道院である。六世紀にヌルシアの聖ベネディクトゥスによって創設されたベネディクト会、一一世紀後半から一二世紀にかけて設立されたクリュニー会、シトー会、カルトゥジア会、さらに一三世紀に誕生したドミニコ会とフランシスコ会に代表される托鉢修道会など、これら中世の修道会においては写本の生産はおしなべて重要な活動であり、それと同時にこうした修道院の付属図書館には多くの書物が集められた。一一世紀頃までは、西洋の知の発信地はモンテ・カシーノ、クリュニー、ザンクト・ガレン、フルリー、リンディスファーンなどの人里離れた場所に建てられた大修道院であった。一三世紀になって都市に大聖堂付属学校や大学が誕生すると、そのための教科書を中心とした書物生産が都市で始まる。さらに一四世紀になると、主要都市に誕生した商業的な書籍工房で、大学や教会に限定されない多様な顧客のために、俗語の文学写本や時禱書などさまざまなジャンルの書物がつくられるようになる。書物生産は分業でおこなわれ、写字生、絵師、製本師、書籍商などさまざまな人物の手を介して書物はできあがった。一冊の写本の制作に複数の写字生や絵師がかかわることも普通であった。すべて手作業であるため写本の制作には時間がかかったが、大学で教科書として用いられる注解書などは、原本を多くの分冊（pecia）に分けて同時に転写する方法で量産もされていた。

書物の素材に関して見てみると、古代においてはパピルスが主流だったが、パピルスは折りたたむと割れてしまうため、巻子本（roll）の形態をしていた。巻子本（図13）は中世末まで系図などに用いられたが、六世紀以降は羊皮紙を用いた冊子本（codex）が主流となる。一二七六年にイタリアのファブリアーノでヨーロッパ最初の紙が漉かれると、一五世紀には紙も用いられるようになった。

書体やページ・レイアウトは書物の用途やテクストの内容によって異なり、時代とともに変化してきた。中世後期には、ページ・レイアウトや読書を助けるオルディナティオはひとつの完成形に到達したと言うこともできるだろう。たとえば聖書の写本の場合、左右二つの欄からなり、ページ上部に欄外見出しが記され、また各書の始まりには装飾イニシャルが描かれ、各章の冒頭は赤字で記されている（図14）。一三世紀以降の聖書はその判型に関係なく大半がこのレイアウトを踏襲しており、またそれは「グーテンベルク聖書」をはじめとする一五世紀の印刷本の聖書にもそのまま受け継がれている。

一五世紀後半から一六世紀前半にかけては、写本と印刷本が共存した時期である。西洋最初の活版印刷本となる「グーテンベルク聖書」は一四五五年頃にマインツで印刷された。ヨハン・グーテンベルクは印刷事業のために資金提供者のヨハン・フストから借り入れた負債を返却できなかったため、印刷機や活字は印刷の途中でフストの手に渡ってしまい、印刷を完成させたのはフストとグーテンベルクのもとで働いていた印刷工のペーター・シェファーであるとされている。活版印刷術はその直後からヨーロッパ各地に急速に広まっていった。インキュナビュラ（印刷本の揺籃

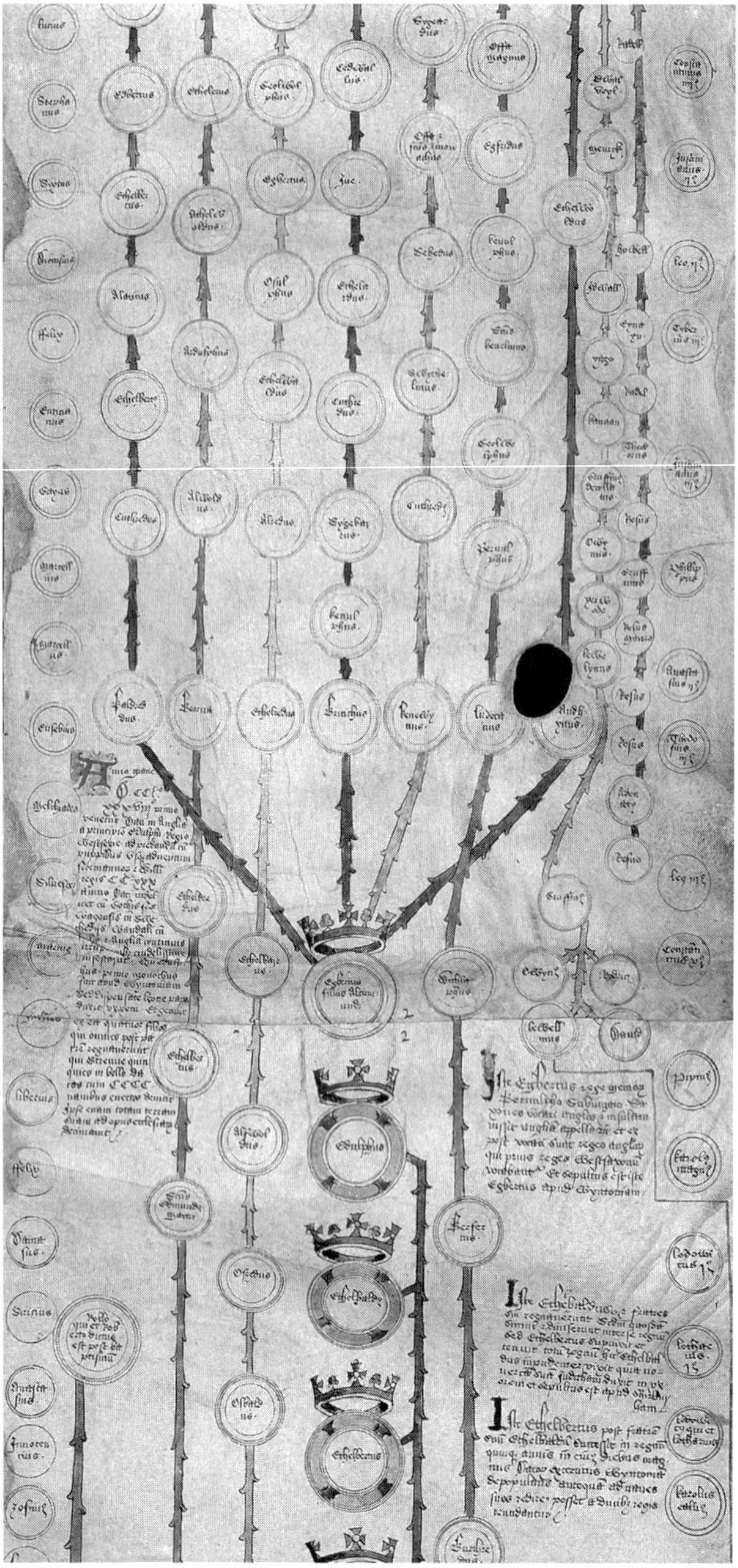

図13——『ブリテン王の系譜』巻子体写本
ロンドン（?）　一四六一〜七一年
慶應義塾図書館　170X 11

図14——ラテン語聖書　写本零葉
フランス　一二五〇年頃
一四・六×九・五センチという小さなサイズにもかかわらず、欄外見出し、装飾イニシャルをはじめとする写本聖書に共通するレイアウトが踏襲されている。

期にあたる一五世紀に印刷された書物の総称）の約三分の二は、ドイツ、イタリア、フランス語圏に位置する一二の都市——ケルン、アウクスブルク、ライプツィヒ、ニュルンベルク、ストラスブール、バーゼル、パリ、リヨン、ヴェネツィア、ミラノ、ローマ、フィレンツェ——で印行されていたが、一五世紀末までにはフランダース地方やイングランドをはじめ、その他の地域でも生産されるようになった。

写本から印刷本への移行は活版印刷術の発明だけで実現したわけではない。印刷のポテンシャルを十分に引きだすためには、大量生産を可能にする、羊皮紙と比べて安価な紙の使用は不可欠であったが、さらに、中世の書物においてほとんど遍在的とも言える細密画、物語絵付きイニシャル、欄外装飾などのイメージ要素を再現する新たな技術が誕生してはじめて、書物生産は完全に印刷に移行したと言えるのである。実際、「グーテンベルク聖書」をはじめとするインキュナビュラの多くでは、欄外見出し、装飾イニシャル、各章の始めの赤字は印刷後に手書きで書き入れられている場合が少なくない。その意味で、活版印刷の誕生とほぼ時を同じくして木版や金属板の版画技術が完成して、版画によって挿絵を印刷できるようになったことはきわめて重要である。一五世紀には、明治以前の日本の版本の主流がそうであったように、テクストも挿絵も一緒に一枚の版木に彫る「木版本」が、活版印刷による書物と並行して登場している。この印刷は、挿絵とテクストをページ毎に対応させた『貧者の聖書』や『往生術』、『人間の救済の鏡』などの書物に用いられた（図15）。しかし木版本は長続きせず、版画による挿絵と活字によるテクストを組みあわせた活版印刷が主流となる。

活版印刷は正確で読みやすい書物を制作する画期的な技術として歓迎されはしたが、写本と印刷本は一六世紀初期まで共存していたし、写本をもとに印刷本が制作されただけでなく、その逆もあった。印刷本が主流となっても、部数を限定して紙ではなく羊皮紙に印刷した特製本を制作したり、版画の挿絵に手彩色で色をつけたり、あるいは印刷本と同じレイアウトの挿絵入り本を写本で特別に制作することもあった。さらに、初期の印刷本は写本にあった要素をできるかぎり採りいれようとした。物語絵付きイニシャルは版画で再現され、また印刷本の時禱書において顕著な

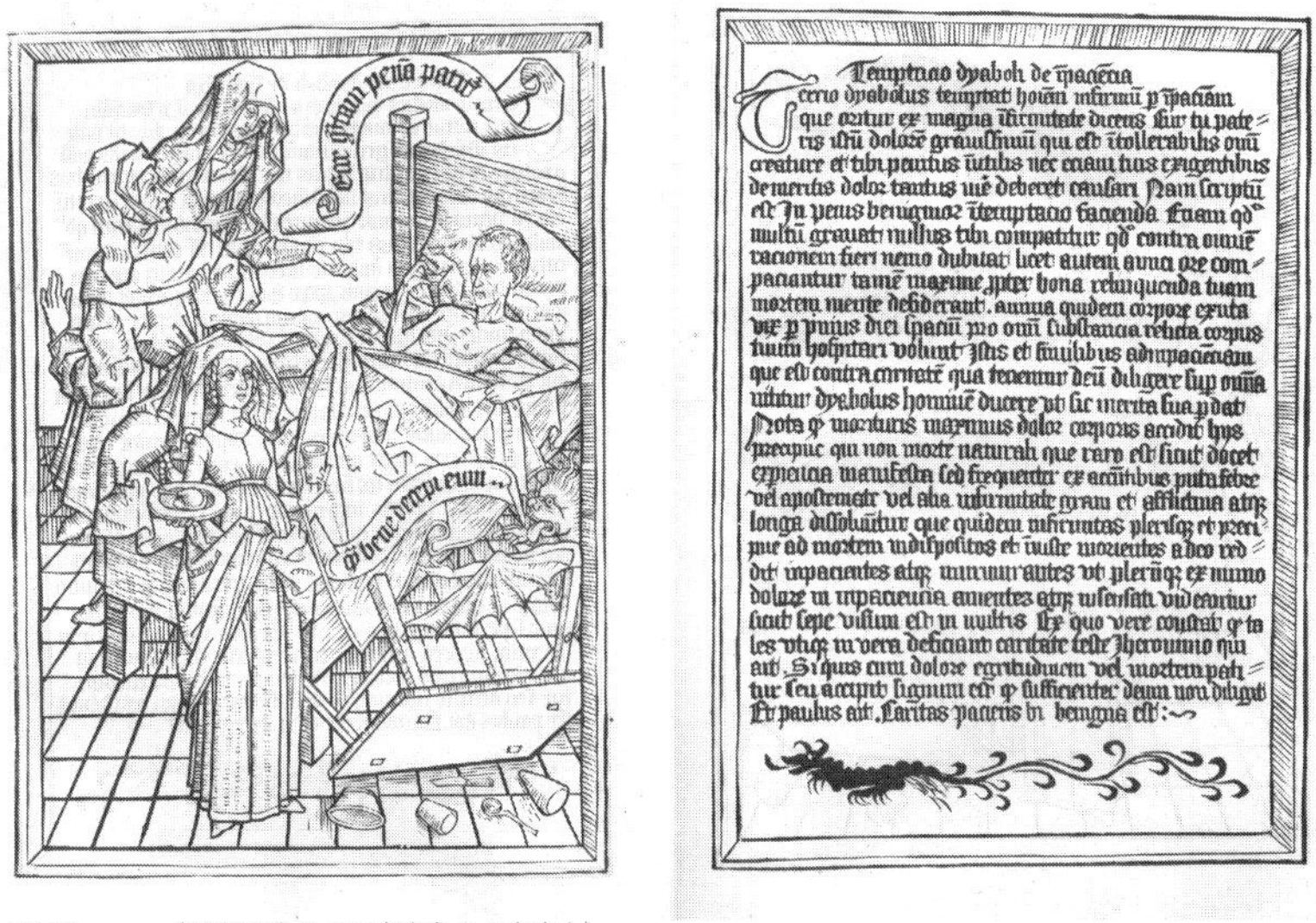

図15――〈悪魔に唆されて癇癪をおこす病人〉
『往生術』（木版本）　ケルン　1450年頃
W. H. Rylands, ed., *The Ars Moriendi* (London, 1881)

ように、ページの余白を挿絵や装飾文様で埋めることも、版木を組みあわせて実現された。初期刊本の印刷業者は、序文や章立てなどのパラテクストを準備することで、写本の編纂者と同様に書物の生産にかかわっていた。また、ブックレットを集めて一冊のミセラニー写本をつくるという生産方式も、短い作品をそれぞれ独立した小冊子として印刷刊行し、それらをまとめて装丁する合冊本（Sammelband）という形態に受け継がれていると言ってよい。この時代の書物文化は、写本と印刷本がもつそれぞれの特徴を相互に利用しながら、両者が緊密な影響関係のもとで共存する状況にあったのである。

本書では一五世紀から一六世紀初期を中心に、イングランドと北フランスで制作された挿絵入りの写本と印刷本をとりあげるが、それは、読書層の拡がり、写本生産の工房化、両国にまたがって活動する出版業者の存在などに特徴づけられる、書物文化史において興味深い時代と地域であるからである。一五世紀という時代は中世文学史においては必ずしも華やかな時代ではなく、イギリス、フランスを問わず比較的軽視される傾向があった。とくにイギリス文学史では、チョーサーやラングランドを輩出した一四世紀とルネサンスとの狭間の過渡期として、あるいはチョーサーの模倣の時代として「つまらない世紀」とみなされがちであったが、そうした文学観は最近の文学史では是正されている。[☆30] むしろ、一五世紀は『カンタベリー物語』や『薔薇物語』など、中世文学の代表作の受容と伝播という意味で重要な時代であり、その基底には写本と印刷本の両面における書物文化の成熟があるのである。

こうした写本と印刷本の共存期にあって、パリやノルマンディー地方の中心都市であったルーアンはヨーロッパの主要な書物生産地であり、イングランドやスコットランド向けに英語の書物も出版していた。一四世紀から一五世紀のイングランドとフランスは、政治的には長い百年戦争を断続的に戦っていたものの、文化的には緊密な関係にあり、フランス文学の作品は盛んに英語に訳され、その詩形はイングランドで模倣されていた。また、イングランドに幽閉された期間に英語でも詩作をしたシャルル・ドルレアン、ヘンリー六世の宮廷に招かれたクリスティーヌ・ド・ピザン、そしてチョーサーを「偉大なる翻訳家」と称えたユスタシュ・デシャンなど、その文学活動においてイングランドを射程に入れていたフランスの作家も少なくない。イングランドには一一世紀のノルマン征服以来、文学語としてのアングロ・ノルマン語が存在し、実際一二世紀に書かれたフランス文学最初期の作品の多くは、ベルールとトマの「トリスタン物語」やマリ・ド・フランスの「レ」をはじめとして、イングランドでアングロ・ノルマン語で記されたものである。一四世紀になっても、フランス語は執筆の言語としてジョン・ガワーのような作家に用いられ、なによりも一五世紀にいたるまで、フランス語は世俗の読書のための言語として貴族や中産階級に受け入れられていたのである。一四世紀から一五世紀に英語で書かれた散文ロマンス作品が少ないのは、このジャンルの作品を楽しむ読者層はフランス語が堪能で、フランス語の散文ロマンスを数多く読んでいたため、英語による作品の需要がそれほどなかったからだという見解もあるほどである。[☆31] このように、この書物文化史的に考えて重要な時期にあって、北フランスとイングランドは言語の差を超えてひとつの書物文化を共有していたと言えるのである。

本書では、各章で一種類の挿絵入り本をとりあげ、挿絵を中心としたパラテクストの機能をテクストとの関連において分析することで中世後期の読書文化を考察する。第一章と第二章では、中世後期のベストセラーである時禱書をとりあげ、その書物としての特徴を論じるとともに、従来あまり注目されることがなかった印刷本の時禱書についてテクストとイメージの関係性を考察する。図版には、なるべく工房生産の写本や印刷本の時禱書の例を用いて、美術史の研究対象として論じられることが少ないこれらの書物に光を当てるようにした。第三章では、時禱書と関連が深い「羊飼いの暦」を扱う。この木版画入りの書物は、一五世紀末のフランス語初版刊行後一七世紀にいたるまでフランス語と英語の両方で何度も版を重ね、時禱書に劣らぬ人気を博した。時禱書との関連に注目することで、この時代のベストセラーの特徴をその内容とパラテクストの両面から考えることができよう。第四章では、一五世紀後半の挿絵入り「ミセラニー」写本を対象として、自ら挿絵を描き書物の編纂に積極的にかかわった写字生の仕事を、挿絵の読まれ方に注目して分析する。こうした具体例の検討から見えてくるのは、読者にヴィジュアルな読書をうながす挿絵入り本の特徴である。

第一章　時禱書のテクストとパラテクスト

1　書物としての時禱書

中世ヨーロッパの教会や修道院で聖職者が典礼のために用いた祈禱書は「聖務日課書」(breviary) と呼ばれるが、時禱書 (the Book of Hours, Horae) は、それを簡略化して俗信徒用に編纂した祈禱文集であり、一三世紀中期から登場してくる。その起源は、同じ一三世紀に男性の聖職者によって編纂された「修道女のための手引書」であるという説があるが、両者の内容には類似点が認められるものの直接的な影響関係は立証されていない。[☆1] ただ、イングランドで制作された現存する最古の時禱書（一三世紀の『ド・ブレイルの時禱書』）がそうであるように、初期の時禱書の多くの所有者が女性であった証拠は残っている。[☆2]

一三世紀以前にもっとも広く流通していた祈禱書は典礼で朗読される『詩篇』のテクストを中心に編纂された「典礼用詩篇」であったが、一四世紀には時禱書の生産量は「典礼用詩篇」と肩を並べ、一五世紀には完全に追い越すこととなる。時禱書は西洋中世写本の中で現存数がもっとも多いタイプの書物であり、ロンドンの大英図書館、パリの国立図書館、ボルチモアのウォルターズ・アート・ギャラリーなどの主要図書館は、それぞれ三〇〇点から四〇〇点の時禱書写本を収蔵している。また、活版印刷術が誕生すると時禱書も印刷本として刊行されるようになり、一四八五年から一五三〇年のあいだに少なくとも七六〇点の異なる版の時禱書が刊行されている。[☆3] 中世後期から一六世紀にかけて時禱書が広い階層にいきわたっていた書物であったことを指摘する研究者は数多い。クリストファー・ド・ハメルは、「一五世紀には、とくにフランス、南北ネーデルラント、イングランドでは、それなりの世帯であれば皆時禱書を所有していた。中世の家族の多くにとって、時禱書は彼らが所有していた唯一の本であり、また私たちの先祖の大半にとって目にしたことがある唯一の書物であったと思われる」[☆4]と指摘する。また、ロジャー・ヴィークによると、時禱書は「中世後期からルネサンス期にかけてのベストセラー」で、「一三世紀中期から一六世紀中期にかけて、聖書を含むいかなるテクストよりも多くの時禱書が注文され、生産され、売買され、遺贈されて受け継がれ、印刷され再版された」[☆5]のである。

今でも時禱書は、複製によってではあるが、一般人がもっとも目にする機会が多い西洋中世の書物であると言える。一五世紀にベリー公ジャンのために制作された『ベリー公のいとも豪華なる時禱書』に代表される豪華に彩色された時禱書はファクシミリ版で刊行されており、また、そうした写本を所蔵する図書館はしばしば、月暦図をはじめとする美しい細密画のページを絵葉書、クリスマスカード、カレンダーなどにして販売している。時禱書は中世美術の主要ジャンルとして精力的に研究もされてきた。しかし、美術史家の興味は主に細密画にあるため、研究も著名な挿絵画家の手が入った豪華な彩色写本に集中する傾向がある。その一方で、書物史やキリスト教典礼史の視点から時禱書を扱った研究は数少なく、一五世紀に書籍工房によって精力的に生産されていた半既製品の写本や一五世紀後半以降に大量に登場してくる活版印刷による時禱書については、いまだ全体像もつかめていない。二〇世紀前半に、フランスの国立図書館や公共図書館に収蔵されている時禱書をはじめとする典礼写本を精力的に調査して大部なカタログを次々と刊行し、典礼写本の書誌学的研究の基礎を築いたヴィクトール・ルロケは、『フランス国立図書館収蔵の時禱書』の冒頭で「〔時禱書に関する〕研究文献は充実していると同時に乏しいと言える。写本の装飾部分に関しては充実しているがテクスト自体に関しては乏しい。学者や研究者の興味は装飾のみに集中しているように見える」と述べ、研究の偏りを嘆いた。[☆6]

図1——ブルゴーニュのフィリップ善良候が所有していた、ディプティックと一体となった祈禱書
1430 / 50年頃
ウィーン　オーストリア国立図書館
Codex 1800, fols 1v-2r; Hand, Metzger, and Spronk, *Prayers and Portraits*, p.5

こうした研究上のバランスの欠如は近年になってようやく是正され始めた。個人的な祈禱と黙想という時禱書本来の利用のあり方を考えるにおいては、時禱書は同時代のディヴォーショナルな美術の文脈でとらえられる必要がある。プライベートな信心と祈りは時禱書を前にしてのみ可能だったわけではないことは、ディヴォーションをキーワードとした近年の研究からもうかがい知れる。一例をあげるならば、卓上や枕の上で使用可能な小型の二幅画《ディプティック》や象牙二連板《ディプティック》も同じ用途に用いられ、両者のあいだには機能上の共通点が存在していた。ディプティックには小型本と変わらぬ小さなサイズのものや祈禱書と一体となったものも存在し、ときに彩色写本と同じ工房で制作されていたのである[☆7]（図1）。

書物史の視点からは、時禱書に残された所有者の書きこみやテクストと挿絵の関係性に注目して、時禱書を一冊の書物として、文学史や書物史の文脈のなかでとらえた研究が発表されるようになってきた[☆8]。実際、時禱書には、すべての時禱書に共通する標準的な要素のほかに、さまざまな追加のテクストや挿絵がしばしば見いだされ、それらには、個々の時禱書ごとに異なる制作事情や利用法を反映した多様性が認められる。そこでは、テクストと挿絵や欄外装飾が相互補完的に機能して多層的な意味空間を形成しているし、また、ときに歴代の所有者によって書物中に残されたさまざまな書き込みは、時禱書が祈禱書の枠組みを超えて教訓書や備忘録としても機能していたことを示している。また、時禱書の主たる所有者である女性に注目し、女性の読書という視点から時禱書の役割を社会的に検討する研究も盛んである。こうした要素を考慮すると、時禱書におけるテクストとパラテクストの関係性を、文学史、美術史、書物史のコンテクストにおいて多面的に論じることは重要である。テクストとイメージの相関性、テクストの文学伝統、書物に残された利用の痕跡、さらには出版・流通形態などに注目すると、西洋の書物文化の大きな変革期である活版印刷術誕生前後の約百年間に時禱書がなぜそれほどの人気を博したのか、その理由が見えてくる。

2　時禱書の利用の実際

時禱書の人気の理由を探るには、当時の人々が実際に時禱書をどのように使っていたかに注目する必要がある。ポール・サンガーは、中世後期に祈禱が声を出してなされるものから心中で無言でなされるものへと変化したことが時禱書の人気と密接にかかわっていると指摘する。声に出す祈禱においては無心に祈りをくりかえすことが重視され、ラテン語の祈禱文を正しく発音しようとしたり、その内容を理解しようと心を砕くことは信心の妨げになりかねないとされた。それに対して、黙禱では沈黙が聖性と同一視され、祈禱者は外界に対して耳をふさぎ、「目で読む」ことで祈禱文とそれに付随する挿絵と親密に対峙して、霊的な内省にいたることを求められる。そのためには祈禱文の内容を理解していることが重要とされ、黙禱は、少なくとも祈禱文を解読できる者にとっては、さらに高次の霊的覚醒をもたらすと考えられていた。[☆9] 時禱書はそのような祈りと黙想のために、中世後期の俗信徒によって日常的に使用されたのである。

時禱書の所有者は王侯貴族から中産階級の市民や商人まで多岐にわたっていたが、彼らが皆祈禱文のラテン語を理解できたわけではない。一五・一六世紀の時禱書では、中核をなすラテン語のテクストの後ろにフランス語、オランダ語、英語などの俗語による祈禱文が追加されており、一六世紀には全文が俗語で書かれた時禱書も存在した。そうした俗語のテクストはラテン語が読めない階層（illiteratus）にも親密な宗教体験を提供する窓口となったであろうが、彼らにとってラテン語の祈禱文も一定の有効性をもっていた。中世において、正式な教育を受けて読み書き能力を体得し、また日常的に書物を手にとることができる人口は、時代が下るにつれて増加するものの、かぎられていた。ラテン語に関するかぎり、多くの俗信徒のリテラシー（読み書き能力）は、典礼を通じて祈禱文や『詩篇』のさわりの部分を覚えてしまう程度で、聖職者などの識字者の助けを借りて「受動的」に体得された限定的なものであった。[☆10] しかし、各自の職業や地位に応じて生活や仕事に必要な、限定的だが機能的なリテラシーを身につけていた人々は存在していた。中世におけるリテラシーは画一的に定義できるものではない。サンガーは、近代的な読み書き能力とは別に、テクストを単語で分節して朗読することはできるが内容の理解をともなわない「音声的」なリテラシーを想定し、中世後期の俗信徒の多くはこの限定的な知識でラテン語の時禱書を活用していたと指摘する。[☆11] こうした状況は俗信徒のみならず修道女にもあてはまる。一五世紀にイングランドのブリジット会サイオン修道院の修道女のためにラテン語の典礼の英訳を提供した『聖母の鏡』というテクストが存在するが、それはラテン語の文章を「歌ったり読んだりはできるが、その意味を理解できない」者のために編纂されたものである。内容の理解をともなわなくとも、ラテン語の祈禱文を声に出して読んだり、あるいはテクストを頼りとして記憶から暗唱したりすることは敬虔な行為とみなされていた。[☆12]

時禱書には必ず、キリストや聖母マリアの生涯を題材とした細密画が描かれているページがあるが、それらの図像も俗信徒の信仰の実践にとって重要な役割を果たした。一五世紀の神学者でパリ大学総長を務めたジャン・ジェルソンは、俗信徒を意識してフランス語で記された文章のなかで、字を読めない者が聖十字架の細密画や赤や金の彩色イニシャルで飾られた祈禱書のページを前にして黙想することによって、キリストの受難の黙想を経てキリスト教の基本教理の理解へと至ることの重要さを指摘している。[☆13] 時禱書の細密画は、教会のステンドグラスや壁画など公共の場で目にするような救済史や聖人伝の主要な場面に一人で向きあい、それらについて黙想する機会を与えたのである。細密画は、キリストや聖母マリアの生涯の一場面を心中に情動的に描きだすことを助け、そうしてつくりだされたヴィジョンのなかに自らを置くことを可能にする。読者は視覚の助けを借りて、あたかも自分がその場で体験しているかのように受難の意味や聖母マリアの悲しみについて想うのである。時禱書の細密画は、聖母マリアやキリストの生涯に関連した物語画的なものにかぎらない。たとえば、ミサを挙げる教皇グレゴリウスが「悲しみのキリスト」のヴィジョンを視る場面を描いた「聖グレゴリウスのミサ」の細密画（図2）は多くの時禱書に見られるが、俗信徒はこの絵を眺めて、「アヴェ・マリア」や「使徒信経」などの基本的な祈禱を記憶を頼りに唱えながら黙想することを推奨された。[☆14] 同様に、血を流すキリストの心臓、キリストが脇腹に受けた傷、十字架を担いでゴルゴタの丘へと歩むキリストの顔の汗をぬぐった布にキリストの顔が刻印された「聖女ベロニカの布」[☆15]（図3）などを描いたアイコン

図2――〈聖グレゴリウスのミサ〉
時禱書　オランダ　一四二五～一四五〇年頃
ロンドン　大英図書館　MS Harley 2982, fol. 9r

図3——〈聖女ベロニカの布〉
時禱書　イースト・アングリア（イングランド）　一四八〇年頃
ケンブリッジ　フィッツウィリアム博物館　MS 55, fol. 122v; Scott, *Later Gothic Manuscripts*, fig. 492

図4———〈ゾイゼの魂を抱きかかえる「永遠の知恵」〉
ストラスブール
国立大学図書館　MS 2929, fol. 8v; Hamburger, *Nuns as Artists*, p. 148

図5———胸壁によって区切られた中世の教会内陣
オクスフォードシャー　ユーム教区教会（Church of St Mary, Ewelme, Oxfordshire）

的な細密画も黙想の対象となった。こうしたディヴォーショナルなイメージを前にした黙想も霊的な読書のひとつの形であり、受難のキリストへの黙想はしばしば読書のアナロジーで語られる。[☆16]しかし、この霊的読書はそれ自体が目的ではなく、より高次の、イメージに頼らない観想へといたる一段階である。一四世紀前半に活躍したドイツのドミニコ会修道院の院長で神秘家でもあったハインリッヒ・ゾイゼは、ドイツ語の「決定版作品集」（Examplar）に、修道女の読者を意識して描かせた（あるいは自ら描いた）一連の解題的な挿絵を付けている[☆17]（図4）。ゾイゼは、神の神性の神秘性を譬えやイメージのみを用いて説明することは不可能であると指摘しつつも、「像（bild）で像を追い払うために、ここで、できる限りこの無像の教えを像によって、つまり、譬話で正しく理解されるように述べ」ると語り、イメージを介してイメージを必要としない観想へといたることを目的として、積極的に挿絵や視覚的表現を用いている。[☆18]

　時禱書は公共の場においても個人的な祈りの実践のために活用された。中世の教会でのミサは俗信徒にとって必ずしも満足のいく宗教的高揚感を与えてくれるものではなかった。実際にミサが執りおこなわれる内陣は木製の胸壁（roodscreen）によって仕切られていたため、俗信徒はミサの様子を仕切り越しに垣間見ることしかできなかったのである（図5）。そうした状況にあった俗信徒にとって時禱書は、部分的にせよ、ミサを通して聖職者が体験していると彼らに思われた神への直接的な呼びかけを追体験することを可能とするものであった。[☆19] 祭壇で祈禱文が唱えられるのを聞きながら、小さな声で同じ祈禱文を時禱書を見ながら唱えたりもした。あるいはミサという特別な雰囲気のなかで、時禱書を手に既知の別の祈禱文を自分のペースで心中で唱えたりしたのである。時禱書にはしばしば、典礼とは直接関係のないさまざまな祈禱文がラテン語で、あるいは一四世紀後半以降は俗語でも追加されており、ミサにおけるこうした祈禱文の黙読は容認あるいは推奨されていた。[☆20] 教会のミサという公共の場で、時禱書をある意味プライヴェートに使用することは、空間的には阻害されていた典礼の場での心情的な一体感を生みだすのに一役買ったと言えるだろう。また、印刷本の時禱書が登場すると、家族で同一の時禱書を複数冊所有することも可能となり、時禱書を手に数名で集まって祈りを唱えることもなされたようである。[☆21] このように時禱書は、俗信徒の日常のさまざまな場面において、信仰生活の基本となる祈禱と黙想を具体的に支えていたのである。

3　時禱書の基本的構成

冒頭で述べたように、時禱書は聖務日課書を俗信徒向けにつくりなおしたものであるため、その内容は、聖母マリアへの小聖務日課を中心として、教会暦、福音書朗読、痛悔詩篇、連禱、「死者の聖務日課」、執り成しの祈りなど、典礼の基本を成すテクストを基本として構成される。地域ごとの典礼様式の違いを反映したバリエーションや追加の祈禱文の有無ゆえに一冊ごとにかなりの違いはあるが、以上のテクストが中核をなすことはすべての時禱書に共通している。

教会暦

時禱書の冒頭は教会暦である。この一二カ月の暦は、聖人の祝日やキリストと聖母マリアの生涯における重要な出来事を祝う祝日（クリスマス、公現祭、聖母被昇天など）を記した万年暦で、通常ラテン語だが俗語で記される場合もある。それゆえ、イースターの日にあわせて毎年変動するキリストの受難、復活、昇天などの移動祝祭日は記されていないが、それらは暦に記されている黄金数や主日字と称される数字やアルファベットから割りだすことができる。各祝日の横にはAからGまでの七つのアルファベットのいずれかが記されているが、これは日曜日を示す文字であり、定められた公式に当てはめることで、特定の年はどのアルファベットが日曜にあたるかを算出することができる。さらに、並んで記されているⅰからⅹⅰⅹのローマ数字は満月の日を割りだすのに使われる。イースターの日は春分の日あるいはその後の最初の満月の日の直後の日曜日だが、このアルファベットとローマ数字を組みあわせることでその年のイースターが何月何日にあたるかを知ることができ、イースターをもとに他の移動祝祭日も確定できるのである[☆22]（図6）。

暦には、ローマ・カトリック教会で共通して崇敬の対象となっている聖人に加えて、特定の地域だけで崇敬されている聖人の祝日が記されていることがあり、そうしたローカルな祝日の記入は時禱書がどの地域の典礼方式に従って編纂されているかを知る手がかりとなる。また、時禱書の所有者が自ら聖人の祝日を追加したり、誕生日や結婚記念日、先祖の命日などのプライヴェートな情報を備忘録的に書き加えることがある[☆23]。その意味で暦は、時禱書を構成するテクストのなかで最も所有者個人の痕跡が認められうる部分である。また、次章で詳しく論じるように、暦は通常「月々の仕事」と黄道十二宮の星座の組みあわせからなる「月暦図」の挿絵で飾られる。

福音書朗読

福音書朗読とは典礼で朗読される福音書からの抜粋で、『ヨハネによる福音書』（第一章一～一四節）、『ルカによる福音書』（第一章二六～三八節［図7］）、『マタイによる福音書』（第二章一～一二節）、『マルコによる福音書』（第一六章一四

〜二〇節）の四編からなる。これらはいずれもキリストの生涯の主要な出来事——神の計画、受胎告知、生誕、昇天——に関する章句であり、それぞれクリスマス（現在の一二月二五日）、受胎告知（三月二五日）、公現祭（一月六日）、キリスト昇天日（移動祝祭日）のミサで朗読される。さらに中世後期にはキリストの受難に関する朗読（『ヨハネによる福音書』第一八章一節〜第一九章四二節）が追加されることがあった。福音書朗読は俗信徒が聖書の本文に触れることができる数少ない機会であり、抜粋は暦順ではなく内容に添った順序で並んでいるため、連続して読むことでキリストの生涯をたどることができた。その意味では、ここでは時禱書は読みものとして機能していると言うこともできる。

「聖母マリアの時禱」

時禱書の中心は、一三七編の『詩篇』を中心に構成される「聖母マリアの小聖務日課書」である。この一連の祈禱は「聖母マリアの時禱」とも称され、時禱書という呼び名はここからきている。時禱とは一日を通じて毎日特定の時刻に執りおこなわれる祈禱礼拝のサイクルで、その形式はヌルシアの聖ベネディクトゥスの修道会則に遡る。中世後期には、朝課と賛課（この二つは夜のうちか起床時に一緒におこなわれることが一般的であった）、朝六時頃の一時課、その後三時間毎におこなわれる三時課、六時課、九時課、夕方の晩課、就寝前の終課の八つの定時課で構成されていた。「聖母マリアの時禱」はキリストの幼少時と関連する聖母マリアの生涯の出来事を順に主題としている。それぞれの定時課は詩篇祈禱、聖書朗読、讃歌、祈りで構成され、それにさまざまな短いアンティフォナ、先唱句、レスポンソリウムが加わって、全体として聖母マリアの生涯の一エピソードが語られたのである。聖務日課に従っておこなわれる中世の在俗教会や修道院の典礼は定時課毎に違いがあり、典礼季節や日によっても異なる複雑なものであるが、時禱書においてはこうした差異は簡略化されていたため、基本的に毎日同じ祈禱文を唱えることができた。八つの定時課の冒頭には、それぞれ対応する聖母マリアの生涯の場面を描いた細密画が挿入されている。細密画は定時課の主題と呼応する場面を描くことで黙想を助けるだけでなく、各定時課の冒頭箇所を素早く見つけるためのブックマークとしての実

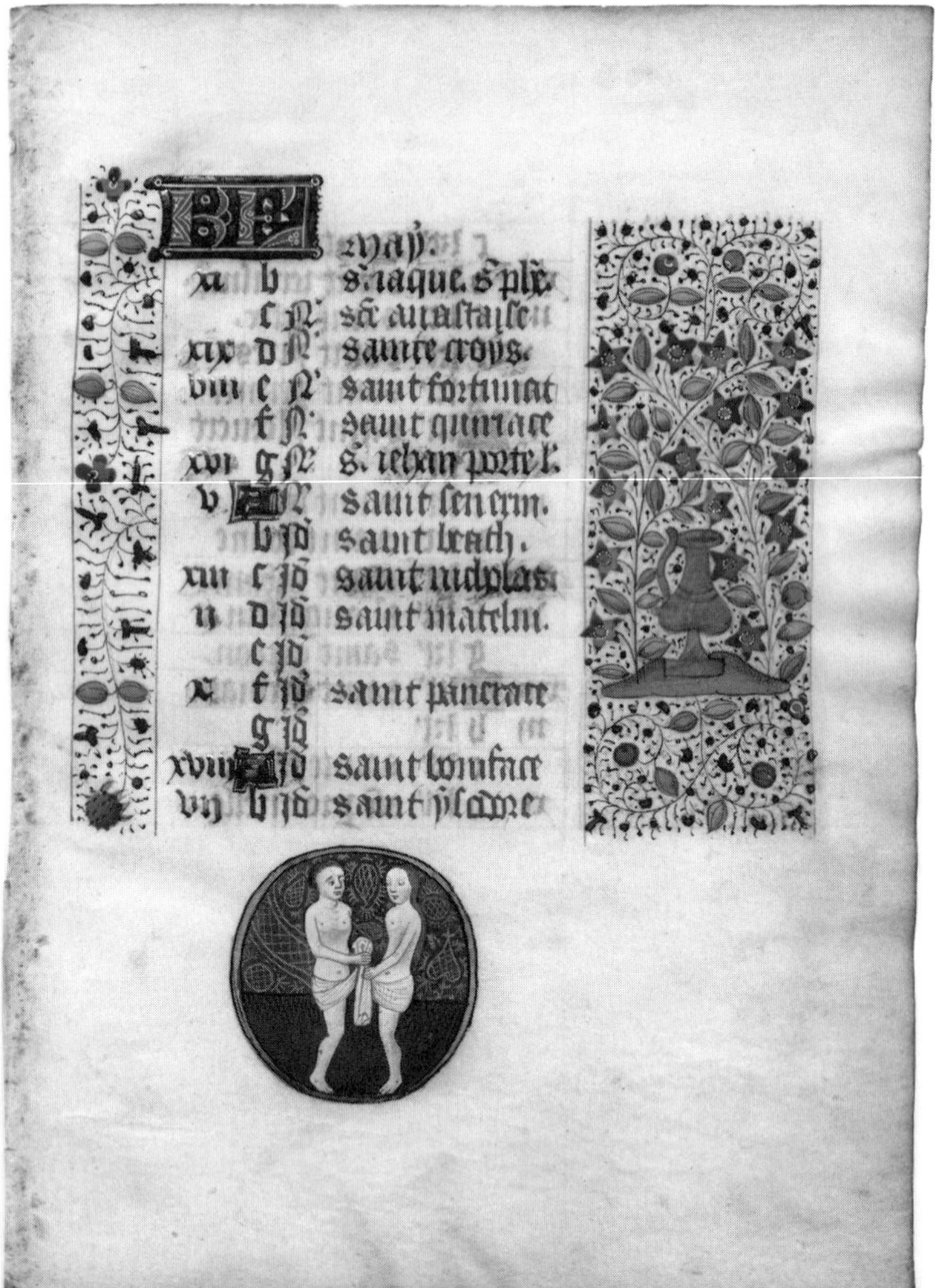

図6——〈五月の暦と双子座の月暦図〉
時禱書写本零葉　北フランス　一五世紀後半
慶應義塾図書館

図7――「『ルカによる福音書』朗読」
時禱書（fol. 14r）
ラングル（フランス）　一四八〇年頃

図8―――「聖母マリアの時禱」（一時課）の冒頭と〈キリスト生誕〉
時禱書（バイユー式典礼）(fols 44v-45r)
ルーアン　1465-80年

用的機能も果たしていた。定時課と細密画のあいだには次のような標準的な対応が認められる。朝課―受胎告知、賛課―ご訪問、一時課―生誕（図8）、三時課―羊飼いへのお告げ、六時課―三王の礼拝、九時課―神殿奉納あるいは割礼、晩課―エジプト逃避、終課―聖母戴冠あるいは聖母の死。

「十字架の時禱」、「聖霊の時禱」

「聖母マリアの時禱」のあとには「十字架の時禱」と「聖霊の時禱」が続く。これら三種類の時禱が統合されて時課ごとにまとめられている混合形式（mixed）の時禱書も存在する。「十字架の時禱」と「聖霊の時禱」は『詩篇』ではなく賛歌を中心テクストとして、アンティフォナ、先唱句、レスポンソリウムの組みあわせと最後の祈禱文で構成される。賛歌はキリストの生涯を主題とした瞑想詩からそれぞれ一スタンザを各定時課に割りあてたもので、その内容は、朝課はユダの裏切りとキリストの捕縛、一時課はピラトの面前のキリスト、そして最後の終課はキリストの埋葬というように、キリストの受難を順にたどる構成になっている。

「聖霊の時禱」も「十字架の時禱」と同じ構成だが、賛課がなく全部で七つの定時課で構成される。その内容は、朝課では受肉、一時課ではキリストの受難による救済、三時課ではペンテコステ（聖霊降臨）、そして最後の終課では最後の審判というように、聖霊が人類の救済史において果たした（あるいは果たすであろう）役割についてである。「十字架の時禱」と「聖霊の時禱」の冒頭にはそれぞれ磔刑とペンテコステの細密画が挿入されるのが一般的である。

時禱書によっては、キリストの受難の場面を描いた細密画（裏切り、キリストの嘲り、十字架を担うキリスト、十字架への釘打ち、受難具など）がさらに追加されたり、あるいは、これらが「聖母マリアの時禱」のマリアの生涯の挿絵のかわりに用いられることもある。

「あなたにせつに願う」（Obsecro te）、「おお、けがれなき者よ」（O intemerata）

この二編の祈禱文は聖母マリアに救済への執り成しを直接呼びかける内容で、どの時禱書にも必ずある。通常は「聖母マリアの時禱」の後ろに置かれる（図9）。

「痛悔詩篇」

「痛悔詩篇」と称される七編の「詩篇」（六、三二、三七、五〇、一〇一、一二九、一四二番）は古くから贖罪と結びつけられて典礼で用いられており、死者の煉獄での苦しみを軽減するとともに、生者が七つの罪源におちいらぬようにする効果があるとされた。また、病や臨終の床にあって唱えるのにとくにふさわしいとされた。中世後期には、時禱書のみならず、一四世紀イギリスの隠者リチャード・ロウルによる英訳と註解、一五世紀のカルメル会士リチャード・メイドストーンが英語で著わした「痛悔詩篇」に基づいた瞑想詩などを通じて、俗信徒のあいだで広く知られていた。☆24 中世においては、これらの「詩篇」はバト・シェバとの不義の罪を贖うためにダヴィデが創作したと言い伝えられており、冒頭には悔悛の祈りを捧げるダヴィデの姿の細密画（あるいはダヴィデと裸体のバト・シェバ）が挿入されている（図10）。

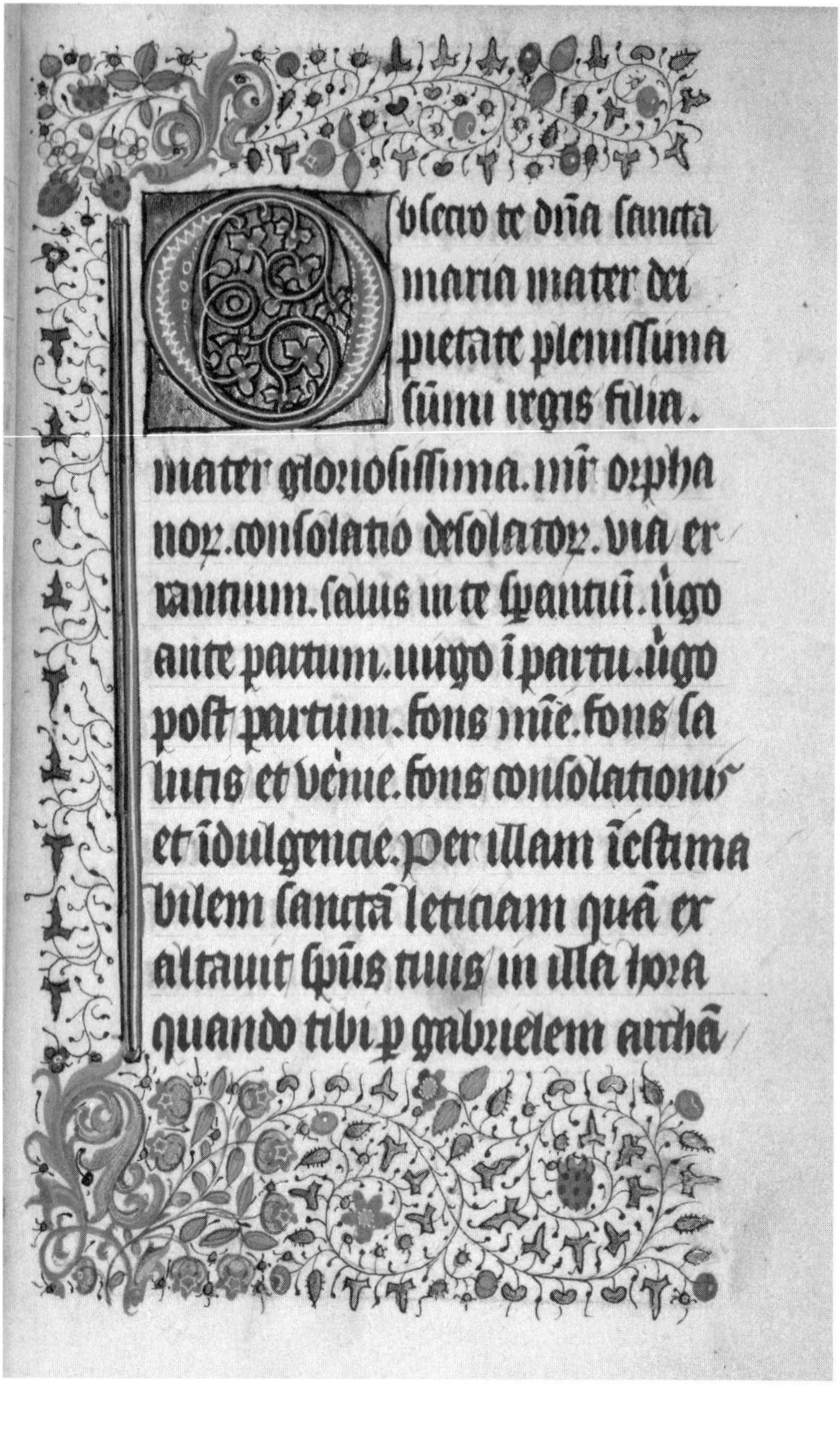

図9――「あなたにせつに願う」冒頭のページ
時禱書（ルーアン式典礼） ルーアン 一四六五～八五年
慶應義塾図書館 120X 680 1, fol. 92r

Comment Dauid fut adulteyre
Ung iour vit Bersabee au bain
Qui manda querir pour luy complaire
Et en feist son plaisir mondain.

図10――〈水浴中のバト・シェバを盗み見るダヴィデ〉『パリ式典礼の時禱書』（sig. h7r）パリ　ヨランド・ボノム印行　一五二五年
慶應義塾図書館

図11——〈追悼ミサ〉
時禱書写本零葉
フランス　一四九〇年頃

図12――〈最後の審判と「ディーヴェス」と貧者〉『ローマ式典礼の時禱書』(sig. g7v-g8r) パリ　シモン・ヴォートル印行　一四九八年

連禱

「痛悔詩篇」の直後に続く連禱は短い祈禱文のくりかえしで、聖母マリアを筆頭に、大天使、天使、洗礼者ヨハネ、使徒、聖人の順に捧げられている。

「死者の聖務日課」

時禱書には晩課、朝課、賛課の三つの定時課からなる死者の聖務日課が必ず含まれる。時禱書の他の部分の祈禱文は典礼文を簡略化したものだが、「死者の聖務日課」だけは聖務日課書と同一のテクストで、しかも全文が省略なしで収録されている。その内容は死後煉獄にとどまっている魂の苦しみを軽減し解放を早めるための執り成しの祈りだが、祈禱者を突然死（およびその結果としての魂の地獄堕ち）から守る効果があるとされ、日常的にその祈りを唱えることが推奨された。暦にはしばしば時禱書の所有者の縁者の命日が書き加えられているが、そのような日にこの祈禱文が唱えられたことが推測される。「死者の聖務日課」は、たとえばギルドの構成員が集まって祈りを捧げる信心会のような公共の場でも唱えられた。死にまつわるさまざまな場面――埋葬、追悼のミサ、最後の審判、ラザロの復活、「ディーヴェス」と貧者、三人の死者と三人の生者、地獄、悔悛のヨブなど――を描いた細密画が冒頭に挿入される（図11・12）。

執り成しの祈り

時禱書の最後は通常、諸聖人への執り成しの祈りである。時禱書によりその数はまちまちだが、天上のヒエラルキーに従って、神、三位一体、聖母マリア、大天使ミカエル、洗礼者ヨハネ、使徒、男性の聖人、女性の聖人の順に並べられ、一般的には一二編ほどから成る（図13）。

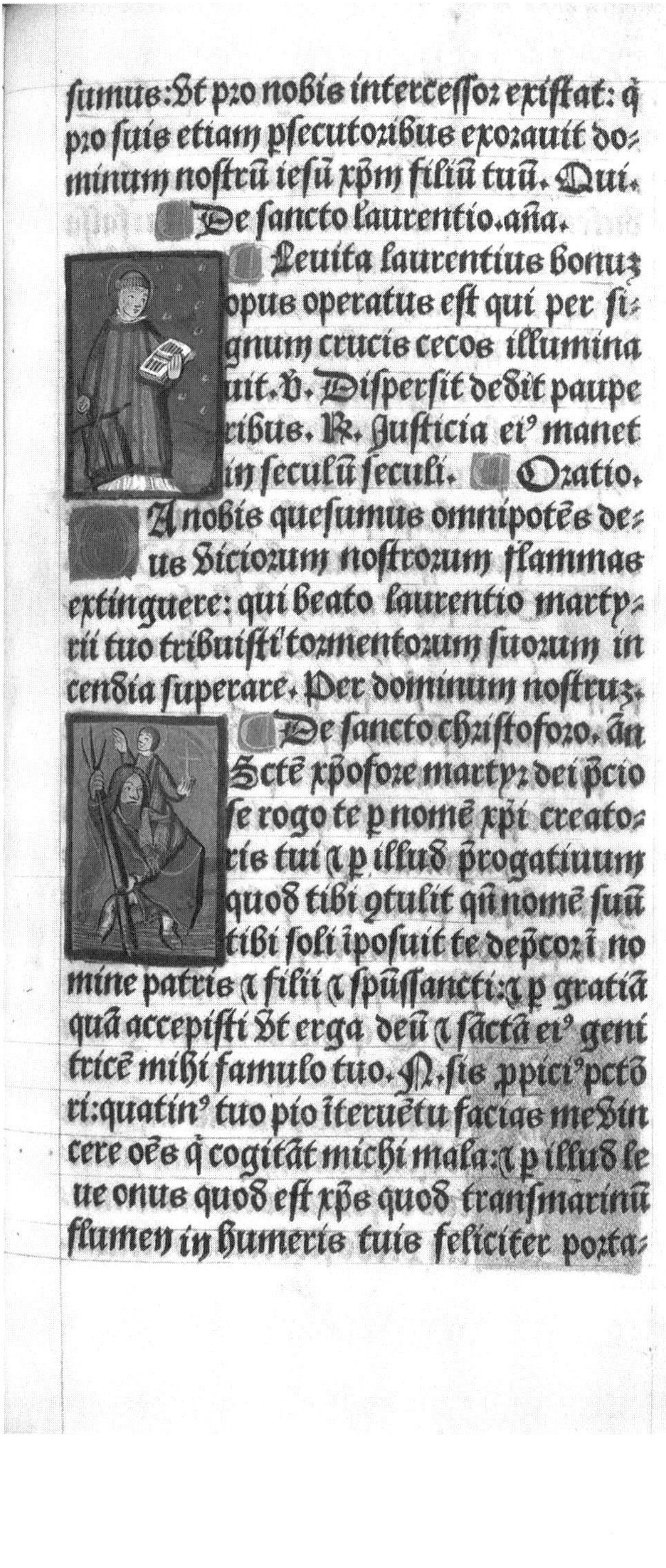
88
sumus: ut pro nobis intercessor existat: qui
pro suis etiam persecutoribus exorauit do-
minum nostrũ iesũ xpm filiũ tuũ. Qui.
De sancto laurentio. aña.
Leuita laurentius bonũ
opus operatus est qui per si-
gnum crucis cecos illumina
uit. V. Dispersit dedit paupe
ribus. R. Iusticia eius manet
in seculũ seculi. Oratio.
A nobis quesumus omnipotẽs de-
us uiciorum nostrorum flammas
extinguere: qui beato laurentio marty-
rii tuo tribuisti tormentorum suorum in
cendia superare. Per dominum nostrum.
De sancto christoforo. añ
Scte xpofore martyr dei pcio
se rogo te p nomẽ xpi creato-
ris tui et p illud progatiuum
quod tibi contulit qñ nomẽ suũ
tibi soli iposuit te deprecor i no
mine patris et filii et spussancti: et p gratiã
quã accepisti ut erga deũ et sãctã eius geni
tricẽ mihi famulo tuo. N. sis propicius pctõ
ri: quatinus tuo pio iteruẽtu facias me uin
cere oẽs q cogitãt michi mala: et p illud le
ue onus quod est xps quod transmarinũ
flumen in humeris tuis feliciter porta-

図13——「聖ロレンスと聖クリストファーへの執り成しの祈り」『ローマ式典礼の時禱書』(fol. 88r) 木版画には手彩色がほどこされている。パリ　ジル・アルドゥアン印行　一五一五年頃　慶應義塾図書館

ルロケは以上のテクストを時禱書における基本的要素として分類しており、これらは原則としてすべての時禱書に共通している。[☆25]こうした中核を成すテクストに加えて、さまざまな、時に時禱書本来の役割から外れた祈禱文や挿絵が追加されて、時禱書は一冊ごとに違いが生じている。「聖カタリナの時禱」、ミサ、聖体奉献の祈禱文、「聖母マリアの七つの喜び」や「スターバト・マーテル」（「悲しみの聖母」）に代表される準典礼的な祈禱文をはじめとして、後述するようにアヴェ・マリアや主の祈りのような基本的祈禱文や免償付祈禱文もしばしば追加された。こうしたテクストは、とくに写本の時禱書の場合、白紙や巻末の遊び紙に所有者自身によってあとから書きこまれることも少なくなかった。[☆26]一方で、印刷本の時禱書では、こうした追加の祈禱文や免償付祈禱文は、一度印刷されると後の版にも受け継がれてゆく傾向があった。新版が刊行されると、それまでの版との差別化を意識して、さらに新たな祈禱文などがしばしば俗語で追加されることで、準典礼的な、あるいはより広範に教訓的なテクストが確実に増加してゆくこととなる。後述するように、こうした追加により、時禱書は祈禱書としてよりも、広く宗教的なテクストを編纂した実用的な教訓書という性格を帯びるようになるのである。

4　時禱書の制作と書籍工房

すべての時禱書が豪華な彩色写本であったわけではない。時禱書の制作方法は大きく分けて二通りあった。ひとつは、一定期間写字生と細密画を描く絵師を雇い、宿泊費や材料費などの経費を負担して謝礼を支払う注文生産である。一三世紀と一四世紀に制作された時禱書の多くはこの仕方で、王族や貴族の注文に応じて制作された。こうして制作された時禱書は概して豪華で細密画の数も多く（多いものは六〇点もある）、一五世紀ではシモン・マルミオン、ジャン・フーケ、シモン・ベニングなどの中世後期を代表する画家たちが挿絵を担当している。この場合は顧客の趣味を直接反映させた写本の制作が可能で、中世後期の祭壇画に寄進者の姿が描かれているように、挿絵のなかに注文主が自分の姿を描きこませることもできた。「聖グレゴリウスのミサ」や「守護天使への祈禱」など祈りの場面を描いた細密画には、そのような例が見いだされる（図14）。

こうした豪華な注文生産の時禱書と並行して、一五世紀になると、都市の書籍工房で既存の手本をもとに分業で制作される半既製品の時禱書が数多く登場するようになる。こうした写本の制作費は相対的に安価であったため、商人などの中産階級にも、女性を中心に所有されるようになった。とくに、一五世紀後半の北フランスやフランダース地方の主要都市ではいくつもの書籍工房が活発に活動しており、分業によって効率よく時禱書を制作して、国内で販売するのみならずイギリスなど外国へも輸出していた。

そうした写本制作がもっとも顕著に認められる地域のひとつが、ノルマンディー地方の中心都市ルーアンである。一五世紀のルーアンは人口約七万五千人の司教座都市で、パリとの緊密な協力体制のもとで、北フランスを代表する書物生産地として発展した。また、一四四九年までイギリス領であったため、一六世紀前半までイギリス向けに多くの典礼書を制作して輸出していた。「本屋の扉口」（Portail des libraires）の名が今日まで残っている大聖堂北側袖廊《トランセプト》の扉口の前には書籍商が軒を連ね、教会に聖務日課書などを納入していた（図15）。彼らは絵師や製本家の副業ではなく、むしろ独立した工房兼書店として、顧客と書物生産にかかわる職人たち（羊皮紙の鞣し屋、写字生、絵師、装丁家など）と顧客の間を仲介していた。自分の工房で写本を制作することもあったが、むしろ顧客から注文をとって複数の絵師に仕事を発注し、制作スケジュールや在庫を管理していた。その結果、一冊の写本の制作に複数の絵師がかかわることは珍しくなく、たとえば一五世紀後半にルーアンで制作された『プレイフェア時禱書』には七人の絵師がかかわっている。[☆27] そうした絵師たちの挿絵のスタイルには明らかな類似点が認められる。その理由は、ルーアンでは一四六〇年代に「ルーアン助役職の画家」[☆28]として知られる絵師が活躍し、その後一四七〇年から一四九〇年頃にかけてそのスタイルを踏襲した絵師たちが一派を形成しており、さらに一六世紀前半にはそのスタイルはロベール（あるいはロビネ）・ボワヴァンという名の絵師に受け継がれていったからである。[☆29] 時禱書の細密画の画題は基本的に固定さ

ヴィジュアル・リーディング——西洋中世におけるテクストとパラテクスト

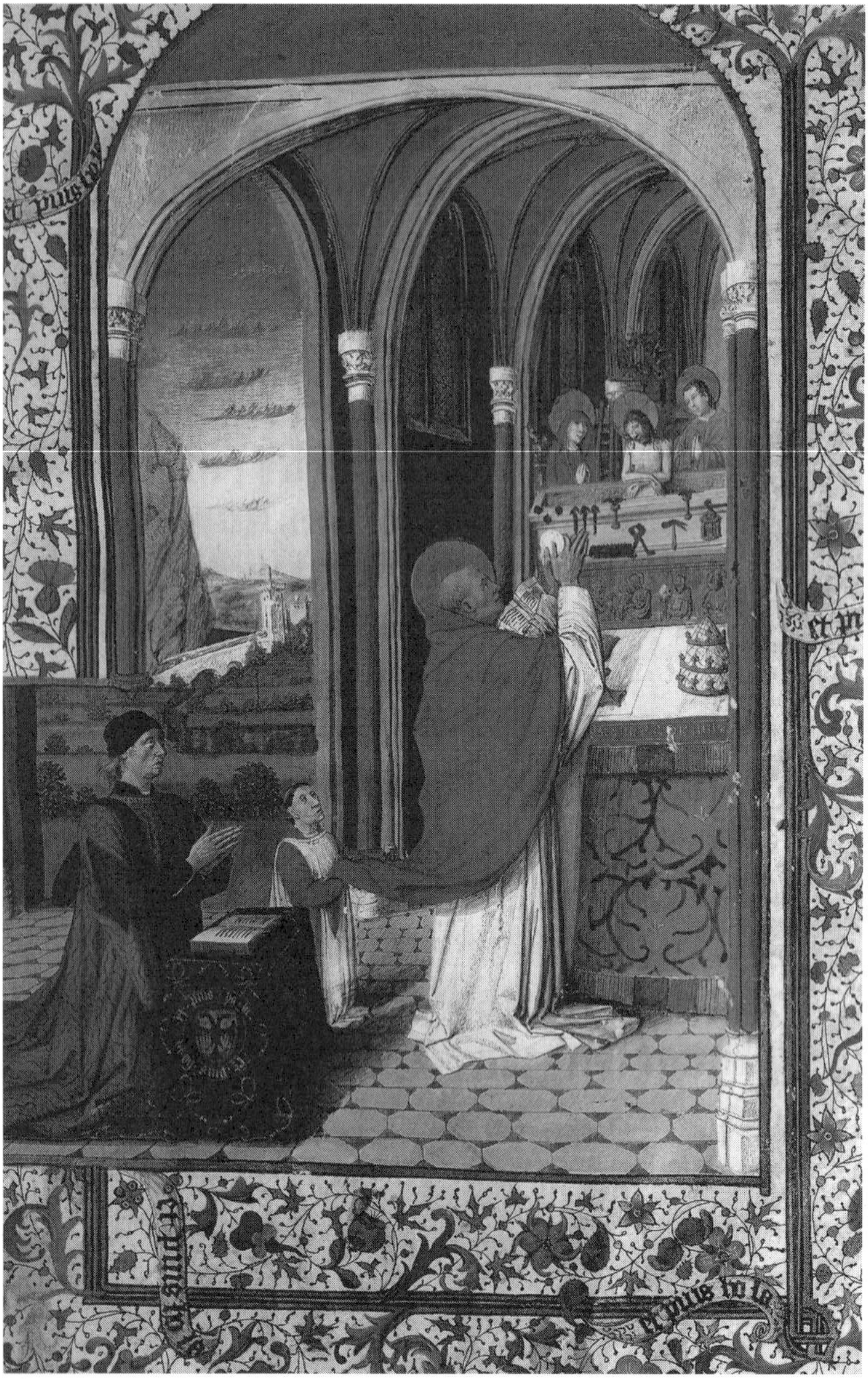

図14——〈聖グレゴリウスのミサ〉と時禱書の所有者のブシコー元帥の祈禱者像
『ブシコー元帥の時禱書』フランス、一四七七年頃
パリ　ジャクマール・アンドレ美術館
MS 2, fol. 241r; Fanny Faÿ-Sallois, *Le trésor des Heures* (Paris, 2002), p. 57.

図15——ルーアン大聖堂北側袖廊（トランセプト）の通称「本屋の扉口」の彫刻

図16——〈受胎告知〉
（上）時禱書　ルーアン　一四七〇年頃
James A. de Rothschild Collection, Waddeston Manor MS 12
（下）時禱書（ルーアン式典礼）　ルーアン　一四六五～八五年頃
慶應義塾図書館　120X 680 1, fol. 13r

図17――〈聖母戴冠〉
（上）時禱書（バイユー式典礼）（fol. 60r）　ルーアン　一四六五～八〇年
（下）時禱書（ルーアン式典礼）（fol. 49r）　ルーアン　一四六五～八五年
慶應義塾図書館　120X 680 1

れているため、かぎられた数の構図がくりかえし用いられ、さらにその構図を構成している諸要素が組みあわせを変えて再構成され、何度も使われた。[☆30] 例として挙げた二点の時禱書[☆31]（図16）はどちらも一五世紀後半にルーアンの工房で制作されたもので、全体的な構図が類似しているのみならず、床の緑のタイルの模様、背後の壁を覆う赤あるいは青の地に金模様の織物、生け垣の組み方、そして欄外装飾に用いられる蔦模様や壺のモチーフなどの細部にも共通点が認められる。また、挿絵全体の色合い、登場人物の衣装や姿勢、背景の風景などにも類似点が多い。これらの事実は、両者が同じ手本に基づいたものであることを推測させる。一五世紀後半にルーアンで制作された時禱書はおそらく最も現存数が多いと思われる。それらのあいだには、余白に描きこまれた装飾の豪華さや画家の力量に差はあっても、全体の構成や個別のモチーフには、工房生産の結果生じた多くの共通点が見いだされる。手本を用いることで、制作行程の半自動化と人件費の節約が可能となったのである。時禱書の制作費はなによりも細密画の数や欄外装飾の豪華さによって大きく変動したので、それらを調整すれば比較的安価な制作が可能であった。

工房生産の時禱書の特徴を、ルーアンで制作されたひとつの時禱書（一四六五～八〇年）を例として検討することとする。[☆32] この写本の場合、もともと用意された細密画は受胎告知、生誕、エジプト逃避、聖母戴冠、埋葬の五点のみであったと推測され、そのうちエジプト逃避の挿絵は現在欠落している。暦を飾る月暦図は存在せず、また欄外装飾がほどこされたページも数葉のみである。また、暦にも空白が多く、主要な祝日しか記載されていない。ただし、記載されている聖人の祝日には、この写本の典礼方式（ノルマンディー地方のバイユー）を反映して、バイユー司教であった聖ヴィゴールと聖ルプスなどの地元ゆかりの聖人の名が見られることから、暦としては未完ではなく、当初予定されていた祝日はすべて記入済みと推察される。また、挿絵が「ルーアン助役職の画家」のスタイルを踏襲した工房の作であることは、一五世紀後半にルーアンで制作された他の写本と比較して、細部や背景にさまざまな類似点が認められることから推察される[☆33]（図17）。この写本はおそらく、工房にあらかじめ準備された最小限の挿絵とテクストのみで構成された、いわば時禱書の基本形であったと思われる。顧客は予算に応じて挿絵や欄外装飾を追加注文して、自分の趣味にあわせて時禱書をカスタマイズすることが可能であった。同じように工房生産が盛んであったフランダース地方の工房では、挿絵は独立した零葉として別に制作されていて、顧客はその中から時禱書に入れたい挿絵を自由に選ぶことができたと推測されている。[☆34]

このように写本の時禱書には、王侯貴族の注文によって有名画家が制作した全ページ大の細密画が数十枚も入った豪華写本から、一五世紀末に北フランスやフランダースの工房で制作されたような挿絵が数枚のみの半既製品の写本にいたるまで、その豪華さと価格に大きな開きがある。それは時禱書の所有者層の幅広さを反映しており、時禱書を制作した書籍工房は広い購買層に柔軟に対応するとともに、潜在的購買層を掘り起こすことにもなったのである。

5 活版印刷による時禱書

時禱書を書物として考えるとき、写本と並行して一五世紀末に新たに登場する活版印刷による時禱書に注目する必要がある。印刷によって、同時代の工房生産の時禱書写本より多くの部数を比較的安価に制作できるようになったため、時禱書は所有者層をさらに広げ、多くの版を重ねることとなった。記録に残っている活版印刷による最初の時禱書は一四七一年にアウクスブルクで印行されたローマ式典礼の時禱書である。[☆35] フランスではおそらく一四八八年にジャン・ドュプレがパリで印行したものを皮切りに、ほぼ同時期にパリで活躍し始めたアントワーヌ・ヴェラールやシモン・ヴォートル、さらには一四九七年に事業を始めたティルマン・ケルヴェール等に代表される印刷者兼書籍商によって、手書きの細密画のかわりに木版画を用いた時禱書がパリやルーアンで矢継ぎ早に刊行され始めた。[☆36] 印刷本の時禱書は一六世紀中期までの主要な出版物のひとつで、同じ頃まで生産され続けた写本の時禱書と、相互に影響を及ぼしながら人気を競いあっていたと言える。たとえば、シモン・ヴォートルやジル・アルドゥアンが一五一五年頃まで使用した時禱書の版画（図18）の構図が、同時期にルーアンでロベール（あるいはロビネ）・ボワヴァンによって制作された写本の時禱書（図19）で模倣されることもあったのである。[☆37] このような版画は、写本の時禱書の細密画と同様に、

図18——〈受胎告知〉
『ローマ式典礼の時禱書』（fol. 15r）
パリ　ジル・アルドゥアン印行　一五一五年頃　慶應義塾図書館

図19——〈受胎告知〉
『シャンペイネ・ブランダン時禱書』
ルーアン　一五〇〇～一〇年頃　*Books of Hours/ Livres d'Heures*, p. 109

美術史的にも注目に値する。

印刷本の時禱書の出版業者は、手書きの挿絵のかわりに数多くの版画を用いることで、挿絵の質に量で対抗して写本との差別化を図った（図20）。初期の版画の図案を描いていたのは当時活躍していた細密画の絵師たちであった。そのうちの一人は「王室の大時禱書の画家」として知られ、その図案はヴェラールが一四九〇年に刊行した時禱書をはじめとして、くりかえし使用されている。[☆38] 版画はさまざまな大きさの挿絵や装飾イニシャルを量産できる新技術であり、一冊の時禱書に一〇枚以上の全ページ大の挿し絵を入れ、暦を月暦図で飾り、また全ページをさまざまな版画や意匠を組みあわせた欄外装飾で埋めることを容易に実現させた。版画による印刷は黒一色か、黒と赤による二色刷りにかぎられた。しかし、一部の購買層向けに、木版画にあらかじめ手彩色で色をつけてから売りだしたり、紙ではなく羊皮紙に印刷して彩色した豪華限定版も制作され、写本に近づける工夫もなされていたのである（図21）。時禱書の出版業者はパリやルーアンに集中していたため、版木は地理的に近い出版業者のあいだで受け継がれてコピーされた。結果として同じ版画のシリーズが複数の版で使い回される傾向があるが、その一方で出版業者は、新たなモチーフを採用することで独自性を主張し、先行する版との差別化を図ることに余念がなかった。標題にはしばしばそうした新機軸がサブタイトルのように謳われている。たとえば一五三六年にパリでフランソワ・ルノーが刊行した版は、「五〇編の聖ブリジットへの祈禱、その他の最も美しい祈禱、免償付き祈禱を収めたセイラム（ソールズベリー）式典礼に従った聖母マリアの時禱書、最適な目次が追加された最新版」という標題である。[☆39] またある版は、探している祈禱文を簡単に見つけられるという検索の容易さを売りにし、さらに他の版は、次章で詳しく検討するが、新たな物語絵や「死の舞踏」の版画シリーズで装飾したことを強調している。[☆40]

さまざまな階層の購買者層に意識的に対応したことも、印刷本の時禱書の重要な特徴である。一六世紀半ばには書物自体の低価格化が進んでいたことは、一五八三年にその異端的な言動ゆえに宗教裁判にかけられたイタリアのフリウリ地方の一粉挽屋メノッキオの証言からもうかがい知れる。メノッキオは、異端の嫌疑をかけられた独創的な世界

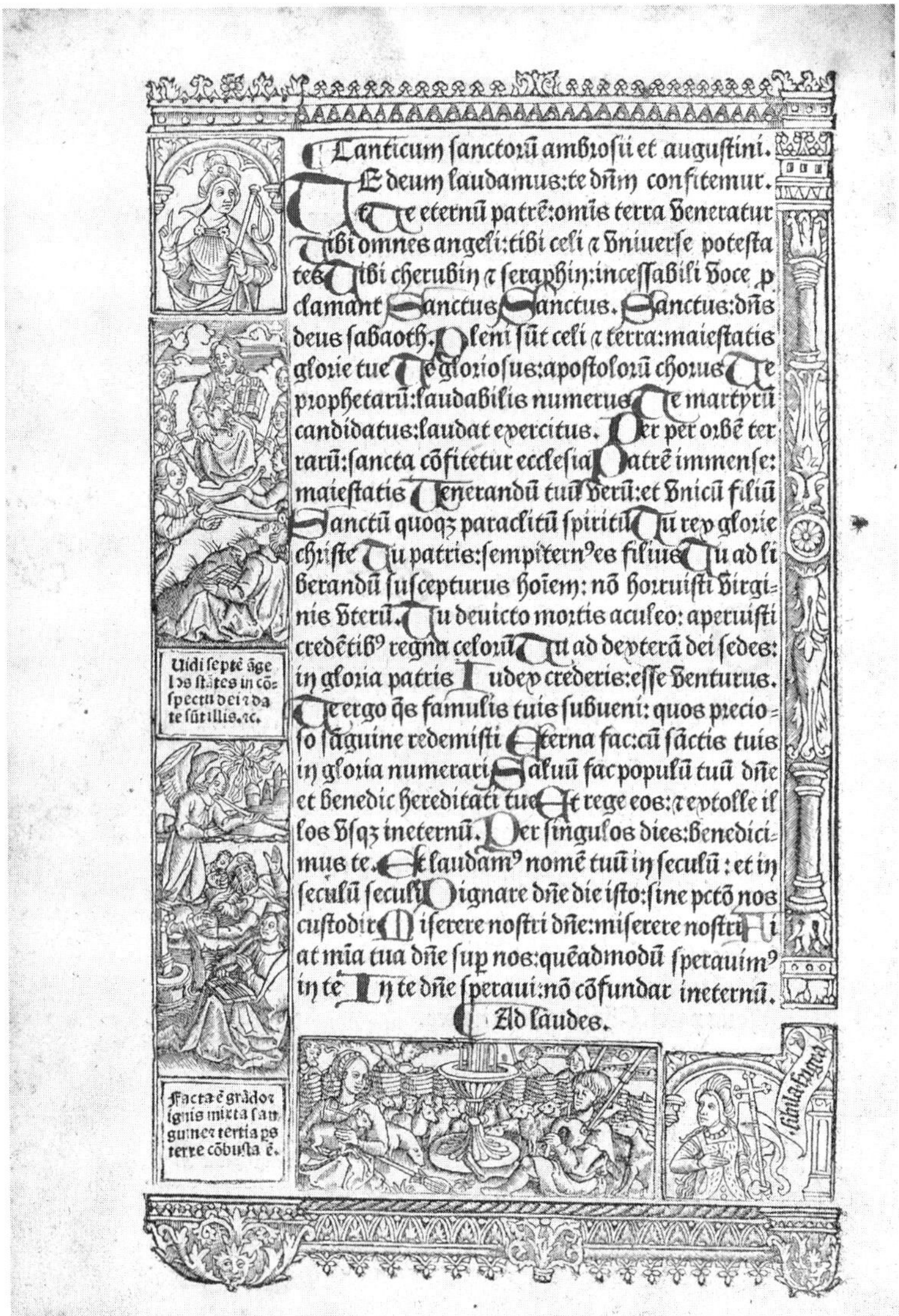

図20――三方を木版画や装飾で囲んだ印刷本の時禱書の典型的なページレイアウト。外側のボーダーには黙示録の版画シリーズ、下側には羊飼いの生活とピュリギアのシビュラが描かれている。『聖母マリアの時禱書』(sig. d6v)　パリ　シモン・ヴォートル印行　一五〇八年頃

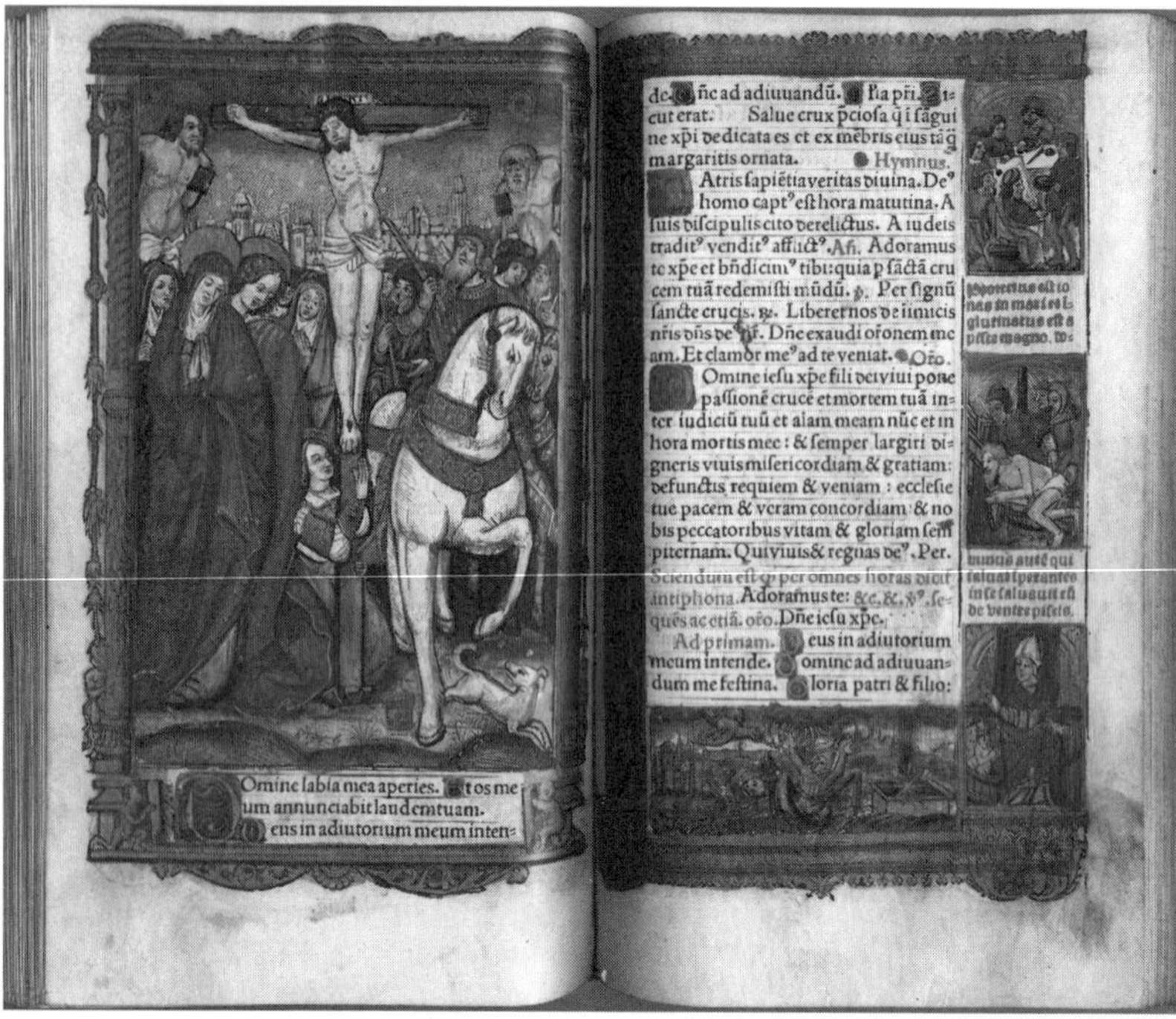

図21――〈磔刑〉 磔刑図とともに見開きページのボーダー装飾も彩色されている。
『聖母マリアの時禱書』(sig. k4v-k5r)
パリ ジル・アルドゥアン印行 一五二〇年

図22――あまり質の良くない紙に印刷された廉価版の時禱書零葉。
余白も狭く、ボーダーの版画も簡略化されている。
『聖母マリアの時禱書』 パリ ジャン・プティ印行 一五一五年

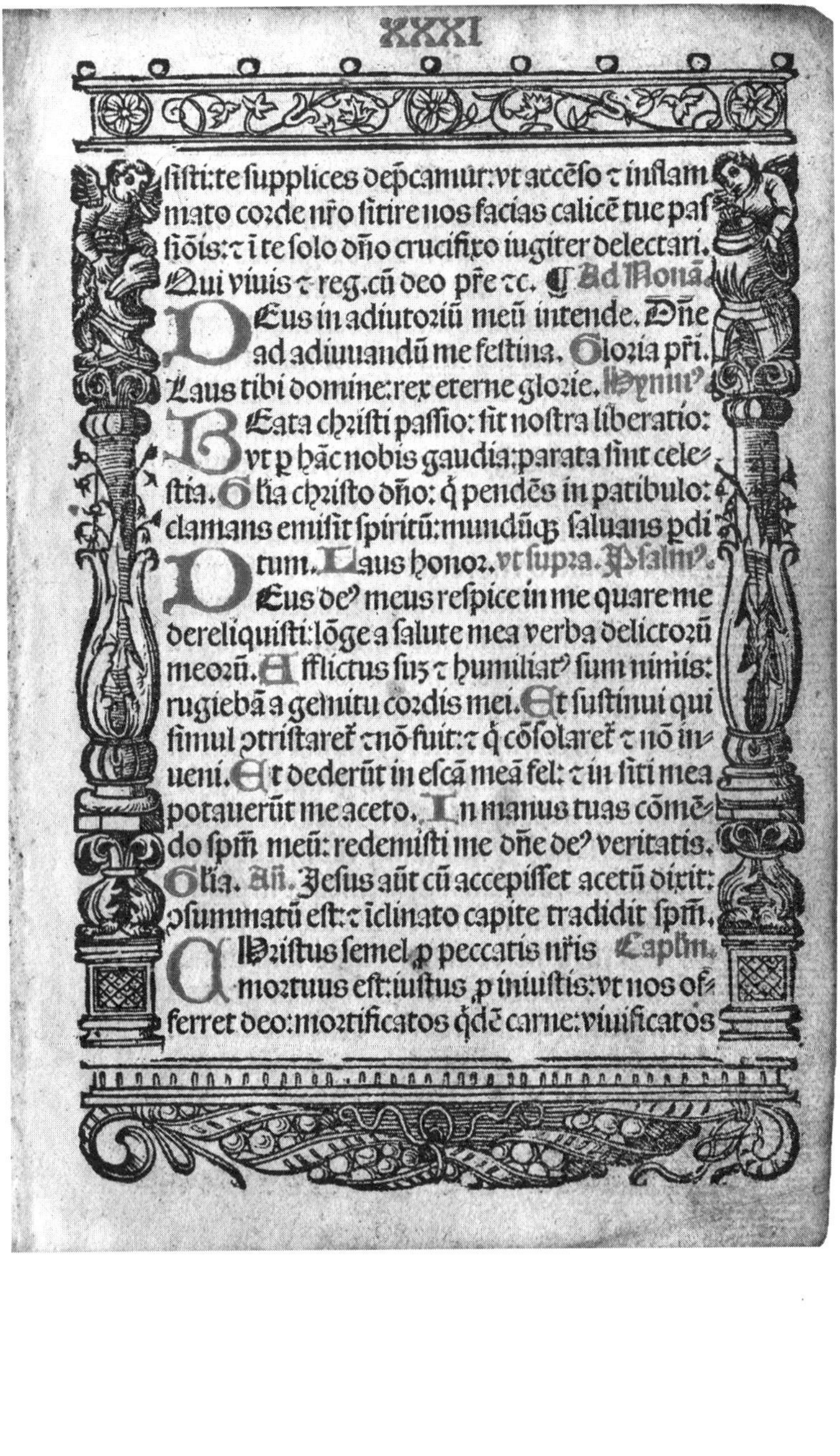

XXXI
sisti: te supplices depcamur: vt accēso ⁊ inflam
mato corde nr̄o sitire nos facias calicē tue paſ
siōis: ⁊ ī te solo dn̄o crucifixo iugiter delectari.
Qui viuis ⁊ reg. cū deo pr̄e ⁊c. ¶ Ad Nonā.
Deus in adiutoriū meū intende. Dn̄e
ad adiuuandū me festina. Gloria pr̄i.
Laus tibi domine: rex eterne glorie. Hymn⁹.
Beata christi passio: sit nostra liberatio:
vt p hāc nobis gaudia: parata sint cele-
stia. Glia christo dn̄o: q̄ pendēs in patibulo:
clamans emisit spiritū: mundūq3 saluans pdi
tum. Laus honor. vt supra. Psalm⁹.
Deus de⁹ meus respice in me quare me
dereliquisti: lōge a salute mea verba delictorū
meorū. Afflictus sū ⁊ humiliat⁹ sum nimis:
rugiebā a gemitu cordis mei. Et sustinui qui
simul ɔtristaret ⁊ nō fuit: ⁊ q̄ cōsolaret ⁊ nō in-
ueni. Et dederūt in escā meā fel: ⁊ in siti mea
potauerūt me aceto. In manus tuas cōmē-
do spm̄ meū: redemisti me dn̄e de⁹ veritatis.
Glia. Aīi. Jesus aūt cū accepisset acetū dixit:
ɔsummatū est: ⁊ īclinato capite tradidit spm̄.
Christus semel p peccatis nr̄is Caplm.
mortuus est: iustus p iniustis: vt nos of-
ferret deo: mortificatos q̄dē carne: viuificatos

像をいかなる書物を参考にして打ちたてたのかに関して述べるくだりで、『聖書の略述記』をヴェネツィアでわずか2スウで購入したという証言を残している。[☆41] 書物の低価格化と流通の拡大をめぐっては、同じような状況が印刷本の時禱書に関しても存在したと推察される。フランソワ・ルノーやニコラ・ル・ルーなどのパリやルーアンの出版業者は、通常の八折版の時禱書に加えて、小型で挿絵の数を減らした廉価版を刊行していた（図22）。とくにイギリス向けに刊行されたそれらの版は、しばしば数十冊単位でロンドンの書店に納入されて販売されたと言われ、また、チューダー朝初期にはこうした版の未製本の時禱書は三ペンスから四ペンスで買えたようである。[☆42] 当時の裁判記録に、ロンドンで乞食女が女中から時禱書《プライマー》を盗んだという事件が残されているが、これも時禱書の所有者層の広がりを示す一例と言える。[☆43] イギリスの宗教改革初期の一五三〇年代に、人文主義者で劇作家であり自ら印刷業も営んだジョン・ラステルは、大法官クロムウェルに宛てた手紙のなかで、改革派の理念を広く伝える妙案として次のようなことを述べている。「人々はそのような（改革派の）書物を購入することに消極的ですし、与えてもほとんど読みもしません。でも彼らが教会へ持参する時禱書のなかに英語で記しておくならば、人々はそれを読まざるをえないでしょう」[☆44]。こうしたさまざまな事実からは、時禱書が社会階層の垣根を越えて広く所有されていたということがうかがえる。

6　時禱書の用途の多様化

時禱書が人気を博したのは、それが携帯可能な個人用の祈禱書として、多様な社会層に受け入れられたことが大きいが、所有者層の拡がりはその内容にも変化をもたらした。写本か印刷本かにかかわらず、時禱書の人気の背景には、標準的テクストに加えて、さまざまな宗教的、道徳的テクストが時代とともに追加され、その利用方法が時禱書の枠組みを超えて拡がっていったという事実が存在する。そうした追加テクストのなかには、アヴェ・マリアや主の祈りのような基本的な祈禱文のほかに、突然死や産褥の苦しみ、疫病などから身を守るための祈禱文、免償付祈禱文、日常生活に関する教訓的散文、カテキズム、火事を防ぐまじないの文句、薬草の効用と健康法を格言的な詩にしたいわゆる『サレルノ式の健康規範』[☆45]など、必ずしも宗教的ではない、むしろ実用的内容のテクストも含まれていた。

アヴェ・マリアや主の祈りのような俗信徒でもたいてい暗唱できた祈禱文は、祈禱のためというよりも、それによって子供に字を教える目的で挿入されたもので、実際、読み書きを教えることは時禱書の副次的だが重要な役割であった。聖アンナが幼いマリアに字を教える「聖母の教育」の場面は、聖アンナへの崇敬が一四世紀にイングランドや北ヨーロッパで高まったことに呼応するかたちで、絵画、ステンドグラス、そして時禱書の挿絵としてしばしば登場するようになる。『ヘンリー八世の時禱書』（かつてヘンリー八世が所蔵していたとされることからそう呼ばれている［ツール、一五〇〇年頃］）の挿絵では、マリアがアンナの膝の上に広げられた書物で字を学んでいる。この書物は、そのページ・レイアウトから時禱書かそれに類する祈禱書と推察される（図23）。また、クエンティン・マセイスがルーヴァンの聖アンナ信心会のために制作した聖アンナの一族を描いたトリプティック（図24）では、一五世紀末のフランダースの様式で制作された豪華な時禱書が丁寧に描きこまれている。この時禱書はアンナの次女に当たるクレオパのマリアの末子で、まだ幼いヤコブの膝の上に置かれている（図25）。痛悔詩篇の始まりを示す「悔悛の祈りを捧げるダヴィデ」を描いた細密画のページが開かれており、それはキリストの祖先としてのダビデへの言及と解釈されているが[☆46]、それと同時に、子供の膝に置かれた時禱書はアンナによる「聖母の教育」への言及であり、時禱書の教育的機能を示すものだと言える。

一四世紀にジェフリー・チョーサーが著した『カンタベリー物語』の「女子修道院長の話」のなかに、こうした時禱書を使った当時の初等教育の様子を垣間見ることができる一節がある。話のなかで、七歳の少年が「歌ったり読んだり」（to singen and to rede）することを学ぶために学校に通っている。「歌ったり読んだり」とは、前述のサイオン修道院の修道女の場合と同様に聖歌を歌い祈禱書を読むことである。

この小さな子供が、学校で祈禱書《プライマー》を前にして坐って、彼の小さな本を学んでいると、「救い主のやさしき御母」

Celeste beneficium introi
uit in annam per quam
nobis nata est maria virgo. V.
Ora pro nobis beata anna. R. Ut
digni efficiamur promissionibus
Deus qui beate anne
tantam gratiam et beati
tudinem conferre dignatus es: ut

図23――〈マリアの教育〉
『ヘンリー八世の時禱書』
フランス王室の庇護を受けて活躍した
Jean Poyet による挿絵
ニューヨーク　ピアポント・モーガン図書館
MS H.8, fol. 186v; Wieck, Voelkle, and
Hearne, *The Hours of Henry VIII*

図24――クエンティン・マセイス
《聖アンナのトリプティック》（中央パネル）
一五〇九年
ブリュッセル　ベルギー王立美術館

図25――図24の部分〈時禱書を膝に乗せた幼いヤコブ〉

> の聖歌が歌われるのを聞きました。ちょうど、子供たちが賛美歌の本を学んでいた時です。すると、この子供は思い切って、さらに近づいていって、その言葉や節まわしを注意深く聞きました。しまいには、歌詞の始めをすっかりそらで覚えてしまいました。[☆47]

英語のプライマーとは、時禱書や「聖母マリアの小聖務日課書」を中心とする祈禱文のみからなる祈禱書の別称である。しばしば初等教育に読本として活用され、教育的用途を意識してアルファベット一覧と「主の祈り」を追加した時禱書も存在した（図26）。また、先に例としてあげたバイユー式典礼の時禱書では、白紙の最終ページに同時代の筆跡でＡからＶまでの一連のアルファベットが書きこまれているが、その目的はやはり子供に字を教えることであったと推察される（図27）。チョーサーの「女子修道院長の話」に登場する子供は、プライマーで字を学ぶ一方で、敬虔な俗信徒がミサを介してそうするように、耳からラテン語の賛美歌の歌いだし部分を、意味はわからないが覚えてしまう。子供はそのラテン語の意味を年長の少年に尋ねるが、その少年も答えることはできない。「歌は学んでいるけど、文法のことはよくわからない」からである。サンガーの読み書き能力の区分に従うと、子供がラテン語を正確に単語に分節して発音できる「音声的」な読書を学んでいる一方で、この年長の少年はすでにその能力を身につけてはいるが、理解をともなう読解力を体得するのはまだこれからなのである。しかし、少年は単語の正しい区切りと発音はすでに学んでいるので、子供にそれを教えてやり、子供は「一語一語正しい節回しで、はっきりと」ラテン語の賛美歌を歌うことができるようになる。[☆48]

こうした教育用の基本的な祈禱文と並んで時禱書にしばしば追加されるテクストに、「免償付祈禱文」がある。これは、特定の祈りを唱えることで死後の煉獄での償いを一定期間分免じることを約束するのである。所有者によって写本の時禱書の余白に書き加えられたものもあるが、一五一一年にパリのティルマン・ケルヴェールがイングランド向けに印刷した時禱書では、祈禱の免償効果を約束する一文が英語で、しかも目立つように赤字で印刷され、標題においても新版の特徴として謳われている。この版以降、「免償付祈禱文」は印刷本の時禱書には標準的に見られるようになる。[49] 一五二六年にフランソワ・ルノーがイングランド向けに刊行したセイラム（ソールズベリー）式典礼の時禱書では、ラテン語の「スターバト・マーテル」の祈禱文に先だって英語の免償が赤字で印刷され、「我らが父、ボニファティウス教皇によって、この、十字架の下に立って涙を流し愛しい息子イエスを憐れんだ、我らが祝福されし聖母の悲しき瞑想を敬虔な気持で唱える者には、分け隔てなく七年間の免償と四〇の『四〇日間の免償』（Lent）が与えられる。また、教皇ヨハネ二二世も三〇〇日の免償を約束された」[50]と記されている（図28）。なお、この例で「教皇」（pope）の字が二カ所斜線で消されているのは、チューダー朝下でのイングランド国教会のプロテスタント化を反映してのことであるが、同時にプロテスタント化が進行するなかでもカトリックの時禱書が使用され続けていた証でもある。

印刷本の時禱書ではしばしば、俗信徒も知っておくべき最低限の教理知識《カテキズム》を教える散文や、日々の祈禱の方法を具体的に指示した時禱書の使い方のマニュアルとでも呼べる短い散文が冒頭におかれていることがある。たとえば、一五一一年にニコラ・ヴィヴィアン（パリ）が印行した時禱書では、暦のあとに「良心の鏡」と題されたセクションがあり、そこでは十戒、七つの罪源、信仰箇条、七つの善行、七つの美徳、七つの聖霊の贈りもの、七つの秘跡からなるカテキズムと告解の方式がラテン語でまとめられている[51]（図29）。

こうした時禱書の教訓書化の傾向を示す別の例としては、「善く生きる方法」と題された英語の散文があげられる。このテクストは、一五二六年から一五五〇年代にかけてパリのフランソワ・ルノーとルーアンのニコラ・ル・ルーがイングランド向けに刊行した時禱書（全部で三六版）において、暦の直後に挿入されている。その内容は、起床から就寝までの日常のなかで、いつどのように祈りを捧げるべきかを具体的に示すものである。

まず、季節を問わず朝六時に起きて、毎日次のようにしなさい。最初に、夜のあいだに与えられた休息を主に感謝しなさい。神と聖母マリア、その日の聖人、そしてすべての天の聖人に自らを委ねなさい。次に、神がその

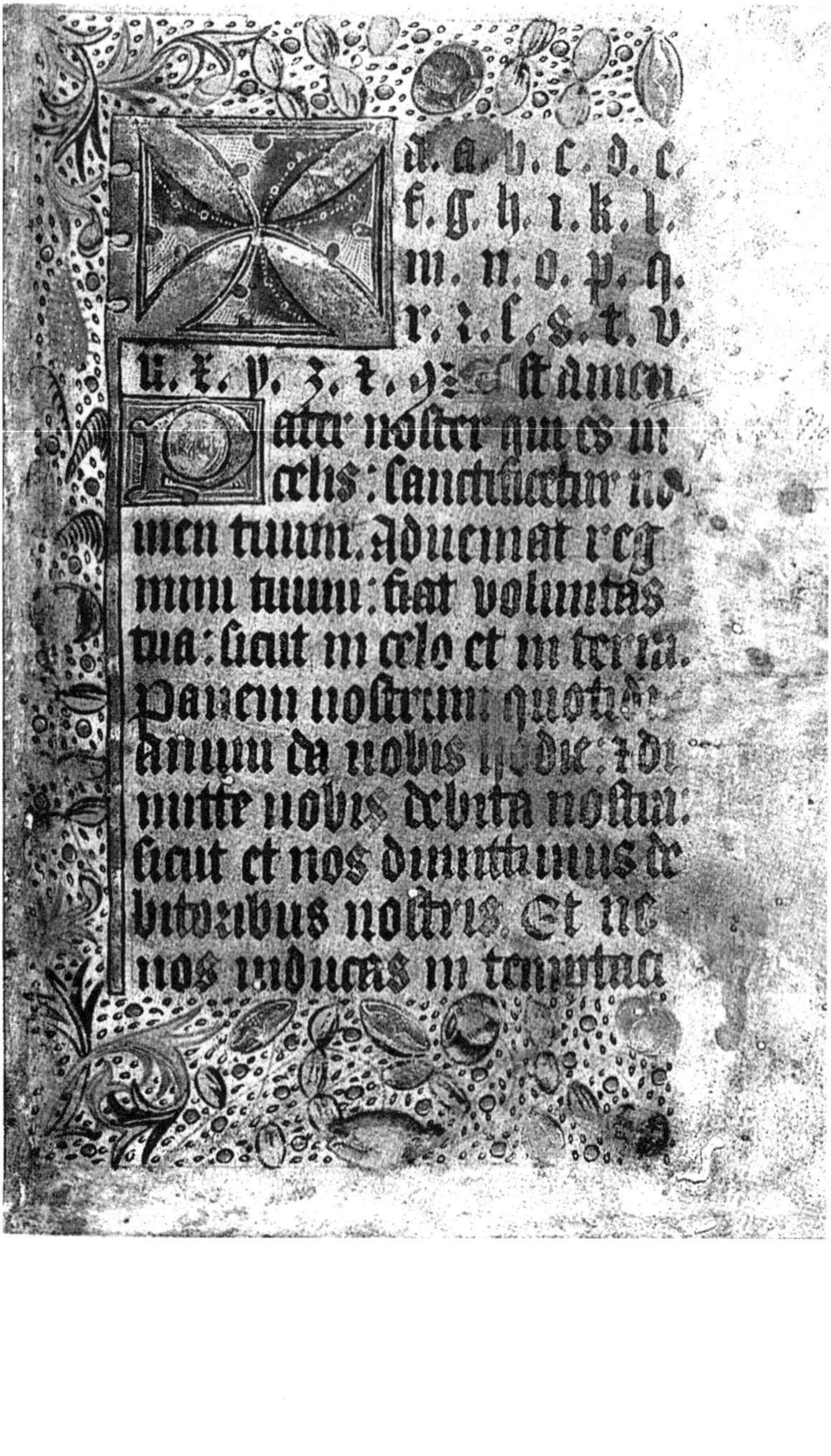

図26——アルファベットと「主の祈り」が記された時禱書
ウィンチェスター（?）一四九〇年代
ニューヨーク ピアポント・モーガン図書館 MS M. 487, fol. 1r; Wieck, *Painted Prayers*, p. 12

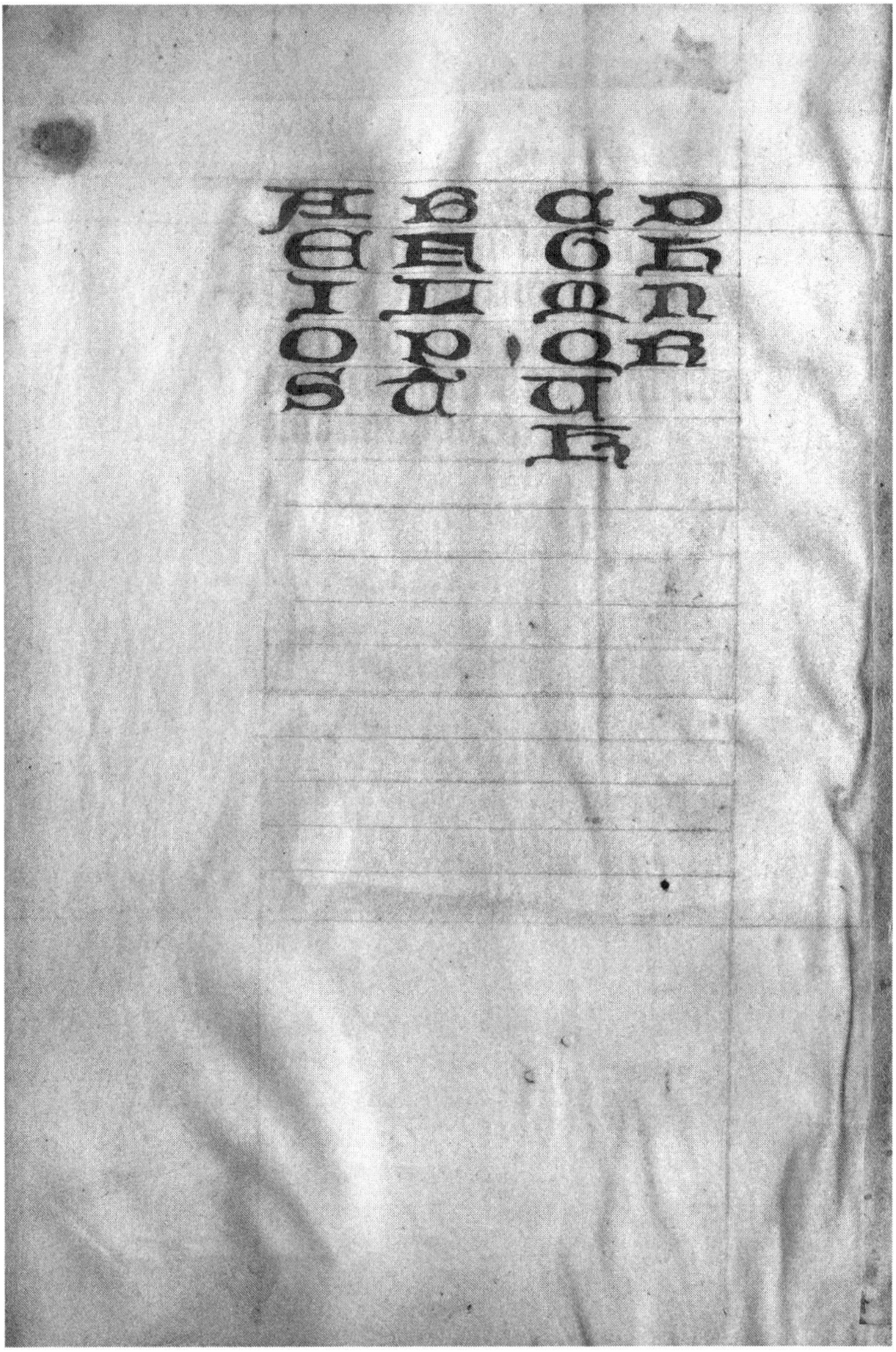

図27——白紙のページに書き込まれたアルファベット
時禱書（バイユー式典礼）(fol. 118v)
ルーアン　一四六五～八〇年

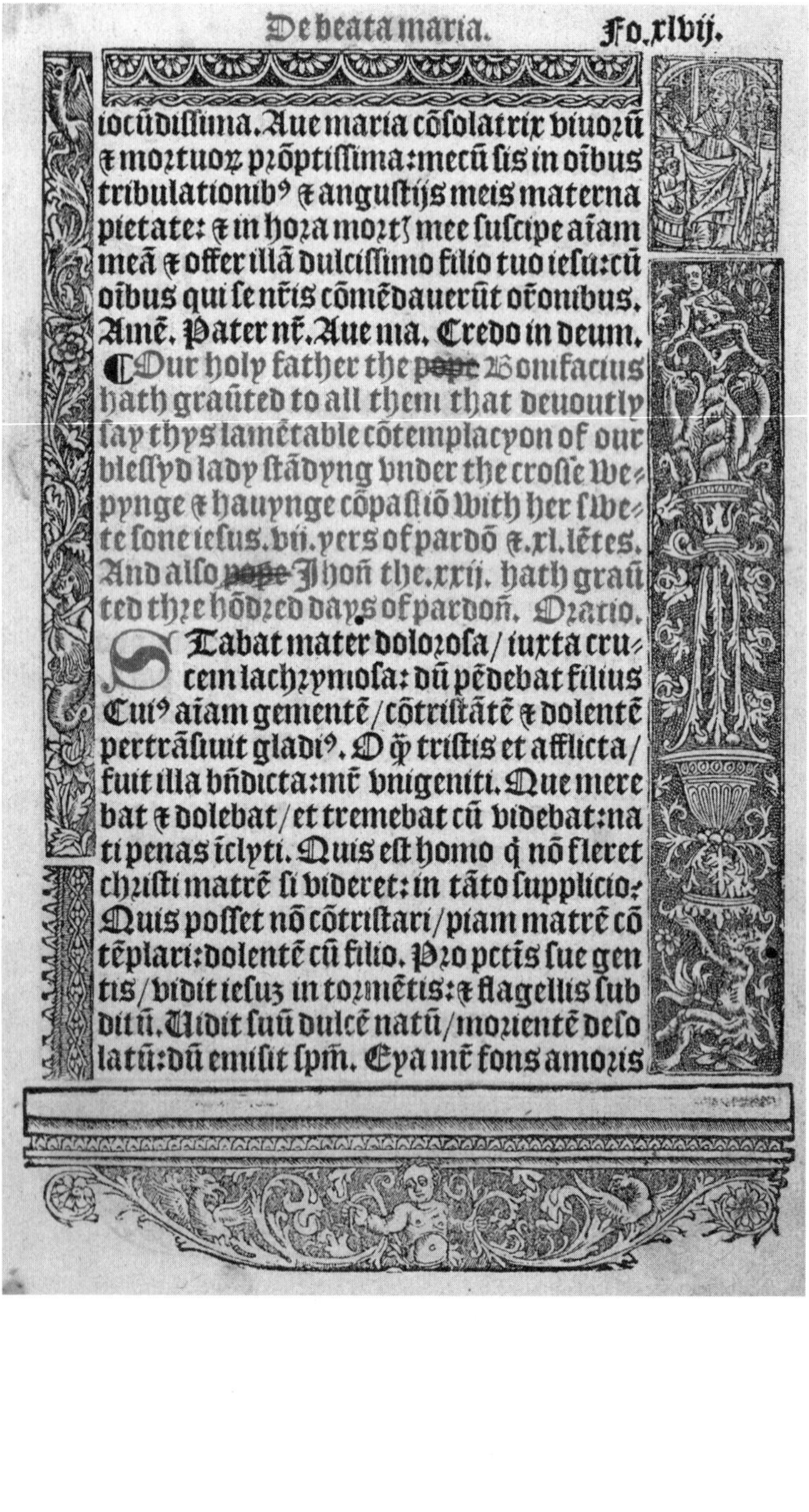

De beata maria. Fo.xlviij.

iocūdissima. Aue maria cōsolatrix viuorū
& mortuor prōptissima: mecū sis in oībus
tribulationibꝰ & angustijs meis materna
pietate: & in hora mortꝫ mee suscipe aīam
meā & offer illā dulcissimo filio tuo iesu: cū
oībus qui se nr̄is cōmēdauerūt orōnibus.
Amē. Pater nr̄. Aue mia. Credo in deum.
¶ Our holy father the ~~pope~~ Bonifacius
hath grāūted to all them that deuoutly
say thys lamētable cōtemplacyon of our
blessyd lady stādyng vnder the crosse we=
pynge & hauynge cōpassiō with her swe=
te sone iesus. vij. yers of pardō & .xl. lētes.
And also ~~pope~~ Jhoñ the .xxij. hath grañ
ted thre hōdred days of pardoñ. Oratio.

STabat mater dolorosa / iuxta cru=
cem lachrymosa: dū pēdebat filius
Cuiꝰ aīam gementē / cōtristātē & dolentē
pertrāsiuit gladiꝰ. O q̄ tristis et afflicta /
fuit illa bñdicta: mr̄ vnigeniti. Que mere
bat & dolebat / et tremebat cū videbat: na
ti penas īclyti. Quis est homo q̇ nō fleret
christi matrē si videret: in tāto supplicio:
Quis posset nō cōtristari / piam matrē cō
tēplari: dolentē cū filio. Pro pctīs sue gen
tis / vidit iesuz in tormētis: & flagellis sub
ditū. Uidit suū dulcē natū / morientē deso
latū: dū emisit spm̄. Eya mr̄ fons amoris

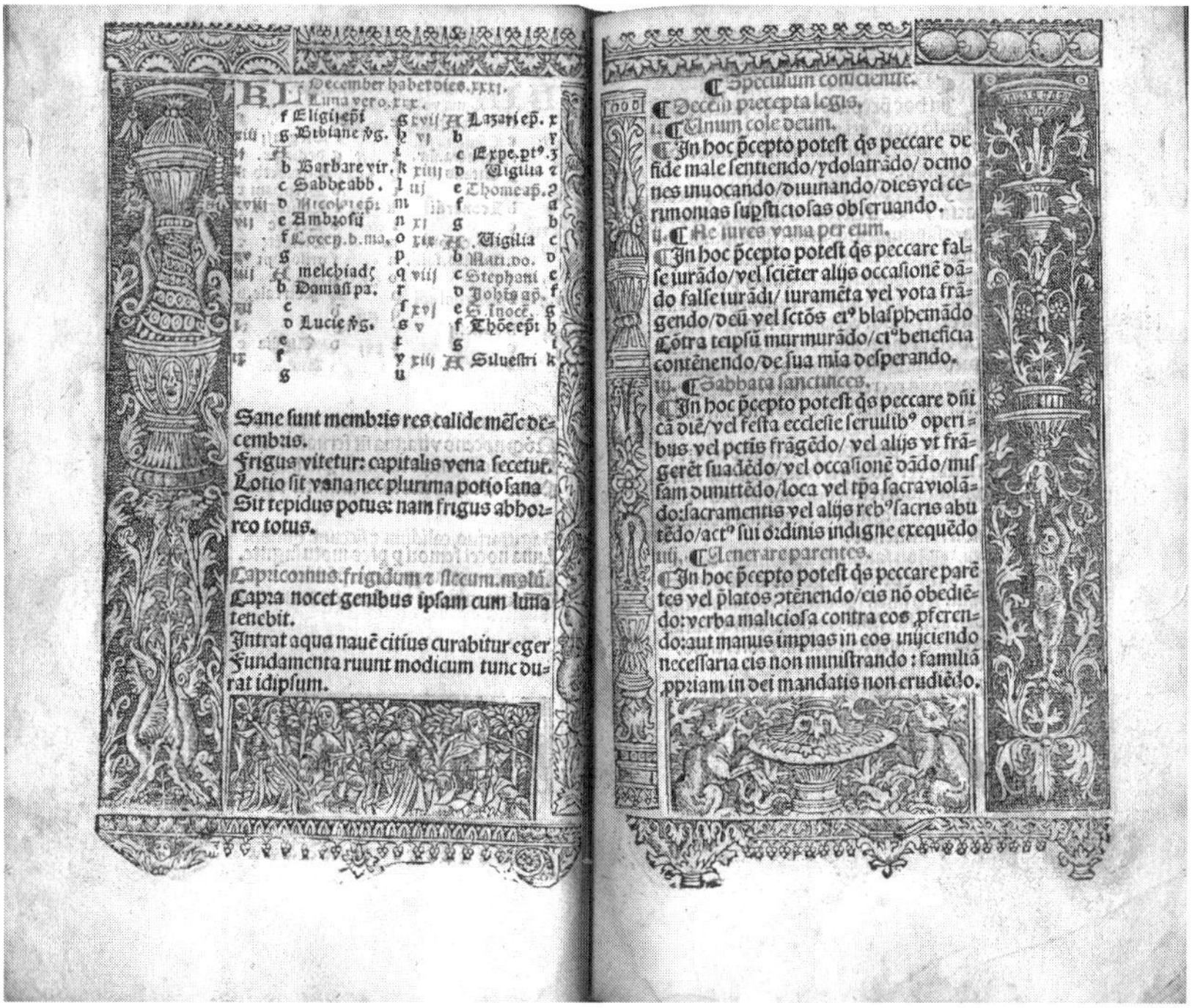
KL December habet dies.xxxi.
Luna vero.xxx.

Sane sunt membris res calide mēse decembris.
Frigus vitetur: capitalis vena secetur.
Lotio sit vana nec plurima potio sana
Sit tepidus potus: nam frigus abhorreo totus.
Capricornus.frigidum & siccum.malū.
Capra nocet genibus ipsam cum luna tenebit.
Intrat aqua nauē citius curabitur eger
Fundamenta ruunt modicum tunc durat idipsum.

Speculum consciencie.
Decem precepta legis.
i. Unum cole deum.
In hoc pcepto potest qs peccare de fide male sentiendo/ydolatrādo/demones inuocando/diuinando/dies vel cerimonias supsticiosas obseruando.
ii. Ne iures vana per eum.
In hoc pcepto potest qs peccare false iurādo/vel sciēter alijs occasionē dādo false iurādi/ iuramēta vel vota frāgendo/deū vel sctōs et⁹ blasphemādo Cōtra seipsū murmurādo/ct⁹ beneficia contēnendo/de sua mia desperando.
iii. Sabbata sanctifices.
In hoc pcepto potest qs peccare dñica diē/vel festa ecclesie seruilib⁹ operibus vel petis frāgēdo/ vel alijs vt frāgerēt suadēdo/vel occasionē dādo/missam omittēdo/loca vel tpa sacra violādo:sacramentis vel alijs reb⁹ sacris abutēdo/act⁹ sui ordinis indigne exequēdo
iiii. Venerare parentes.
In hoc pcepto potest qs peccare parētes vel platos ɔtēnendo/eis nō obediēdo:verba maliciosa contra eos pferendo:aut manus impias in eos iniciendo necessaria eis non ministrando: familiā ppriam in dei mandatis non erudiēdo.

図28——ラテン語の時禱書に挿入された英語の免償付祈禱文
『聖母マリアの時禱書（セイラム式典礼）』零葉
パリ　フランソワ・ルノー印行　一五二六年
慶應義塾図書館　140X 19/25

図29——「良心の鏡」
『聖母マリアの時禱書』(sig.[b1v-b2r])
パリ　ニコラ・ヴィヴィアン印行　一五一一年

日、そしていつも、あなたを大罪から守ってくれるように願い、他の人があなたのためにする仕事が、残らず神と栄光なる母と天のすべての住人への賛美として受け入れられるように祈りなさい。

身繕いがすんだら、自室か家のなかで朝課、一時課を唱えなさい。そして、もしなすべき用事がなければ、俗事を始めるまえに教会へいき、読唱ミサのあいだそこにいて、神の恩恵について考え感謝を捧げなさい。……もし、何かの正当な用事のせいであまり長く教会にとどまれないならば、神の寛大さに感謝するにとどめ、その他のことについては自宅で、昼か夜に一度考えなさい。

教会から戻ったら食事時まで家事や仕事にいそしみなさい。そうしながら、時々、この俗世でこうむる苦しみは、もしそれを謙虚に受け入れるならば、将来得られるであろう永遠の栄光に比べるとなにものでもないということを考えなさい。そして、多すぎも少なすぎもしない適度な食事や軽食をとりなさい。食べすぎも節制のしすぎのどちらも危険です。……食事のあとには一時間か半時間か、良いと思うだけ休息して、休息によって神があなたの健康を受け入れて、その結果神にもっと敬虔に仕えることができるようにと祈りなさい。その日の残りは神に奉仕する仕事に捧げなさい。礼拝については、食事のまえに三時課を唱え、夕食のまえにはすべてを終えなさい。あなたが死者の聖務日課を唱え、聖日か他の日にすべてのキリスト教徒の霊を神に委ねて祈るときは、少なくとも三箇所の朗読とともにそれをしなさい。よほどの事情がないかぎり、毎週あなたの司祭に罪を告白して赦しを得なさい。本当によんどころない事情がないかぎり、二週間以上あけぬように注意しなさい。……あなたの胸の内を明かすことができて、有益な会話ができる良き信頼できる友を求めなさい。その人を信頼するまえによく調べて試してみなさい。そして十分に信頼できると判明したら、なんでもその人の助言を得てやりなさい。日々、徳高き人々に従い、好ましくない人々を避けなさい。……そして就寝するときには、私たちの主の受難、自分自身の罪、煉獄で魂を待ち受ける苦しみ、あるいはその他の霊的な事柄に関連して、有益なことを考えるようにしなさい。そうすれば、あなたの生活は神にとって好ましく、受け入れられるものとなるでしょう。[☆52]

修道院の典礼形式である時課を踏襲した時禱書は、ある意味で俗信徒の日常生活のなかに定期的な祈禱を織りこむ書物であり、「善く生きる方法」は時禱書全体への序文として、祈禱と黙想の実践について俗信徒の日常に即して具体的に述べている。また、この序文付きの時禱書には全編英語で書かれたものもあり、イングランドの俗信徒を直接の利用者層ととらえていることは明白である。実際、日々の内省や祈禱の重要さに加えて、俗事にかかわっている俗信徒の忙しさへの現実的な配慮がその文言から読みとれる。また、食事に関して端的に述べられているように、なにごとにおいても度を過ごさないことが肝要なのであり、日常生活における思慮分別が重要視されているのである。その背景には、敬虔さと社会的義務を共存させることこそが大多数のキリスト教徒にとって最善の生き方であるとする vita mixta（実践と観想を適度に織り交ぜた生活）の考えが存在する。[☆53] これは、もともと修道僧を対象に修道院文学の枠組みで発展した考えだが、中世後期には俗信徒にも適用され、観想者として神秘や禁欲生活を求めるのではなく、むしろ現世に根ざした活動的奉仕こそが俗信徒にはふさわしいという主張として、一五世紀の教化文学に広く認められる。たとえば、一四世紀に記され一六世紀には刊本でも広く流通していたウォルター・ヒルトンの『実践と観想の生活』は、vita mixta は高い地位にある俗人にもふさわしい生き方であり、地位や富も神の賜物であるから、俗人は思慮深く自分の生活を二つに分けて、観想を求めるあまり現世の責務を疎かにしないようにと忠告している。[☆54]「善く生きる方法」もそうした生き方を俗信徒に具体的に提唱するテクストととらえられ、その存在は、時禱書が現実生活に即した信仰の実践のための書物としての役割を担っていることを示している。

こうした俗信徒の日常を意識した内容の拡がりに呼応するように、時禱書の書物としての用途にも世俗化の傾向が認められる。時禱書は個人の所有物という性格がもともと強く、所有者の死後も、遺贈によって個人から個人へと受け継がれることが多い。それゆえに、ときに個人的な備忘録のように活用され、暦には親族の誕生日や命日が書き記されていることがあるのは先に述べた。また、時禱書写本には、巡礼地で記念に売られていた「巡礼のバッジ」（pilgrim's badge）が挟まれていることもあるが、これも所有者が残した個人的痕跡の一例である。バッジは白鑞や鉛製の薄く小さなもので、帽子などにピンで留められたり糸で縫いつけられたが、無事に故郷に帰り着くと、日常的に使う時禱書のページに栞のようにとめられて、旅の記念として保管されることがあった。[☆55] 現存する時禱書にはバッジが今でも貼りつけられているものや、それを留めた針穴や丸く擦れた跡が残っているものがある[☆56]（図30）。

「もの」として考えたとき、写本の時禱書は、中世において書物が基本的にそうであったように貴重品であった。ミサで使用される大型の福音書や典礼書は神秘的な身体性をもった物体として認識され、しばしば聖遺物筺のような、金銀宝石を用いた豪華な装丁がほどこされていた。時禱書は、それとは対照的に小型だが、劣らず豪華な装丁のものが存在し、高貴な身分の女性のもちものとして珍重されていた。一四世紀フランスの詩人ユスタシュ・デシャンに次のような詩行がある。

聖母の時禱書は私のもの、
高貴な生まれの女性がもつにふさわしい。
金や青で、豪華に巧みに装飾された繊細な仕事、
丁寧に整えられ、準備され、
金の高級な布でしっかりと覆われて。
本が開かれると
二つの金の留め金が見える。
それを見た者は誰であれ、
常にもちあるくのにこれほど美しい本はないと
断言するだろう。[☆57]

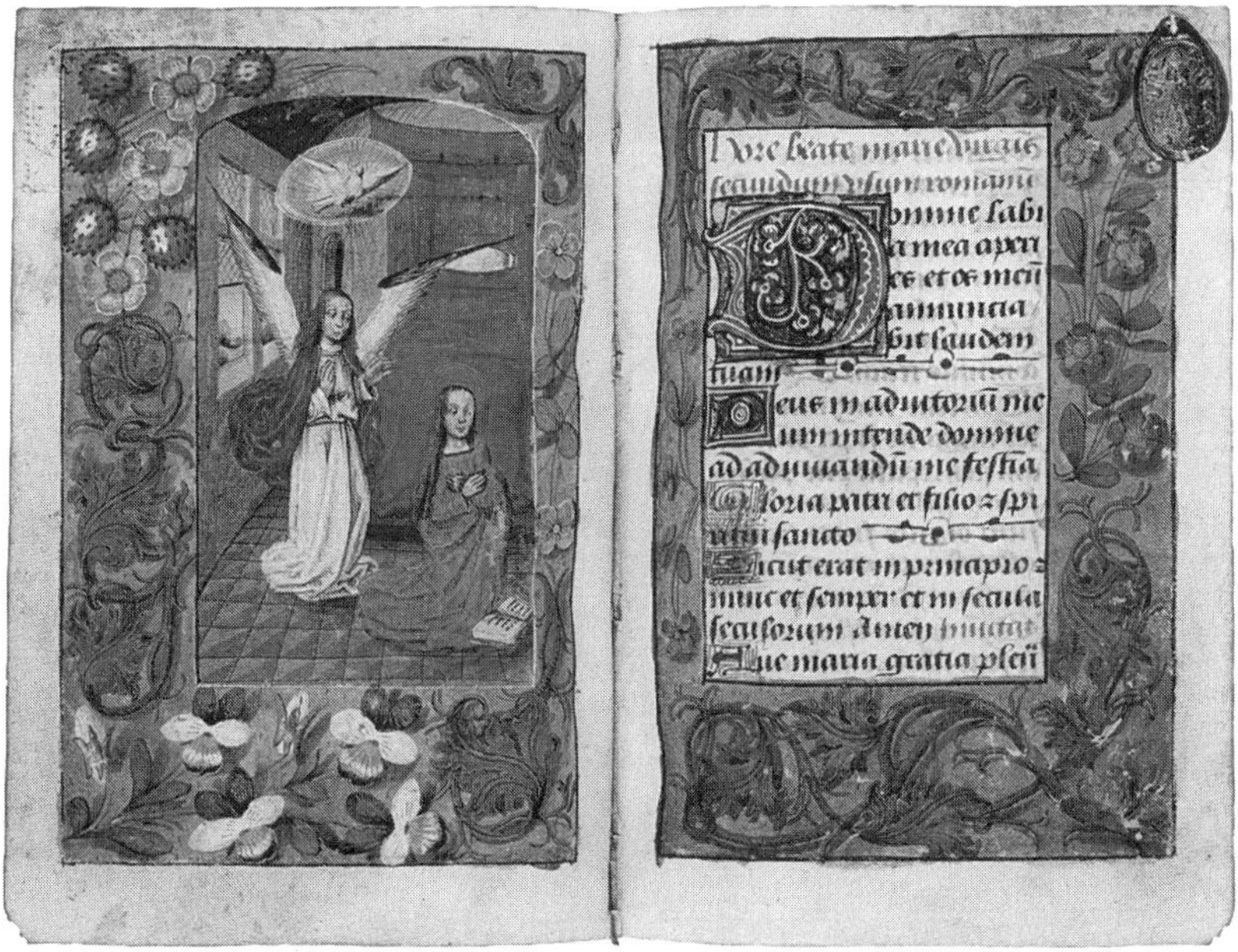

図30——巡礼バッチが留められた時禱書
フランダース地方　一四九〇年頃
オクスフォード　ボドレアン図書館
MS Douce 51, fols 73v-74r; Barnes and Branfoot, p. 35

図31――〈聖母子像、時禱書を手にするマリ・ド・ブルゴーニュ〉
『マリ・ド・ブルゴーニュの時禱書』
ウィーン　オーストリア国立図書館　Codex Vindobonensis, 1857, fol. 14v: Inglis, *The Hours of Mary of Burgundy*.
図32――図31の部分

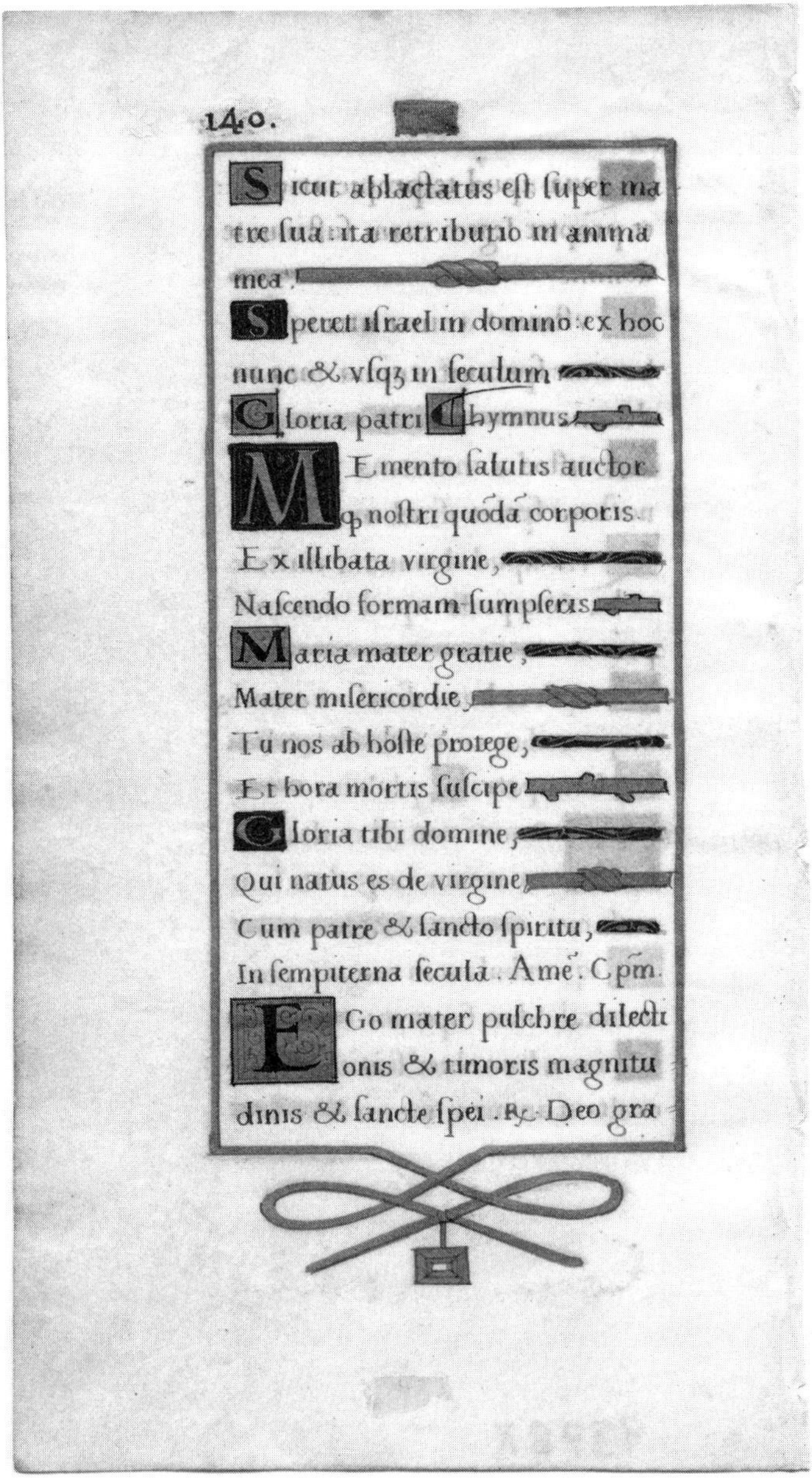
140.
Sicut ablactatus est super ma
tre sua: ita retributio in anima
mea.
Speret israel in domino: ex hoc
nunc & vsqz in seculum
Gloria patri hymnus
Memento salutis auctor
Qꝑ nostri quodā corporis.
Ex illibata virgine,
Nascendo formam sumpseris.
Maria mater gratie,
Mater misericordie,
Tu nos ab hoste protege,
Et hora mortis suscipe
Gloria tibi domine,
Qui natus es de virgine
Cum patre & sancto spiritu,
In sempiterna secula. Amē. Cpm.
Ego mater pulchre dilecti
onis & timoris magnitu
dinis & sancte spei. ℟. Deo gra

図33——時禱書写本零葉　一一・四×六・二センチ　フランス　一五三〇年頃

この詩行には、彩色も装丁も豪華な小型の時禱書の姿がはっきりと描かれている。金と青のイニシャルを交互に使ってテクスト本文を装飾し、表紙には一対の金の留め金を付け、ベルベットなどの高価な布で包んだ「シュミーズ装丁」の時禱書である。『マリ・ド・ブルゴーニュの時禱書』（フランダース、一四七〇年頃）には、ちょうどデシャンが描いたような「シュミーズ装丁」の時禱書を手にしたマリ・ド・ブルゴーニュその人の姿が描かれている（図31・32）。マリは時禱書のページをまっすぐに見つめて祈禱か黙想に集中している。開かれたページには大型のイニシャルOが見え、聖母マリアの執り成しを請う二編の祈禱文――「あなたにせつに願う」（Obsecro te）と「おお、けがれなき者よ」（O intemerata）――のどちらかの冒頭であることが推察される。窓の奥には、この祈禱文の内容にふさわしく、聖母子像の前にひざまずく女性たちが描かれているが、マリ自身もそのなかにいると考えられている[☆58]。窓の存在はこの場面が別次元で展開していることを示すためと考えられ、窓の奥の情景は、マリが黙想を通じて、肉体ではなく心の眼で視たヴィジョンを描いていると言えよう。この挿絵は、豪華な時禱書写本を手にした地位ある女性の肖像としての一面と、時禱書を手に黙想し、聖母マリアに祈る敬虔な姿の両方を同時に表わす、エンブレム的な所有者像なのである。

こうした個々の書物に残された所有や利用の痕跡は、時禱書が、美しい細密画と祈禱文に限定されない、ある種の実用的教訓性を兼ね具えた書物へと徐々に変化していったことを示している。この傾向は印刷本の時禱書に顕著で、所有者層の拡大とともに、時禱書は中世後期の俗信徒にとって、信仰心を支え、実践的教訓を与え、目を楽しませる座右の書という一面をもつようになった。一方で写本の時禱書も、遺贈によって世代を超えて親子や縁者のあいだで受け継がれて、ときに備忘録的な役割を担いながら大切に使用され続けた。一六世紀になっても、豪華できわめて小型の時禱書写本が女性向けに宝飾品的感覚で制作されている[☆59]（図33）。一五世紀の後半から、イタリアの人文主義書体で書かれた豪華な古典文学の写本、さらには手彩色をほどこされたヴェネツィアのアルドゥスやイエンセンが印行した古典文学の刊本が次々とロンドンに輸入され、貴族などに所有された。宝飾品のような時禱書も同様に、所有者の信仰心、社会的な虚栄心、ルネサンス的な物欲を同時に満たしたであろう。[☆60] 流行が峠を越す一六世紀半ばまで、時禱書は、写本と印刷本が共存し影響しあうことで、その役割を拡大し、人気を保ち続けるのである。

第二章　時禱書の変容
——典礼書から教訓書へ

1　周縁部のイメージ

前章で論じたように、時禱書は本来の典礼的起源から離れたさまざまな追加要素が加わることで、より現実的な教訓的性格を獲得するにいたった。俗信徒にとって、祈禱と信心は世俗的な諸事とのバランスの中で実践されねばならず、そのためには、ときには現実的処世訓も含むキリスト教道徳が広く必要とされる。時禱書は、聖母マリアの時禱を中核としつつも、多様な説教・教訓文学と連携しながら、実践的な宗教性を指向する書物という性格を徐々に帯びるようになる。とくに印刷本の時禱書では、追加のテクストは、それがひとたび特定の版に登場すると、続く版においてもそのまま引き継がれ定着することが多いため、こうした特徴がより顕著に認められるのである。そうした非典礼的な展開の具体例として、印刷本の時禱書を特徴づけているページ周縁部の物語絵シリーズと、時禱書冒頭の暦のセクションにおけるテクストと挿絵の変容について検討する。

序章で触れたように、中世写本の周縁には、一見テクストとはなんら関係のないバブインやキメラなどの異形の生きもの、さらには卑俗な男女の姿などがしばしば描かれている。一二世紀初期のクリュニー会修道院教会を飾る怪物や世俗の場面の彫刻に憤慨して、聖ベルナルドゥスがサン・ティエリの修道院長に送った書簡は有名である。ベルナルドゥスが「頭ひとつでいくつもの体をもつもの、逆にひとつの体でいくつもの頭をもつもの、四つの足をもつ蛇、四つの頭をもつ魚」などと数えあげたような、自然界の生物のさまざまな要素を自由に組みあわせてつくられた架空の生きものの姿は、ロマネスク彫刻のみならず彩色写本の余白にも頻繁に登場している。[☆1]こうした非難はその後もベルナルドゥスに倣って中世末までくりかえされるが、そのことは一方で、こうした異形のイメージの根強い人気の証とも言えるのである。一三世紀後半になると、半人半獣の怪物に加えて、それらと一緒になって滑稽でときに不敬な行為にいそしむ人間たちの姿が写本の余白に登場する。印刷本の時代になると、さらにそれらはボーダー装飾に受け継がれた。時禱書は、そうしたイメージが躍動する馴染みの舞台であった（図1）。

こうしたイメージが聖なるテクストの周縁部に執拗に登場し、しかもそれが中世の絵師によって丁寧に描かれ続けた理由のひとつは、これらの生きものが空想の産物ではなく、神が創造した世界の周縁部に実在すると考えられており、表象史的にはヘシオドスやプリニウスにまで遡る、いわば伝統的な被造物の姿であったからである。[☆2]中世後期になると、それらは、（中世には『驚異の書』として知られていた）一三世紀末のマルコ・ポーロのいわゆる「東方見聞録」、フランシスコ会士ポルデノーネのオドリコの『東方地誌』（一三三〇年頃）、そしてフランス人の聖職者によって一三五七年頃に制作された『マンデヴィルの旅』に代表される東方紀行文にくりかえし登場する。[☆3]アウグスティヌスも『神の国』のなかで、キュクロープス（一つ目族）、ヘルマフロディトゥス（両性具有）、一本足のスキオポデスなどの奇怪な人間の存在理由は神の意志であると認めている。

……しかし、それがどこの場所であれ、人間として、すなわち理性的で死すべき生きものとして生れた者はだれでも、その者が身体の形態や色、動きや声、何らかの力や部分や属性の性質においてわたしたちの感覚に異常なものとしてあらわれるとしても、あの一人の最初に人間に起源をもつものであるということを信仰ある人は疑ってはならない。とはいっても、すくなくとも、大多数の場合においては自然の規準を保持するものが、ごくまれに不思議なものとなるということは明らかである。

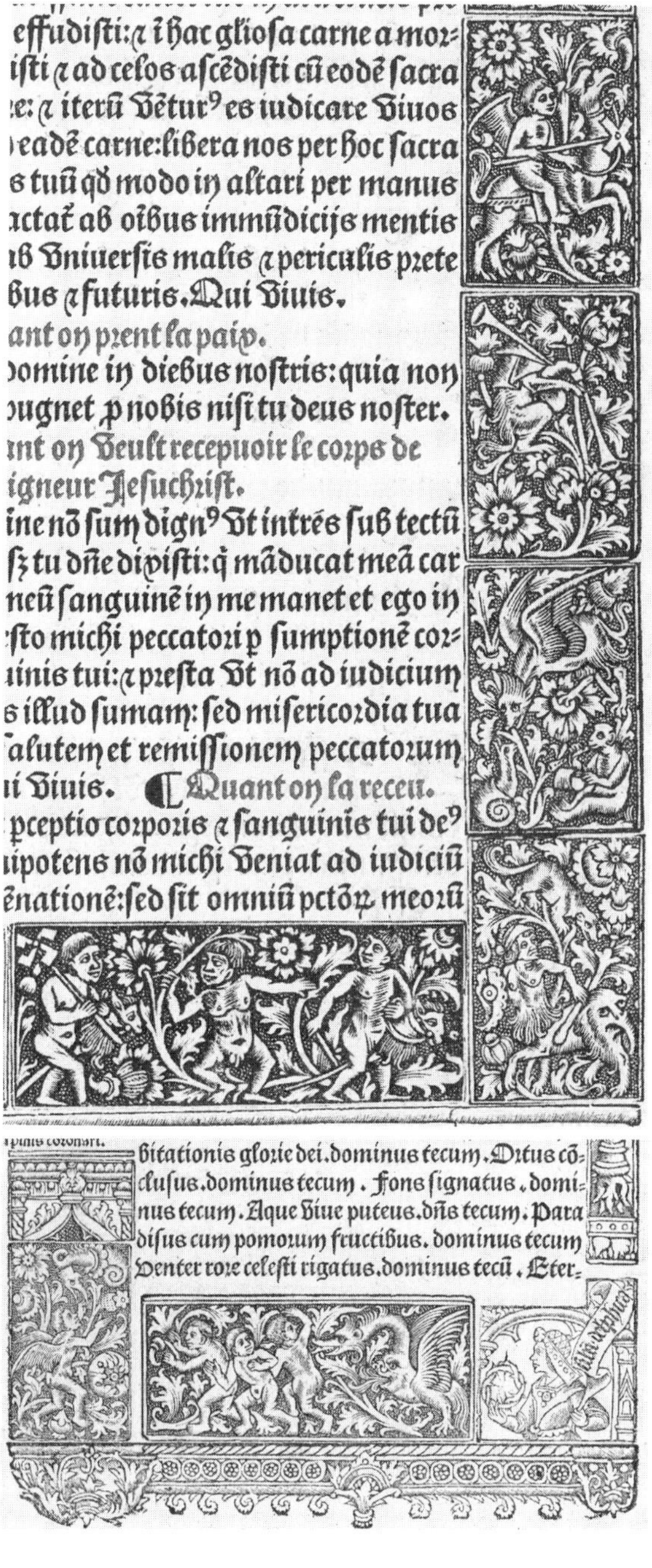
effudisti: ꝛ i hac glīosa carne a mor-
isti ꝛ ad celos ascēdisti cū eodē sacra
e: ꝛ iterū venturꝰ es iudicare viuos
eadē carne: libera nos per hoc sacra
s tuū qđ modo in altari per manus
actat ab oībus immūdicijs mentis
ab vniuersis malis ꝛ periculis prete
bus ꝛ futuris. Qui viuis.
ant on prent la paix.
omine in diebus nostris: quia non
ugnet ꝑ nobis nisi tu deus noster.
ant on veult recepuoir le corps de
igneur Jesuchrist.
ine nō sum dignꝰ vt intres sub tectū
sz tu dn̄e dixisti: q̄ mādūcat meā car
neū sanguinē in me manet et ego in
sto michi peccatori ꝑ sumptionē cor-
inis tui: ꝛ presta vt nō ad iudicium
s illud sumam: sed misericordia tua
alutem et remissionem peccatorum
i viuis. Quant on la recen.
pceptio corporis ꝛ sanguinis tui deꝰ
ipotens nō michi veniat ad iudiciū
ēnationē: sed sit omniū pctoꝝ meorū

bitationis glorie dei. dominus tecum. Ortus co-
clusus. dominus tecum. Fons signatus. domi-
nus tecum. Aque viue puteus. dn̄s tecum. Para
disus cum pomorum fructibus. dominus tecum
Venter rore celesti rigatus. dominus tecū. Eter-

図1——印刷本の時禱書のボーダーに登場するキメラ
上『パリ式典礼の時禱書』(sig. P2r)
パリ　ヨランド・ボノム印行　一五二五年
慶應義塾図書館
下『聖母マリアの時禱書』(sig. c2v)
パリ　シモン・ヴォートル印行　一五〇八年頃

ところで、わたしたちのあいだに奇怪な人間が生れることについては、このような説明が与えられるのであるが、そのような説明は何らかの奇怪な氏族についても与えられるのである。すなわち、神は万物の創造者であられるのであるが、どこで、いつ、何がつくられるべきであるか、また、つくられるべきであったか、御自身が知っておられるのである。神は全体の美を、その諸部分について類似性と差異性とによって織り合わせる知恵をもっておられるかたである。けれども、総体を見渡すことのできない者は、いわば部分の醜さとして見られるものによって感情を害されるのであって、それというのも、かれは、その部分が何に適合しているのか、またどのように関係づけられているのか、無知だからである。[☆4]

この「類似性と差異性」によって全体の美がつくられるというアウグスティヌスの視点は、中世において異形の意義を考えるうえでの基本であり、また、聖性と卑俗性は表裏一体で、世界は対立する要素がつくりだす均衡の上に成り立っているという中世的認識を形成する。ページ中央のテクストで展開されている救済史の物語を嘲笑するような、ときにはスカトロジカルなイメージは、その卑俗性によって聖性を際立たせ、また支えているのである。被造物は相反する二つの面を同時にもつという考えは、「現世蔑視」や「魂と肉体の論争」のテーマとして、中世の説教・教訓文学の根底に存在している。一一世紀と一二世紀に数多く書かれた「現世蔑視」を主題とする散文や詩は、「口や鼻や肉体の他の部分からいかに汚いものが出てくるかよく考えてみるならば、これ以上に汚い汚物の山はない」と断言し、肉体の醜さと現世の移ろいやすさを徹底的に描きだして人間に悔悛をうながす。しかし、このように肉体を「腐臭を放つ種、汚辱の袋、虫けらの餌食以外のなにものでもない」として卑下する言説は必ず、「神の像を刻印され、神との類似によって飾られ、信仰によって神と結ばれ、精霊を授けられ、血によって贖われ、天使とともに重んじられ、至福にふさわしく、善の後継者で、理性の共有者である霊魂」の崇高さと美しさの賛美と対になって登場する。[☆5] 書物も、そのテクストとパラテクストの関係性において、そうした中世的な対立が生みだす調和《ディスコルディア・コンコルス》（discordia concors）を体現しているのである。たとえば『マリ・ド・ブルゴーニュの時禱書』（図２）の余白で飾り文字と戯れる猿たちの姿は、その対照的な卑俗性によってテクストの聖性を逆に確認するイメージとして機能していると考えられる。カミールが指摘するように、「もじりや不敬、冒瀆といった行為は、社会における聖性の維持のためには欠くことができない」[☆6]のであり、中世写本における周縁のイメージとテクストの共存は、こうした現実世界の本質を空間的に展開している。

もちろんすべての周縁部のイメージがこうした対立を孕んでいるわけではない。一見テクストとは無関係に見える世俗的なイメージが、実はテクストと隠れた主題的関連を有するべく存在している場合も少なくない。たとえば、『カトリーヌ・ド・クレーヴの時禱書』（オランダ、一四四〇年頃）の「三位一体の時禱」への細密画には、十字架を担いだ幼子イエスが、父なる神の祝福を受けて、聖霊の鳩とともに地上へと降下する場面が描かれ、その下部余白には漁師がさまざまな網や仕掛けを使って魚を採っている場面が描かれている[☆7]（図３）。網や魚籃が魂に対する肉体という牢獄を表わすと解釈するならば、一見無関係な魚採りの場面は、キリストの受肉への比喩的な言及ととらえられる。また、「死者のための時禱」の挿絵には「煉獄からの魂の解放」の場面が描かれているが、その下部には罠を使って鳥を捕る場面が登場する（図４）。鳥籠は、網や魚籃と同じく魂にとっての牢獄を意味し、上部の解放とは対照的に魂の（罪による）捕縛が示唆されている。

このように、中世写本の中央と周縁のあいだには、相互補完的に意味を深めたり、逆に対立によってひとつの統一的世界を形成したりするような関係が認められる。しかし、この関係性は単独ページ上でのみ成立しているわけではない。時禱書は連続するページで構成される一冊の書物であり、数十ページにわたって展開される聖母マリアの時禱は、ときおり細密画を織りこみつつ、受胎告知から聖母戴冠にいたる連続した恩寵と救済のナラティブをかたちづくる。同時に同じページの周縁部では、この聖なるナラティブとは別の物語が、やはり複数ページにわたる一連の挿絵として展開されていることがある。一冊の写本のなかで二つの独立したナラティヴが紙面を空間的に共有しながら、数ページから数十ページにわたって並行して続き、基本的に両者が交わることはない。特定のページにかぎって比較

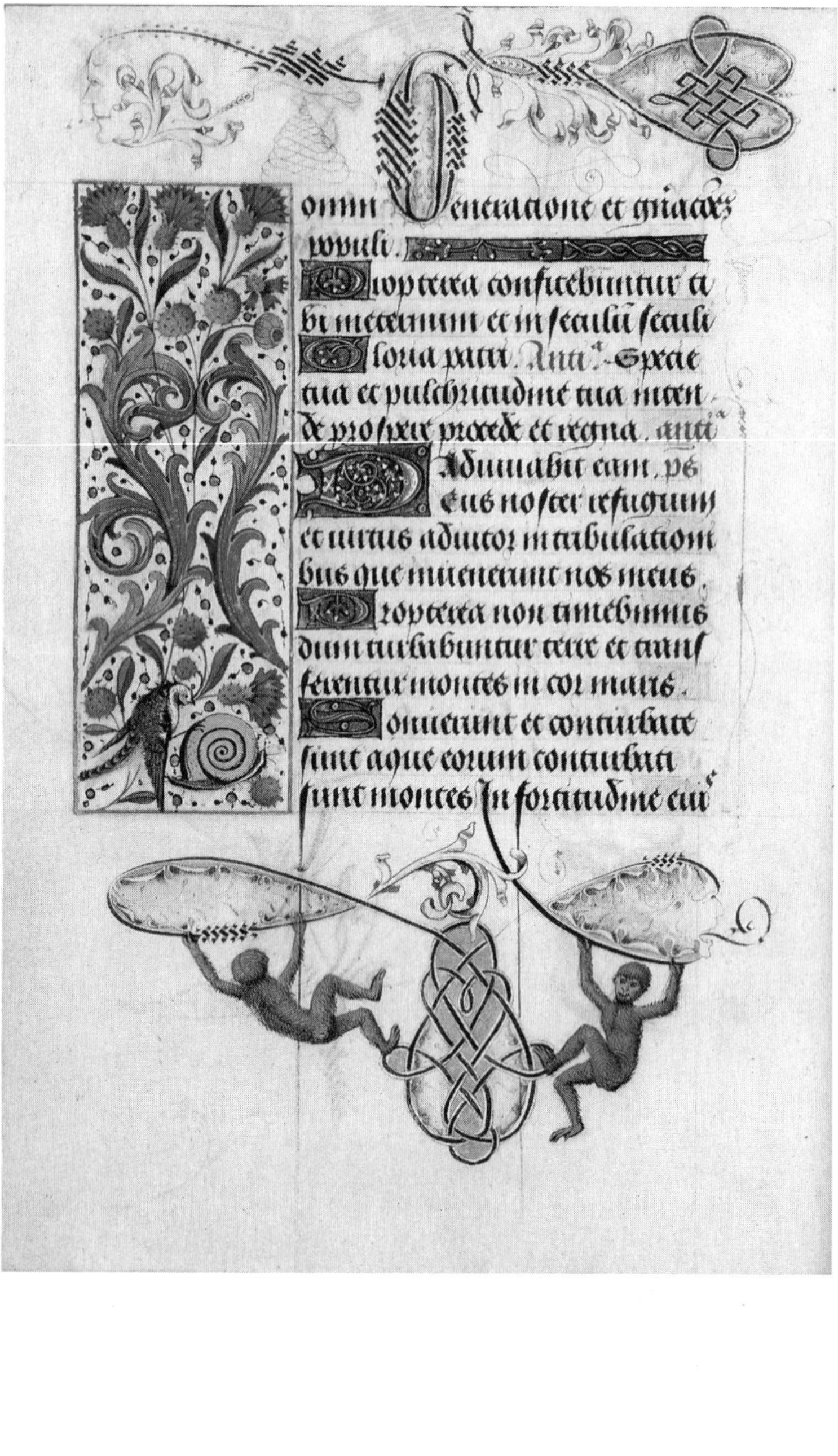

図2——『マリ・ド・ブルゴーニュの時禱書』
ウィーン　オーストリア国立図書館
Codex Vindobonensis 1857, fol. 64v; Inglis, *The Hours of Mary of Burgundy*

図3——〈三位一体〉と〈魚採り〉
『カトリーヌ・ド・クレーヴの時禱書』
ニューヨーク　ピアポント・モーガン図書館　M. 945, fol. 85; Plummer, *The Hours of Catherine of Cleves*

図4——〈煉獄からの魂の解放〉と〈罠による鳥採り〉
『カトリーヌ・ド・クレーヴの時禱書』
ニューヨーク　ピアポント・モーガン図書館　M. 945, fol. 107; Plummer, *The Hours of Catherine of Cleves*

図5——〈ノアの洪水〉
『ルイ・ド・ラヴァルの時禱書』
パリ　国立図書館　MS latin 920, fol.15r

したときには周縁の挿絵が中央の典礼的テクストを補足したり、あるいは逆に挑発するように見えたとしても、それは多くの場合偶然の産物で、あらかじめ意図されたものではないのである。

こうした特徴をもつ時禱書のほとんどは注文生産された豪華な彩色写本である。『ルイ・ド・ラヴァルの時禱書』(一五世紀後半)は全三四二葉からなり、現存する時禱書のなかでも最も豪華に装飾された写本のひとつである。[☆8]ジャン・コロンブの工房を中心に複数の画家が全部で一二三四点の挿絵(そのうち一五七点は全ページ大)を描いている。注文主のルイ・ド・ラヴァルはシャティヨンの領主で、その祈禱する姿は数回にわたって挿絵のなかに登場している。この時禱書では、通常のテクストや細密画と並行して、天地創造から『ダニエル書』までの聖書の物語絵が写本全編を貫いて描かれている。それは写本冒頭に配置された天地創造を描いた全ページ大の細密画で始まり、その後は、時折全ページ大の細密画を織りこみつつ、フランス語の説明文つきでページ下部の挿絵として、テクストの内容や区切りとは無関係に続いていく。たとえば暦のセクションでは、イブの創造、楽園追放、アベル殺し、ノアの洪水(図5)など旧約聖書の物語場面が順番に描かれ、暦とは無関係に独自のペースで進行していく。

また、『テイマス時禱書』(ロンドン、一三二五～三五年頃)では、時禱書の典礼的テクストとはまったく無関係な物語絵のシリーズが、短いアングロ・ノルマン語の説明文つきで下部の余白に描かれている(図6)。その内容は、アングロ・ノルマン語版と中英語版で現存する散文ロマンスの『ハンプトンのベヴィス』と『ウォリックのガイ』をはじめとする複数の世俗的な物語である。[☆9]この周縁部のナラティヴは典礼テクストとはなんら接点はなく、両者は、どちらもこのような贅沢に彩色された時禱書を所有者していた貴族階級が好んだ読書対象であったという点においてのみつながっているのである。[☆10]

こうした周縁部の物語絵シリーズの存在は写本の時禱書ではむしろ例外的だが、その一方で印刷本の時禱書においては多くの版に共通して認められる特徴となっている。印刷本の時禱書ではほとんどすべてのページにおいて、数点から十数点の小さな版画が枠のように組みあわされて、テクストの周縁を埋め尽くしている。このページ・レイアウ

図6――〈ライオンと戦うハンプトンのベヴィス〉
「テイマス時禱書」
ロンドン　大英図書館　MS Yates Thompson 13, fol. 12r

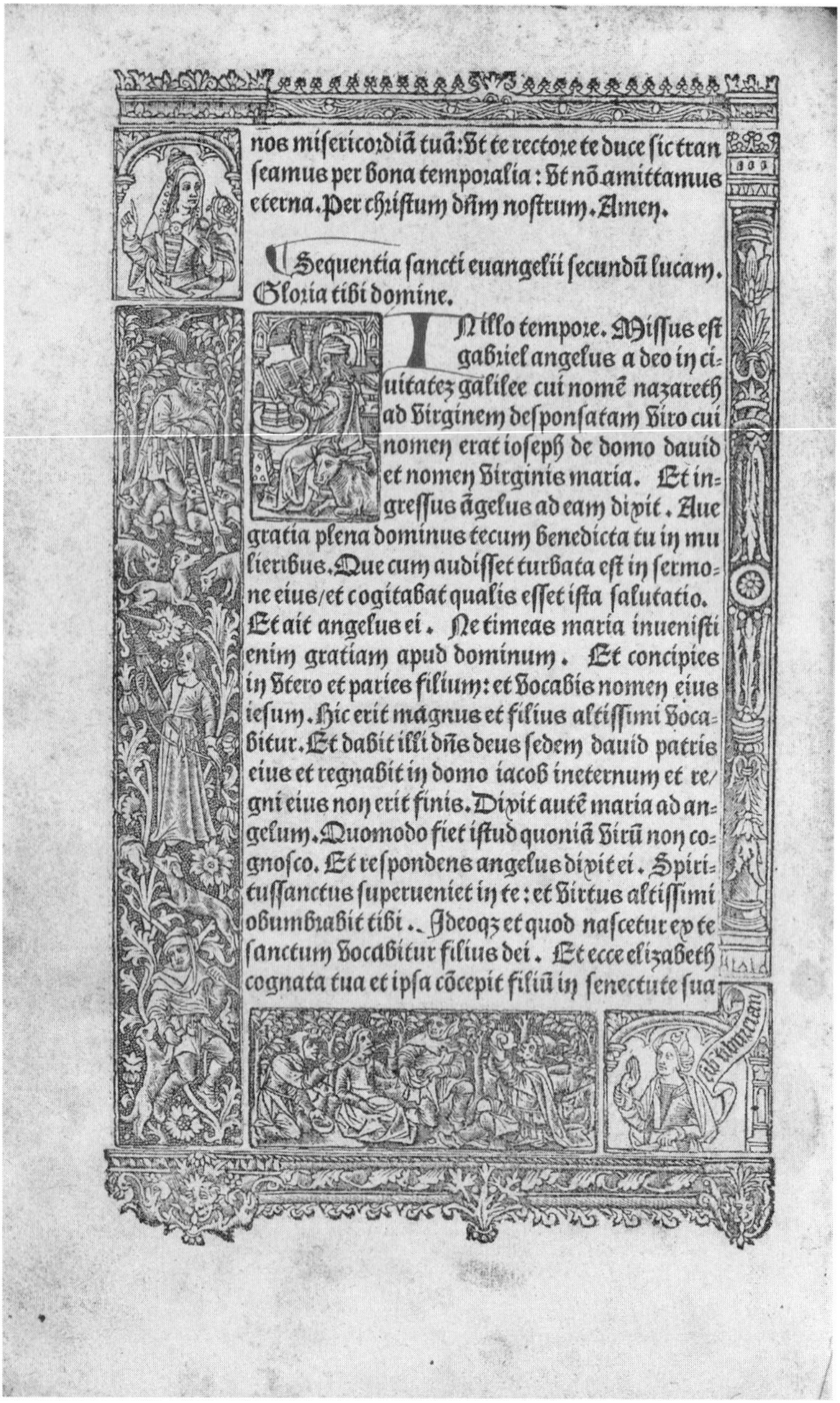
nos misericordiā tuā: Vt te rectore te duce sic tran
seamus per bona temporalia: vt nō amittamus
eterna. Per christum dn̄m nostrum. Amen.

Sequentia sancti euangelii secundū lucam.
Gloria tibi domine.

In illo tempore. Missus est
gabriel angelus a deo in ci-
uitatez galilee cui nomē nazareth
ad virginem desponsatam viro cui
nomen erat ioseph de domo dauid
et nomen virginis maria. Et in-
gressus āgelus ad eam dixit. Aue
gratia plena dominus tecum benedicta tu in mu
lieribus. Que cum audisset turbata est in sermo-
ne eius/et cogitabat qualis esset ista salutatio.
Et ait angelus ei. Ne timeas maria inuenisti
enim gratiam apud dominum. Et concipies
in vtero et paries filium: et vocabis nomen eius
iesum. Hic erit magnus et filius altissimi voca-
bitur. Et dabit illi dn̄s deus sedem dauid patris
eius et regnabit in domo iacob ineternum et re-
gni eius non erit finis. Dixit autē maria ad an-
gelum. Quomodo fiet istud quoniā virū non co-
gnosco. Et respondens angelus dixit ei. Spiri-
tussanctus superueniet in te: et virtus altissimi
obumbrabit tibi. Ideoqz et quod nascetur ex te
sanctum vocabitur filius dei. Et ecce elizabeth
cognata tua et ipsa cōcepit filiū in senectute sua

図7——〈羊飼いの生活〉のボーダー装飾
『聖母マリアの時禱書』(sig. b1v)
パリ　シモン・ヴォートル印行　一五〇八年頃

図8——〈ヨブの試練〉「死者の聖務日課」の冒頭のページ
ボーダーには「死の舞踏」が描かれ、この後数葉にわたってこのシリーズが続く。
『聖母マリアの時禱書』(sig. i2r)　パリ　シモン・ヴォートル印行　一五〇八年頃

トは一四八〇年代末のアントワーヌ・ヴェラールの版にはすでに登場していた。版画のすべてが物語絵シリーズというわけではなく、聖人やシビュラの像、装飾写本の欄外装飾を彷彿とさせるグロテスクなキメラの姿、あるいはそれとは対照的な牧歌的情景などのモチーフも、単独の版画であるいは二、三点組みあわされて登場している(図7)。しかし、たいていの時禱書には数種類の物語絵シリーズが含まれていて、それらは書物全体の半分から三分の二のページを占めている。このシリーズは各ページの外側あるいは下部のボーダーに、通常一ページに二、三点ずつ連続して印刷されて、二〇点から四〇点でひとつの物語を構成する。その内容は、聖母マリアとキリストの生涯、『創世記』のヨセフの物語、ユディットやスザンナの物語、『黙示録』などの聖書を題材としたものが中心だが、「カエサルの勝利と凱旋」や「エルサレム包囲」のような古典起源の物語の場合もある。また、物語ではないが、「死の舞踏」の版画群も頻出するモチーフである。個々の図版には、ラテン語か俗語のテクストが添えられていることが一般的である。物語絵シリーズの主題と時禱書本体のテクストのあいだには、たとえば「死者の聖務日課」のボーダーに「死の舞踏」の挿絵群が用いられるというように、ゆるやかな主題上の対応が認められることがある(図8)。しかし、その対応はページ単位の厳密なものではない。写本の場合と同様、物語絵シリーズは典礼テクストからは独立しているので、なかには「エルサレム包囲」のシリーズのように、のちに絵物語として独立させて出版されたものすらある。[☆11]

時禱書において、その中核となる典礼テクストが標準化されていた一方で、こうした物語絵の主題に関しては印刷業者が自由に決定できたため、各版の新機軸としてしばしばタイトルページで言及されている。たとえば、一五〇一年のジル・アルドゥアン印行の版では、「人間の一生とエルサレム包囲の図、さらにイタリア様式の」挿絵が入った新版であることが謳われている。また、一五〇七年頃のシモン・ヴォートル印行の版では、「黙示録と聖母マリアの奇跡、さらに古代のいくつかの物語」が含まれていることが標題に示され、一五二〇年のジル・アルドゥアン印行の版は「黙示録や他の多くの聖書の図像が新たに挿入された」ことを特記している。さらに、一五三二年のヨランド・ボノム印行の版の標題では、こうした「新たな図像」の意義について具体的に述べられている。

新たな図像で飾られたローマ式の聖母マリアの時禱書。学のある者には文字の知を提供し、粗野で無知な者には確実に絵を示す。そこから、「絵は俗人の聖書」と正しく格言で言われているように、字を知らない者は込められた事象を読みとるのである。[☆12]

聖グレゴリウスに依拠したこの標題は、字義どおりにとるならば、非識字者は物語絵を介してラテン語のテクストと同じ内容を理解できるという意味に理解されるが、しかし、物語絵シリーズを検討してみると、実際はテクストの助けを借りずに絵をそのように読み解くことはむずかしいことがわかる。

2　予型論の物語絵シリーズ

さまざまな物語絵シリーズのなかで最も挿絵の数が多く、内容が複雑な例は、聖母マリアとキリストの生涯を予型論に基づいてたどったものである。このシリーズは一四八〇年代から一五四〇年代にかけて印刷された時禱書にくりかえし登場し、内容的に関連する「聖母マリアの時禱」のテクストのボーダーを飾ることが多い。「聖母マリアの時禱」がキリストの母としてのマリアの生涯を、受胎告知から聖母戴冠までの主要なエピソードに対応する八つの時禱として追うのに対し、予型論の物語絵シリーズはマリアの誕生から永遠の生の約束までを、最大で四七点の挿絵と付随する聖書からの引用でたどっている。だが、両者はそれぞれ独自のペースでナラティブを展開しており、エピソードの同一ページ上での対応は意図されていない。このシリーズは、木版本として一五世紀に広く流布していた『貧者の聖書』（*Biblia pauperum*）に基づいている。『貧者の聖書』は、新約のイエスの生涯の主要場面を、それと予型論的に対応する旧約のエピソードと対照させて図示したもので、挿絵に聖書からの引用と解説文を組みあわせて対応関係を示している。テクストはすべてラテン語で、その聖書釈義学的な内容は、本書が、標題とは裏腹に、ラテン語を知らない

図9——〈キリストの復活の予型〉
『貧者の聖書』木版本　オランダ　一四七〇年頃
ロンドン　大英図書館　C.9.d.2, page i.

図10——〈ガザの街の門を運び去るサムソン〉
ミゼリコルド
リポン（北ヨークシャー）大聖堂聖歌隊席　一五世紀末

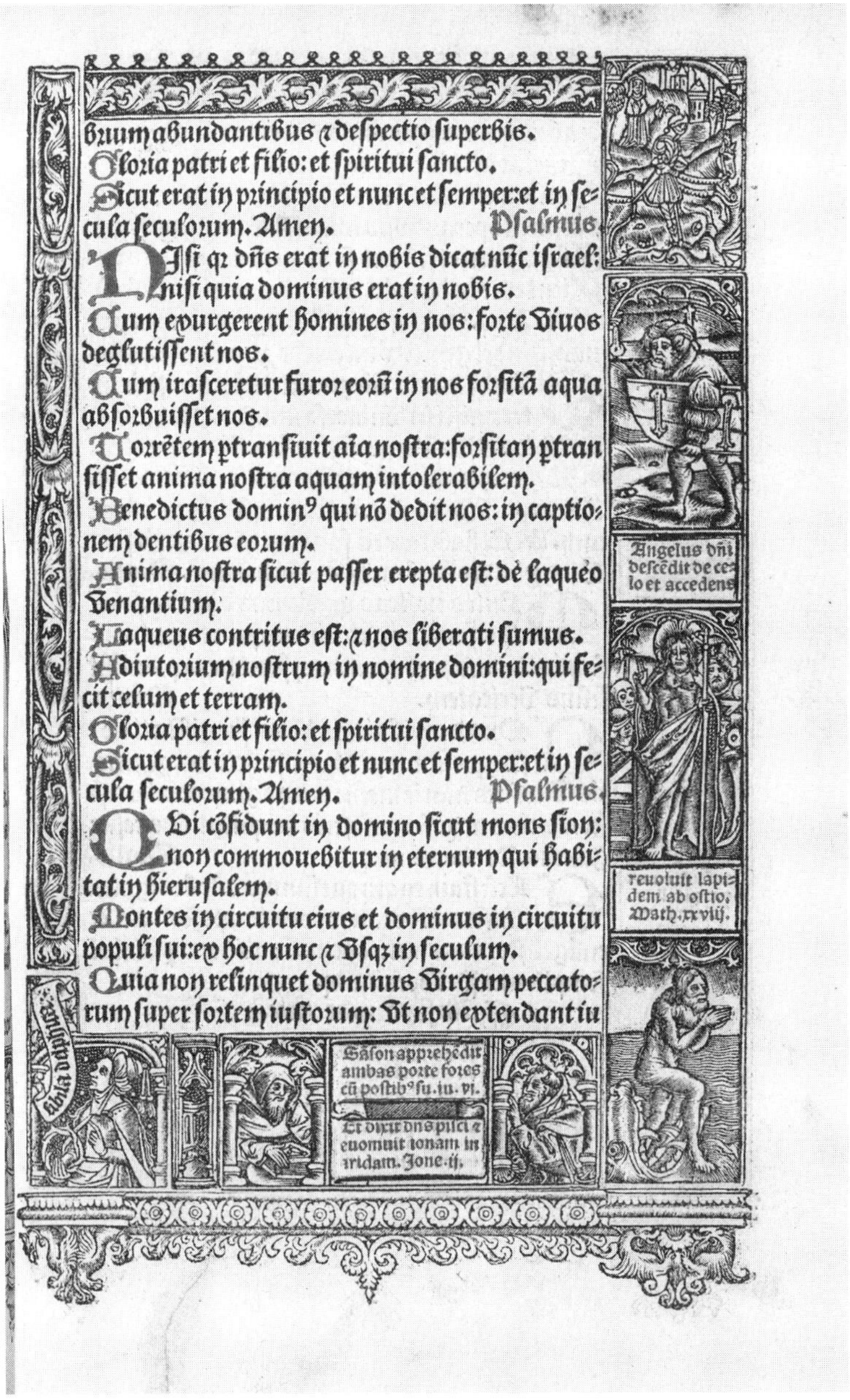

brium abundantibus ⁊ despectio superbis.
Gloria patri et filio: et spiritui sancto.
Sicut erat in principio et nunc et semper: et in secula seculorum. Amen. Psalmus.
Nisi qr dñs erat in nobis dicat nūc israel: nisi quia dominus erat in nobis.
Cum exurgerent homines in nos: forte viuos deglutissent nos.
Cum irasceretur furor eorū in nos forsitā aqua absorbuisset nos.
Torrētem ꝑtransiuit aīa nostra: forsitan ꝑtransisset anima nostra aquam intolerabilem.
Benedictus domin⁹ qui nō dedit nos: in captionem dentibus eorum.
Anima nostra sicut passer erepta est: de laqueo venantium.
Laqueus contritus est: ⁊ nos liberati sumus.
Adiutorium nostrum in nomine domini: qui fecit celum et terram.
Gloria patri et filio: et spiritui sancto.
Sicut erat in principio et nunc et semper: et in secula seculorum. Amen. Psalmus.
Qui cōfidunt in domino sicut mons syon: non commouebitur in eternum qui habitat in hierusalem.
Montes in circuitu eius et dominus in circuitu populi sui: ex hoc nunc ⁊ vsq3 in seculum.
Quia non relinquet dominus virgam peccatorum super sortem iustorum: vt non extendant iu

図11——『パリ式典礼の時禱書』(sig. f7r)　パリ　ヨランド・ボノム印行　一五二五年　慶應義塾図書館

「貧者」のための書物ではなく、神学的素養のある読者に向けられたものであることを示しており、実際、読者にはテクストとイメージを相互に関連させる複雑な解読が求められるのである。☆13

このページでは、中央のキリストの復活を挟んで左右に、夜中にガザの街の門をとりはずして運び去るサムソン（『士師記』第一六章二～三節）と鯨の腹から吐きだされるヨナ（『ヨナ書』第二章一一節）が描かれている。この二つの場面の予型論的な意義は、図に添えられたラテン語の文章によってそれぞれ、「サムソンは、夜中に墓から起き上がって墓所の扉を破り、力強く歩み出たキリストの予型である」、「魚の中から三日後に出てきたヨナは、三日後に墓を出て死者から復活したキリストの予型である」と簡潔に説明されている。また、二つの図の下には韻文のキャプションが付され、それぞれ、「群衆に包囲されたサムソンは街の門を運び去る」、「この男は、キリストよ、墓から出るあなたを表わしている」と記されている。また、中央の版画群の上下には旧約の預言者や族長が二人ずつ描かれており、関連する旧約聖書の章句がその口から発せられている。挿絵の予型論的対応を理解するには、略字を多用したラテン語で書かれたこれらのテクストを解読する必要があり、ラテン語とあわせて一定の聖書釈義の知識をもっていることが前提となる。『貧者の聖書』の版画は当時広く知られていたようで、教会美術の図像として個別に再利用されている。たとえば、ガザの街の門を運び去るサムソンの図像はミゼリコルド（聖歌隊席のたたみこみ椅子の持送り）の彫刻としても利用されている（図10）。時禱書の物語絵シリーズも、『貧者の聖書』からのこうした再利用の一例として、宗教文学・美術の広い文脈のなかでとらえることができる。

時禱書では、『貧者の聖書』のテクスト部分は簡略化されて、ラテン語かフランス語の短いキャプションのみとなっている（図11）。一五二五年にヨランド・ボノムが印行した版では、予型論的対応を示す三点の挿絵は縦長の一枚の版木に彫られていて、挿絵間の余白に「主の天使が天から降って近寄り、石をわきへ転がし、その上に座ったのである」という『マタイによる福音書』（第二八章二節）からの引用が印刷されている。また、ページ下部には旧約の預言者の姿に挟まれて、対応する旧約の二つの場面を表わす聖書からの引用――「サムソンは街の門の扉と両脇の門柱をつかみ」（『士師記』第一六章三節）、「主が魚に命じ、魚はヨナを陸地に吐き出した」（『ヨナ書』第二章一一節）――が記されている。これらのテクストがそれぞれ挿絵に対応していることを理解するには、読者はスペースの都合で冒頭の一部しか印刷されていないこれらの引用文を自ら補って完成させる必要がある。ラテン語聖書の知識があればそれは可能であろうが、しかし、三つの場面の予型論的対応についてはなにも説明はない。挿絵を正確かつ完全に解読しようとするならば、あらかじめ聖書の予型論的解釈について知識をもっている必要があり、典拠となった『貧者の聖書』かその類書が手元にないとむずかしい。

時禱書の所有者が必ずしもそうした識者層ではないことを想定してか、一四八八年／八九年のジャン・ドュプレ印行の版では、同一のシリーズが、最初はラテン語のキャプション、二度目はフランス語のキャプションで、一冊に二度登場する。ラテン語は、上記の例と同様に、聖書の対応する箇所あるいは関連する祈禱文からの引用だが、フランス語は、より直接的な内容説明のキャプションである。たとえば、受胎告知とイヴの蛇による誘惑が併置される場面では、「こんにちは、恩寵に満たされし者、私は主のはしためです」という聖書の章句が略字を用いたラテン語で記されているのに対し、二度目は同じ挿絵にフランス語で単に「聖母への受胎告知」とだけ説明されている。ウィンが指摘するように、前者は聖職者教育を受けた読者を対象とし、後者は俗信徒向けであると考えられる。[☆14] しかし、いずれの場合も挿絵間の予型論的対応を説明するにはいたっていない。

挿絵を正しく読み解くために予備知識が必要となる状況は予型論の物語絵シリーズにかぎらない。ヤコブの物語や黙示録の挿絵シリーズにおいても、挿絵に付されたテクストは対応する聖書の章句の部分的引用であり、読者は自分自身のラテン語聖書の知識でテクストを補うことを求められる。テクストが俗語の場合でも状況は変わらない。一五〇八年にフィリップ・ピグーシェが印行した版には、時禱書の追加テクストのひとつである「聖母マリアの無原罪の御身ごもりの時禱」のボーダーに、聖母マリアの執り成しによって罪人が救済される「聖母マリアの奇跡譚」の挿絵シリーズが登場している。このシリーズでは、悪魔によって溺死させられそうになった好色な修道士が聖母によ

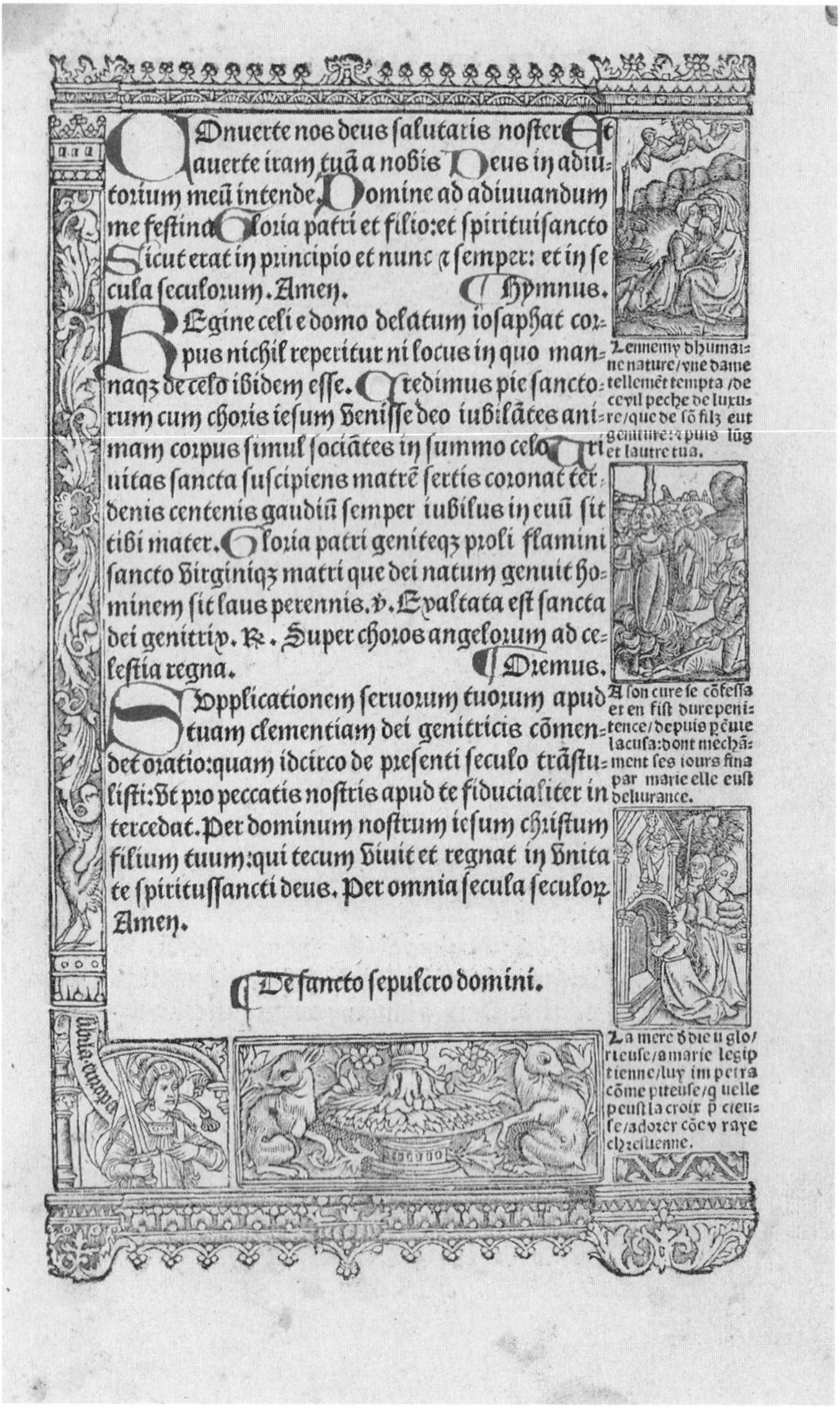
Conuerte nos deus salutaris noster. Et auerte iram tuā a nobis. Deus in adiutorium meū intende. Domine ad adiuuandum me festina. Gloria patri et filio: et spirituisancto Sicut erat in principio et nunc et semper: et in secula seculorum. Amen. Hymnus.

Regine celi e domo delatum iosaphat corpus nichil reperitur ni locus in quo mannaqz de celo ibidem esse. Credimus pie sanctorum cum choris iesum venisse deo iubilātes animam corpus simul sociātes in summo celo. Trinitas sancta suscipiens matrē sertis coronat terdenis centenis gaudiū semper iubilus in euū sit tibi mater. Gloria patri genitequz proli flamini sancto virginiqz matri que dei natum genuit hominem sit laus perennis. ℣. Exaltata est sancta dei genitrix. ℟. Super choros angelorum ad celestia regna. Oremus.

Supplicationem seruorum tuorum apud tuam clementiam dei genitricis cōmendet oratio: quam idcirco de presenti seculo trāstulisti: Vt pro peccatis nostris apud te fiducialiter intercedat. Per dominum nostrum iesum christum filium tuum: qui tecum viuit et regnat in vnitate spiritussancti deus. Per omnia secula seculorum. Amen.

De sancto sepulcro domini.

Lennemy dhumaine nature/vne dame tellemēt tempta/de ceulx peche de luxure/que de sō filz eut geniture: et puis lūg et lautre tua.

A son cure se cōfessa et en fist dure penitence/depuis pēne la cusa: dont mechāment ses iours fina par marie elle eust deliurance.

La mere de dieu glorieuse/a marie legiptienne/luy imprima cōme piteuse/q elle peust la croix p cieuse/adorer cōe vraye chrestienne.

図12——聖母マリアの奇跡譚のボーダー装飾
『聖母マリアの時禱書』(sig. e7r)
パリ　シモン・ヴォートル印行　一五〇八年頃

って救われた話、聖母により悪魔との契約から解き放たれた六世紀の聖テオフィルスの話、マリアへの祈りによって海難から救われた修道士の話などさまざまな奇跡譚が、それぞれ一、二点の挿絵に描かれ、それに短いフランス語の説明文が付されている[☆15]（図12）。だが、説明文は描かれている場面の説明に終始し、全体の粗筋や意義を説明するものではない。一例をあげると、エジプトのマリアの話では（図13）、「栄光の神の母はエジプトのマリアのために、彼女が高貴なる十字架に真のキリスト教徒にふさわしく拝礼できるように、憐れみをこめて神に懇願した」というフランス語の説明文が、聖母子像の前で祈るエジプトのマリアの図に付されている。エジプトのマリア伝は、五世紀のアレクサンドリアの娼婦がエルサレムで聖十字架に詣でようとしたが、見えない力に押し止められてその前に進みでることができず、そのことが契機となって悔悛し、荒れ地で生涯隠遁生活を送ったという話で、一三世紀のヤコブス・デ・ウォラギネの『黄金伝説』をはじめ多くの聖人伝にとりあげられ、一三世紀フランスのリュトブフによる物語詩も存在する[☆16]。この挿絵はその一場面で、説明文は図そのものの説明にはなっているが、全体の文脈を理解するには『黄金伝説』などをひもとく必要がある。また、説明文もかぎられたスペース内に略字を用いて極小のフォントで印刷されており、単語間のスペースの挿入も恣意的である。フランス語とはいえ、この読みにくいフォントを解読するには、書物を読み慣れた正確な読解力が必要であり、そうした能力の具わった読者が想定されていると考えられよう。

図13——〈エジプトのマリアの悔悛〉『聖母マリアの時禱書』(sig. e7r)
パリ　シモン・ヴォートル印行　一五〇八年頃

図14——〈スザンナと長老たち〉『聖母マリアの時禱書』(sig. P2v)
パリ　シモン・ヴォートル印行　一五〇八年頃

テクストを解読できる読者にとって、説明文はその絵を正確に解読するための物語的文脈を示すものであり、読者はそこで示された方向性に沿って時禱書の外へ出て解読を完遂する。だが挿絵によっては付随するテクストがないものもあり、その場合、読者は図像学的予備知識に基づいてイメージそのものを解読することを求められる。図14では「スザンナと長老たち」の逸話（『ダニエル書』第一三章）から「スザンナの水浴」の場面が三点の連続する挿絵で描かれている。この物語は、聖書のみならず聖人伝の一部や単独の詩として俗語でもよく知られており、また中世美術にも類例は多い。挿絵の解読には、なんらかのメディアを通じてあらかじめスザンナのビジュアルな表象を知っていることが必要で、登場人物のアトリビュートを識別するなどして絵を読み解く図像学的なリテラシーが要求される。図像を同定しその寓意的、教訓的意味を解読するためのヴィジュアル・リテラシーは、絵だけを眺めていても容易に獲得されない。そのためには、一二世紀前半にサン・ドニ大修道院長であったシュジェールが示唆するように、やはりなんらかのテクストを介する必要がある。シュジェールはサン・ドニ大修道院に新たな修道院教会を建立するにさいして、その建築様式や装飾について詳細に記しているが、そのなかの主祭壇の飾りにこめられた寓意的な意味に関する箇所で、以下のように述べている。

金、宝石、真珠などの多様な素材は、沈黙の視覚による認識では、説明なしにはなかなか理解されないので、識字者にのみ理解可能な、喜ばしい寓意の輝きを放っているこの作品を文字で書き留めることとした。また、その寓意がより明確に理解されんがため、それを解説する詩文を添えた。[☆17]

中世には宝石の寓意的意味を解説する「ラピダリウム」というジャンルがあるが、祭壇の装飾に使われている個々の宝石に込められた意味を知るには、そのようなテクストの助けが必要となる。対象がテクストであれイメージであれ、その理解のためにはリテラシーが前提となることには変わりはないのである。

以上のように、時禱書において読者が周縁部の物語絵を読み解くためには、物語絵とその解読を可能にする時禱書外のテクストや図像というコンテクストとのあいだにハイパーテクスト的な関係性を構築する必要がある。挿絵に付されたテクストの大半が部分的引用や断片的説明であるのは、テクストとイメージの関係性をそこで完結させずに、こうした書物の外のコンテクストとの連携を誘発するためであると積極的に解釈できよう。その意味で、周縁部の物語絵の挿絵とテクストは、時禱書を同時代の宗教文学の広いコンテクストのなかに位置づけるべく、相互補完的に機能していると言える。このような文章と絵の両方を用いることの効用については、ヴェラールが一四八九年に印行した時禱書の序文に次のように記している。

それゆえ、賢者が言うように、「目は見飽きることなく耳は聞いても満たされない」ので、すべての人々の理解のためには、この栄光ある聖母マリアの時禱書において、耳で聞いてわからないことは目で見ることができるように、聖書に含まれているすべての像と物語に関する正しく明確な情報を、それを目にするすべての人々に簡潔に提供するような絵をつくることがふさわしいと思えた。[☆18]

「目は見飽きることなく耳は聞いても満たされない」とは『コヘレトの言葉』（第一章八節）からの引用だが、この章句は「何もかも、もの憂い。語り尽くすこともできず」という文に続く。この引用が示唆するところは、テクストもイメージも単独では何かを語るに不十分であるという認識であると考えられよう。ヴェラールは、絵がテクストの代役を果たすとも、時禱書のなかにすべての知識が準備されているとも言ってはいない。むしろ、耳で聞くテクストと目で見る挿絵が相互補完的に作用することによって、読者は、解読のためのコンテクストとして機能する、書物の外のテクスト世界へと迷わずに進むことができ、「正しく明確な情報」に到達することができるのである。同時にこの序文は、この時禱書におけるさまざまなイメージの利用の正当性をより一般的に述べたものと理解されよう。物語絵は旧約聖書以来の歴史のなかで展開されてきたさまざまな信仰の実践の記録として機能し、個人が時禱書を用いておこなう祈禱や黙想に対して歴史的裏付けを与えてくれる。一方で、美徳の寓意擬人像や「死の舞踏」などの物語ではない絵は、信仰の基盤となる不変の真理の視覚化である。ボーダーは中央と直接的な関連をもたないが、読者が実践する祈禱や黙想といった行動的な読書行為に対して、救済史あるいはキリスト教道徳の立場から承認を与えるパラテクストなのである。

そのように周縁のパラテクストによって読書行為が正しくコンテクスト化されるためには、テクストとイメージ両方のリテラシーを具えた読者と正確な物語絵の両方が前提となる。しかし版によっては、同じ挿絵が本来の順番を無視してくりかえし使用されたり、また挿絵とキャプションの対応が誤っている場合がしばしば見受けられることも事実である。一五〇三年にジャン・ポワトヴァンが印行した版では、前述の予型論的物語絵シリーズにおけるキリストの復活の挿絵が全部で三回登場する。このこと自体、シリーズ本来の版木の対応が無視されている証拠であるが、さらに、付随する聖書からの引用文が毎回異なっている。キリストの復活、サムソン、ヨナの三点の挿絵は、一五二五年のヨランド・ボノム版（図11）と同様に一枚の版木で構成されていて、挿絵の間の余白にはやはり同じ『マタイによる福音書』からの引用が印刷されている。しかし、これに対応するページ下部の旧約の預言者の版木が毎回異なっているのである（図15）。一箇所では、預言者の挿絵に挟まれてサムソンに関する『士師記』からの引用が正しく記されているが、別な二箇所では、「トバル・カインは鉱夫で青銅でさまざまな道具を作る者となった」（『創世記』第四章二二節）、あるいは「ヨアブは話したいと言って城門の中に彼を誘い込み」（『サムエル記下』第三章二七節）という、挿絵と対応しないテクストが印刷されている。結果として読者は、テクストを解読できることでかえって混乱することになるが、こうした対応の不正確さが容認されていた理由は、利用者のラテン語の知識が最初から想定されていなかったからと考えられる。しかし、そのような読者にとっても、絵とテクストで構成されるボーダーには意味がある。ここでのラテン語は、むしろその存在自体によって挿絵の正統性を保証すべく機能していると言えよう。ラテン語の

revolult lapidē
rc. Mathei.
xxviij.

Domine iesu xp̄e fili dei
viui qui es verus ⁊ omni
potens deus splendor et ymago
patris ⁊ vita eterna cui est vna
cum eterno patre et spiritusācto

Sāson ap
p̄hendit
ūbas por
te fores
cū po.su.
Ju.vi.

図 15――〈キリストの予型としてのヨナ〉とページ下部の三種類の異なる版木
『聖母マリアの時禱書』　パリ　ジャン・ポワトヴァン印行　1503 年頃
（上）正しい対応のページ（A1v）
（中、下）対応しないテクストのページ（c2r, c6r）
慶應義塾図書館

eleuata est magnificentia tua super celos. Ex
ore infantiū ⁊ lactentiū perfecisti laudē ꝑpter
inimicos tuos: Ut destruas inimicū ⁊ ultorē.
Quoniā videbo celos tuos opera digitorū tuo
rum lunam ⁊ stellas que tu fundasti. Quid est

Tubalcai
fuit malle
ator et fa-
ber in cun
cta opera
eris. Ge.4

revolult lapidē
rc. Mathei.
xxviij.

t sic in syon firmata sum: et in ciuitate
sanctificata similiter requieui et i hieru
salē potestas mea. Et radicaui in populo hono
rificato ⁊ in partes dei mei hereditas illius ⁊ i
plenitudine sanctorum detentio mea. Tu au-

revolult lapidē
rc. Mathei.
xxviij.

Adduxit ii
eum ioab
ad mediū
porte vt
loq̄ret ei.
Re.iiij

知識とも図像を解読するイコノグラフィーとも無縁な読者にとって、ボーダーの物語絵シリーズは、祭壇画のプレデッラのように、中央の聖なるテクストをナラティブで包みこんで、内容よりもその存在によって祈禱や黙想を助ける環境として機能する。ボーダーのキリストや聖母マリア、あるいは聖人像は、ページを眺める読者にとって祈禱のための敬虔な環境をつくりだす、視覚的なパラテクストなのである。

3　暦の中世的宇宙

印刷本の時禱書のボーダーが、読書行為をキリスト教の歴史的、道徳的コンテクストに位置づけるべく機能しているように、時禱書冒頭の教会暦もひとつの中世的コンテクストを提示している。そのコンテクストとは、物語絵の場合とは異なり、典礼や信心に限定されない、ある意味で世俗的宇宙観とでも呼べるものである。それは、教会暦そのものよりもむしろ、写本であるか印刷本であるかを問わず、多くの時禱書において暦を飾っている一二カ月の月暦図、そして印刷本の時禱書に特徴的に見られるさまざまな追加テクストによって表現されている。

月暦図は通常、各月の典型的な農作業や行事を描いた「月々の仕事」(occupations / labours of the months) のモチーフと黄道十二宮の星座図の組みあわせで構成される。全一二点の月暦図のサイクルは、パノフスキーが指摘したように、中世美術のもっとも保守的な側面のひとつである[☆19]。「月々の仕事」のモチーフには気候や習慣の違いを反映した地域的差異は認められるが、中世を通じてあまり変化することがない。中世初期から一六世紀にかけて主にイギリスやフランスで制作された彩色写本やさまざまな教会美術の例をもとに、各月のモチーフを以下のように標準化することが可能である。

一月　新年の宴席（しばしば二つの顔を持つヤヌスが登場する）
二月　室内で暖をとる、あるいは薪を集める

三月　葡萄の木の剪定や畑の荒起し
四月　花を持つ乙女、あるいは野山へ出かける恋人たち
五月　鷹狩り、あるいは庭で語らう恋人たち
六月　干し草刈り、羊毛を刈りとる、雑草をとりのぞくなどの農作業
七月　麦刈りや干し草刈り
八月　収穫作業や脱穀
九月　葡萄の収穫と葡萄酒造り、穀物の脱穀、果物摘み
一〇月　種まき
一一月　豚にどんぐりを食べさせる、豚を屠る
一二月　屠殺した豚を料理する、あるいはクリスマスの食卓☆20

「月々の仕事」のモチーフの起源は古典古代の一二カ月の擬人像とされ、その痕跡はロマネスクの装飾写本に認められる。たとえば『セント・オーバンズ詩篇』（イギリス、セント・オーバンズ、一一二三年以前）では、各月が、その月の「仕事」を表わすものをアトリビュートのように手にした座像で表現されている。二月のみが例外的に火にあたっている座像で表現されているが、たとえば三月、七月、九月はそれぞれ、花咲く枝、鎌、葡萄の籠を手にもち、一二月の像は（豚を屠るために）斧をもちあげている☆21（図16）。また、像の背景は装飾的な模様で埋められていて、風景などは描かれていない。

しかしゴシック期の彩色写本になると、こうした静的で半ば擬人的な人物像にかわってなんらかの農作業に従事している姿が中心となり、それにともなって、作業の対象となる麦畑や葡萄園のような「風景」が背景として描かれるようになる。王侯貴族や高位聖職者のために制作された中世後期の時禱書や聖務日課書には、しばしば三次元的奥行

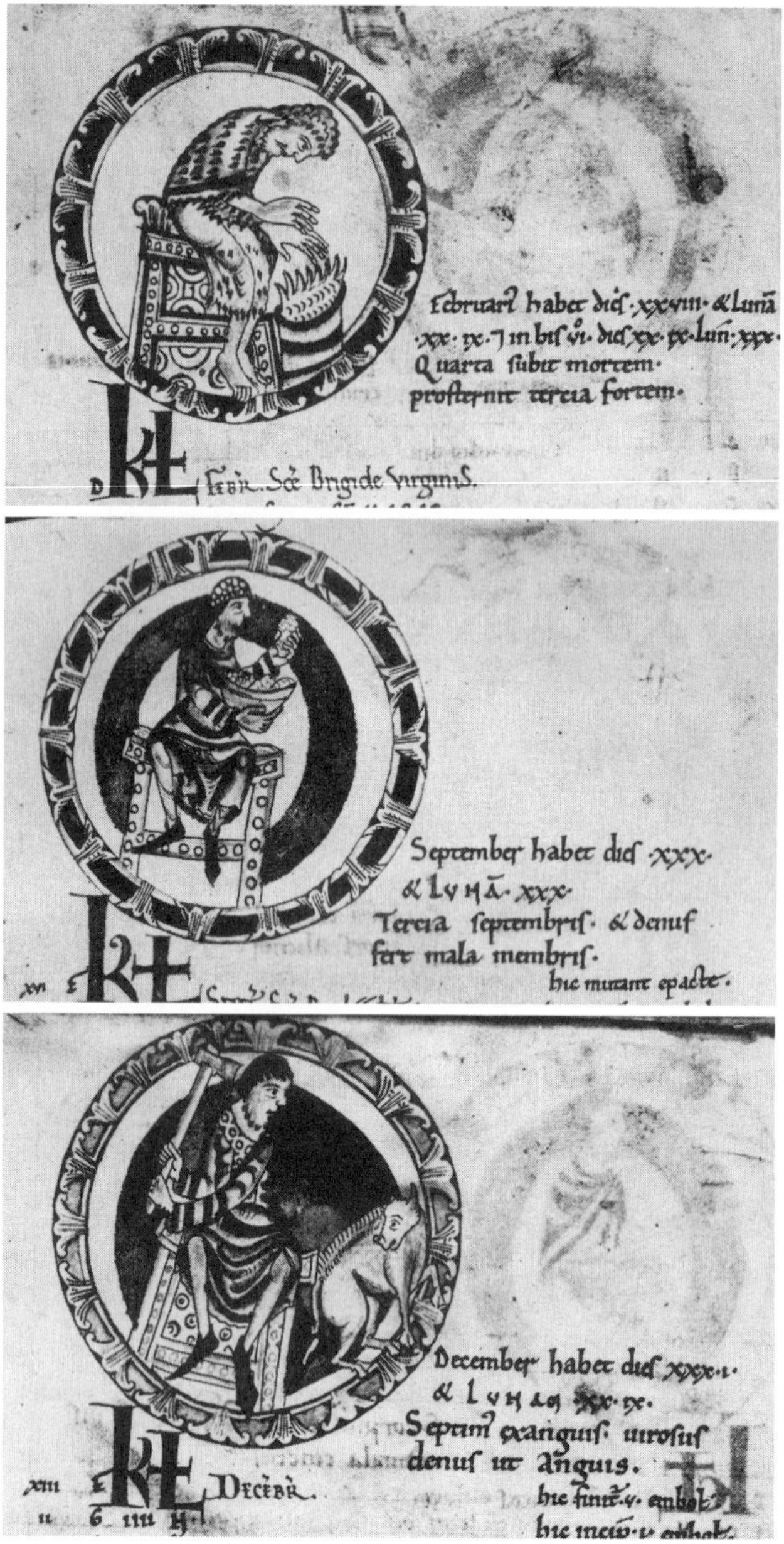

図16——〈上〉〈火にあたる人物像〉（二月）
〈中〉〈摘んだ葡萄の籠を手にする人物像〉（九月）
〈下〉〈豚を屠るために斧を持ち上げる人物像〉（一二月）
『セント・オーバンズ詩篇』 St. Godehard, Hildesheim, pp. 4, 11, 14; Pächt, Dodwell, and Wormald, *The St. Alban's Psalter*

図17——〈麦刈り〉（七月）
『ヘンリー八世の時禱書』
ニューヨーク ピアポント・モーガン図書館
MS H. 8, fol. 4r; Wieck, Voelkle, and Hearne, *The Hours of Henry VIII*

きをもった背景が見られる。『ヘンリー八世の時禱書』（ツール、一五〇〇年頃）の月暦図に登場する人物は、その月の「仕事」を体現するだけでなく、詳細に描きこまれた都市や丘、森などの背景のなかに溶けこんでいる（図17）。ジャン・ピュッセルとその工房の作品にも顕著なこうした風景画的展開は、月暦図が、各月の象徴的表象という役割を超えて、さまざまな貴族の楽しみと為政者の視点から眺めた理想的な季節の推移を表現する新たな役割を担っている結果と考えられるだろう。その最も有名な例は、月暦図の代表例として一般向けの美術書にしばしば登場する『ベリー公のいとも豪華なる時禱書』で、ベリー公の居城の前に拡がる田園風景は、ベリー公の領地の秩序と調和という主題的原理に貫かれており、為政者によるイデオロギーの投影であると言えよう。

月暦図は、中世美術に頻出するモチーフであるにとどまらない。その記述は、中世の事典の嚆矢である七世紀初めのセビーリャのイシドルスの『語源論』、一〇世紀のアラビア語の著作の翻訳で中世ではアリストテレス作とされていた『秘中の秘』、一二四〇年頃にフランシスコ会士のバルトロマエウス・アングリクスが編纂し、一四世紀には英訳もされた『物性論』など、中世の代表的な百科事典的著作にも見いだされる。たとえば『物性論』の二月の記述では、『語源論』から引用した二月の語源を皮切りにして、「月々の仕事」のモチーフが二月の気候や星座と関連づけられて説明されている。

二番目の月はフェブルアリウスと呼ばれ、プルートーとも呼ばれる偽の神フェブルオの名に由来する。なぜなら昔、この月はこの神に捧げられていたからである。昔の人々が誤って一月を天上の神々に、二月を地下の神々に捧げたのである。それゆえに二月はフェブルスともプルートーとも称される偽の神で、地獄の神とも呼ばれているフェブルアリウスの名前である。この月は雨がとても多く、雨になる水蒸気や湿気が上昇してくるせいで湿っている。それゆえこの時期、太陽は水瓶座にいて、大いに雨をもたらすと言われている。二月は、火のそばに座って暖をとり、手足を暖めている老人の姿で描かれる。なぜならこの時期は、太陽が遠く離れて久しいため、寒さが最も厳しいからである。また、すべての月のなかで二月はもっとも短く、閏年でなければ二八日しかない。閏年には二九日となる。[☆22]

ここに描かれているのは中世のコスモロジーである。それは、黄道十二宮の星座の運行から季節にふさわしい食事法にいたるまでの何層にも重なった宇宙像であり、人間を時間とともに成長しやがて衰退する小宇宙としてとらえ、それを大宇宙の変化と呼応させるプラトン主義的な世界像を基盤としている。『物性論』はこの引用に先だって、太陽が宝瓶宮（水瓶座）のなかを進むこの冬の季節が人間の体調に及ぼす影響、さらには望ましい食事や体調管理の方法についても触れている。[☆23] 月暦図もこの多層的なコスモロジーの一部にほかならず、「火のそばに座って暖をとり、手足を暖めている老人の姿」という二月の「月々の仕事」（図18・19）に基づいた描写もその文脈のなかに位置づけられている。

このコスモロジーは、写本よりも印刷本の時禱書により意識的に反映されており、結果として時禱書の暦の性格を変化させている。写本の時禱書の暦は単純な教会暦で、基本的に祝日しか記されていない。各月の暦の冒頭に、「一月は三〇日ある」といった一～二行の短いラテン語のテクストが記されているが、これが教会暦本体以外の唯一のテクストであると言ってよい。[☆24] しかし印刷本の時禱書では、教会暦のなかに祝日と並んで、「太陽が魚座に入る」というような太陽の運行についての記述も挿入されている。また、教会暦の前後には、体のどの部位がどの十二宮の支配下にあるかを図示した「人体の星座図」が挿入されて、黄道十二宮と小宇宙である人間の生理との同期が示されている（図20）。この図は『ベリー公のいとも豪華なる時禱書』をはじめ写本の時禱書にもときおり見られるが、印刷本の時禱書にはほぼ例外なく登場する。これらの追加テクストによって、一二カ月と人間世界の照応に意識的な光があてられているのである。

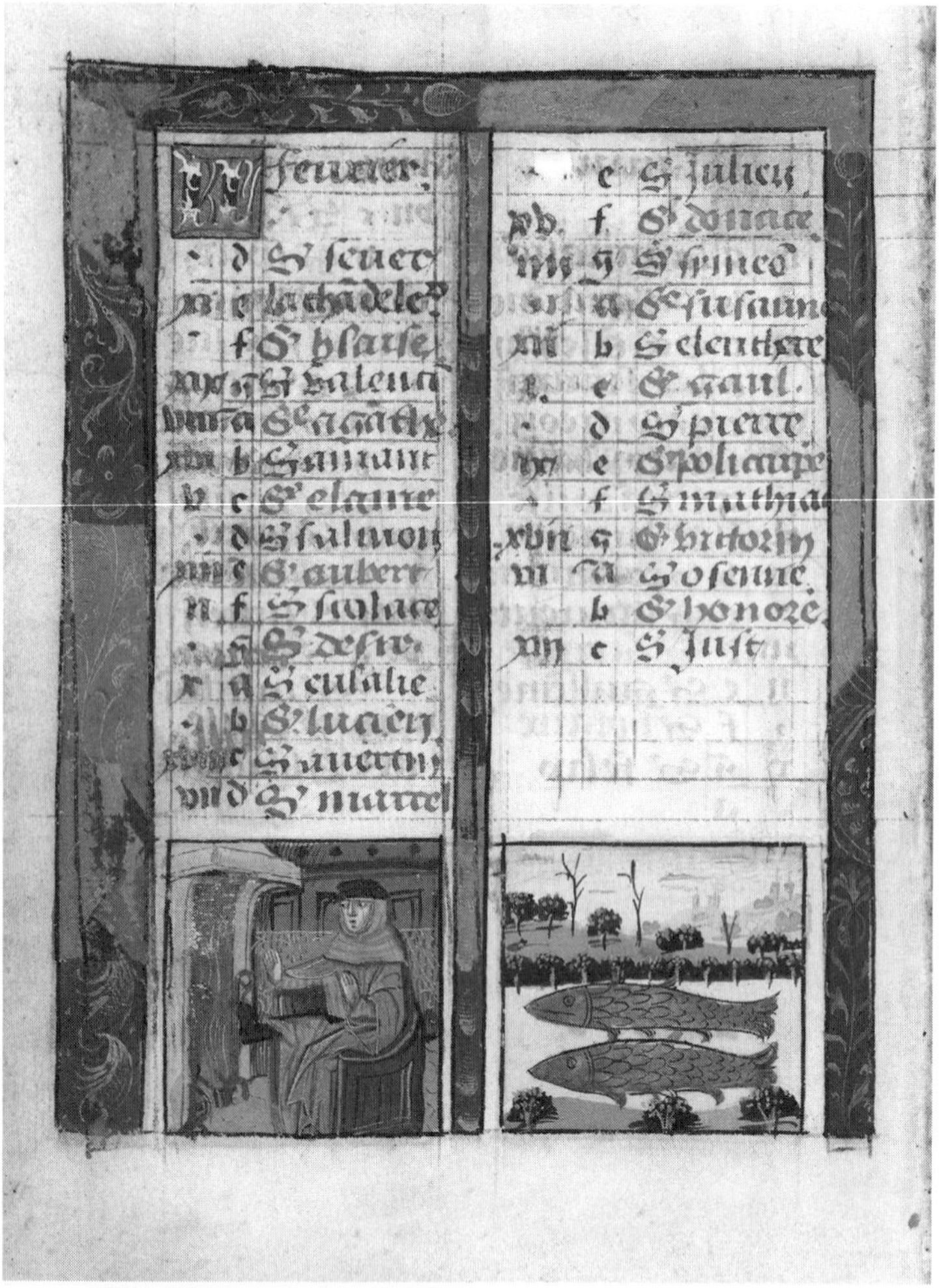

図18——〈火にあたる男、魚座〉 二月の月暦図
時禱書写本零葉
北フランス　一五世紀末

図19——〈火にあたる男〉 二月の月暦図
パリ
ノートルダム大聖堂（西側扉口）
一二一〇～二〇年頃

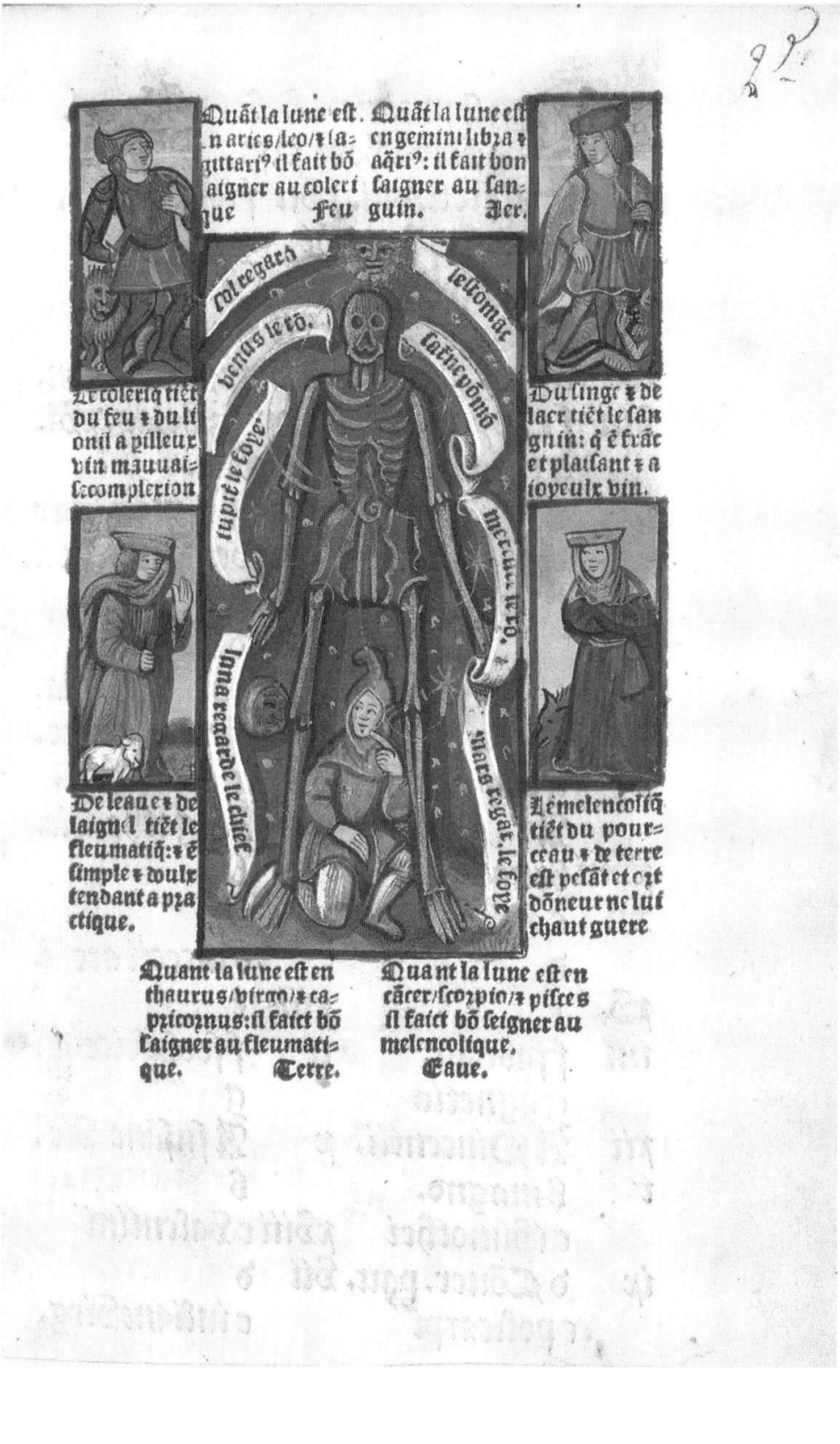

図20――〈人体の星座図〉『ローマ式典礼の時禱書』(Sig. A2)　パリ　ジル・アルドゥアン印行　一五一五年頃　慶應義塾図書館

4　「人生における諸時期」

月暦図が表象する宇宙と人間の照応をさらに比喩的に発展させ、人間の一生を一二カ月になぞらえたものに「人生の一二時期」がある。「人生の一二時期」は「人生における諸時期」（ages of man）と称されるモチーフのバリエーションのひとつで、「月々の仕事」に替わるものとして一六世紀のいくつかの印刷本の時禱書の暦に登場してくる。「人生における諸時期」とは人間の一生をいくつかの時期に分けて対比的に描くモチーフで、[☆25]その区分は、人生を青年、中年、老年の三つに分ける最も単純なものから、四、五、六、七、八、一〇、一二に分けるものまで多様である。アリエスが指摘するように、「人生における諸時期の観念もまた、自然界の万物のあいだにあるひそかな照応と関係していて、人間の生涯を理解しようとする一般的な方法」なのであり、[☆26]その枠組みを用いて人間の成長を自然のサイクルに対応させることで、人生を、生理的にも道徳的にもより現実的に眺めようとする視点の表われにほかならない。そこでは、人生を四季、七つの惑星、一二カ月などと照応させることで自己を客体化して俯瞰的に人間の一生を眺めると同時に、人生をこのような比喩的枠組みに対応した世代という区分でとらえることによって、実人生に実践的に対応しようとするのである。

「人生における諸時期」の起源は古代にまで遡るとされ、中世には壁画やステンドグラスなどの教会美術や典礼書の細密画に「若さ」や「老年」の擬人像としてしばしば描かれただけでなく、教訓詩の題材ともなっていた。すでに二世紀には、天文学者プトレマイオスが『テトラビブロス（四つの書）』において、人生は七つの世代に分割され、それぞれが月から土星までの七つの星の影響下にあると述べている。[☆27]この「七つの世代」はポピュラーな区分法で、パドヴァのエレミターニ教会聖歌隊席に描かれた一四世紀のフレスコ画（図21）やシエナ大聖堂の床のタイルなどにも登場する。[☆28]しかし、人生のアナロジーという意味でもっとも一般的なものは、人生を少年、青年、中年、老年の四世代ととらえる区分法である。八世紀にベーダが『暦法』のなかで指摘したように、四世代を四季に喩え、さらに各世代は四季と同様に四つの気質のどれかの影響下にあると考えることで自然界と人間を無理なく結びつけている。

図21——〈月と人生の第一世代〉フレスコ画
パドヴァ　エレミターニ教会聖歌隊席
1360年頃

一三世紀に記されたフィリップ・ド・ナヴァールの『人間の人生の四つの時期』は、こうした宇宙観をふまえて各世代について詳しく論じたテクストで、世代毎の特徴を季節との類推で説明している。夏のあいだに、冬に備えて麦を刈り脱穀し貯蔵するように、人生の夏である青年も、冬の老年に備えて大いに働かねばならない。また、秋には、熟した果実を適切な時期に収穫して、実りが生かされるようにしなくてはならないが、成熟した世代である中年も同様にして老年に備えねばならないのである。[☆29]

ここで展開されている四季との対応は単なるメタファーではない。「人生における諸時期」は「月々の仕事」と同様に、天体、自然、そして人間をひとつの照応関係のもとにとらえようとする中世の百科事典的な知識体系の産物である。『物性論』や『秘中の秘』では、人生の四つの世代のそれぞれについて、その生理学的特徴や気質の変化を、子育てや民間療法に関する実践的忠告とからめてまとめている。[☆30] そうした世界観に裏打ちされて、季節が移り変わるように、人間の気質や性向もその身体的成長に応じて変化すると考え、たとえば、なぜ青年の世代が自信過剰や無鉄砲さにおちいりやすいかを青年期の気質に即して具体的に説明しているのである。人はいかに生きるべきかをこうした視点でとらえることによって、単に悪徳と罪に対する批判と警告をくりかえすだけでなく、人間の成長に応じた道徳的教育と心構えが重要であるという、現実への対処方法が導きだされる。そこには、「若い聖人、老いて悪魔」、つまり「若いうちに清廉君子でありすぎると老いてから悪徳に染まることになる」という意味の諺に通じるような、若さゆえの過ちをある程度容認するような意識が存在することは否めない。こうした年齢相応の振る舞いを容認する傾向は、年甲斐もなく恋に落ちる「老いた恋人」（senex amans）や、いつまでも青臭い議論に夢中になっている「百歳の子供」（puer centum annorum）に対する批判にも結びつく。[☆31]

「人生における諸時期」のなかでも最も細かい区分にあたる「人生の一二時期」が一二カ月のアナロジーから生まれたものであることは想像にかたくない。こうした連想自体は自然なもので、たとえば一三九〇年頃にジョン・ガワーが英語で記した長編詩『恋する男の告解』にも登場する。語り手の「恋する男」は、自分が恋をするにはふさわしくない老人であることを告白し、シェイクスピアの『お気に召すまま』（第二幕七場一三六〜六六行）のジェイクィーズのように、人生を諸時期になぞらえようとする。


　そして顔全体が老いて醜く、皺だらけで、悲しみに沈み、ふっくらとした所は一つもなかった。私の髪もまた白かった。

　私はもう自分の姿は見まいと思った。何の楽しみもなかったからである。そこで私は過ぎし日を思い起こした。そして頭を働かせて、自分を一年を構成する十二の相争う月になぞらえてみた。

　一年をよく考えてみれば誰でも、一年の楽しさは、三月に始まり八月、九月まで続くところの、活気のある若い季節にあることを知るであろう。その時季には、草や葉や花や実や穀物や酒になるブドウの楽しみがあるのだ。

　しかしその後は、三月がふたたび回って来るまで、霜と雪と風と雨の季節に変わる。冬は夏を忘れる。緑の葉

は朽ち果て、大地は夏の晴れ着を剥ぎ取られて丸裸となり、かつての熱気は冷める。☆32

しかしこの例においては、各月への言及はあるものの、実際には夏と冬の単純な二項対立に帰着している。人生の比喩としては、一二カ月は四季に続いて自然かもしれないが、一二カ月すべてに個別に対応させて人間の成長と老いを跡づけ、具体的なアナロジーを展開することは容易ではない。人生を一二カ月になぞらえたテクストが他の区分に基づいたテクストと比べて数が少ないのは、おそらくこの厳密な対応のむずかしさに起因しているだろう。「人生の一二時期」のテクストは、時禱書に登場するものも含めるといくつかのバージョンで現存するが、実はそれらは全て、一四世紀にフランス語で書かれた一編の詩に基づいているのである。☆33この詩は、一世代を六年ととらえて人間の寿命を七二年と計算し、各世代を各月と比較している。バージョン毎に多少の違いはあるが、標準的な流れは以下のようである。一月は生気もなく、なにも育たないが、人も最初の六年は、無力でなにも生まず益も成さない。二月になると少し暖かくなり大地も蘇り始めるが、人も次の六年間で少しは自分を知るようになる。三月には大地を耕し、木を植えたりして人は働くが、同様にこの六年間で知識や技術を身につけ、さらに、善良で正直な人生を送ることができるように徳の樹を植えて育てねばならない。四月には花が咲き、木々は緑に包まれるが、人にも若さの花が咲き、美しさも増す。花はやがて実る果実の前触れなので、風で落ちぬように気をつけねばならないが、人も悪徳という風や冷気を避けねばならない。五月は鳥が昼も夜も歌い、太陽の日差しも強く、最も愉しい月で、月末には夏が近づいてくる。人も若く美しく、楽しみを求めて寝食を忘れて夜通し歌い踊り、体力も最も充実している。六月には太陽は最も高く昇り、暑く、日は一番長い。人も、体力、情熱、徳において他のどの世代よりも勝る。七月には日も短くなり始め、果実は熟し始める。人も青年期を終えて成熟期へと向かい、思慮分別を具えて、老年のために蓄えることを始める。八月は麦を刈り、農産物で家を満たし蓄えるときで、秋の始まりである。同様に、賢く賢明な人は富を得るために努力する。九月には葡萄や果実が摘みとられる。賢明な人は来たるべき冬のために蓄えるが、そのような人は終わりが近いことも知っているので、残された人生に必要なものを確保する。一〇月には麦も葡萄も果実もすべて蓄えられ、人は再び翌年のために種を蒔く。人も、それまでに得たもので満足し、神に仕え罪を悔い、摘んだ果実の種を死後の救済のために蒔くべきである。一一月になると日は短く木々は落葉し、冬が始まる。人も自分の老いを知り、美しさも体力も衰え、歯も抜ける。もはやこの世に希望はなく、死後の生に望みをつなぐ。一二月は寒さ厳しく、太陽は最も低く、労働はできず、秋に蓄えたものに頼るしかない。人も凍え、髪は白くなり、人生が終わりつつあることを知るとともに、自分の長い一生は若い時の節制の結果だと理解する。

以上のようにこの詩は、一生を一二の時期に分け、それぞれを季節の変化に対応させて各時期についての観察と教訓を提示しており、月によっては「月々の仕事」のモチーフも比喩として用いている。一二カ月を共通の枠組みとして用いることで、「人生の一二時期」と「月々の仕事」は、どちらも現世における人間の営為に秩序を与えるものとして部分的に重なりあう。一二時期に分けて提示される人生設計もまた、中世のコスモロジーの一部にほかならないのである。

ここで留意すべきは、「人生における諸時期」のモチーフには、こうした段階的成長を認める視点とは裏腹に、人間は人生のどの時期にいようとも死との距離は変わらないとして、死の絶対性とその認識に基づいた悔悛の逼迫性を強調するような、訓戒的視点が同時に存在しているという事実である。[☆34] ペトラルカの言う「死を遠くに認める」という誤りを正し、死の遍在性を再認識するために「人生における諸時期」を活用したテクストや図像も多い。[☆35] 一例を挙げると、一五世紀の英語の道徳劇、『叡智』では、悪魔が「何事にも時がある」（中世においては格言としても流通していた『コヘレトの言葉』三章一節からの引用）と述べて、若い主人公を放蕩へと誘惑する。しかし、悔悛を主題とするこの劇では、こうした考えは最終的に否定され、劇は速やかな悔悛をうながし死の絶対性を確認して終わる。[☆36] また、一六世紀のエンブレム・ブックのひとつ、ジャン＝ジャック・ボワサールの『人生の劇場』では、扉絵に四つの世代を死が等しく訪れる場面が描かれている[☆37]（図22）。この図の主題は、年齢、身分、職業に関係なくあらゆる人間のもとを「死」

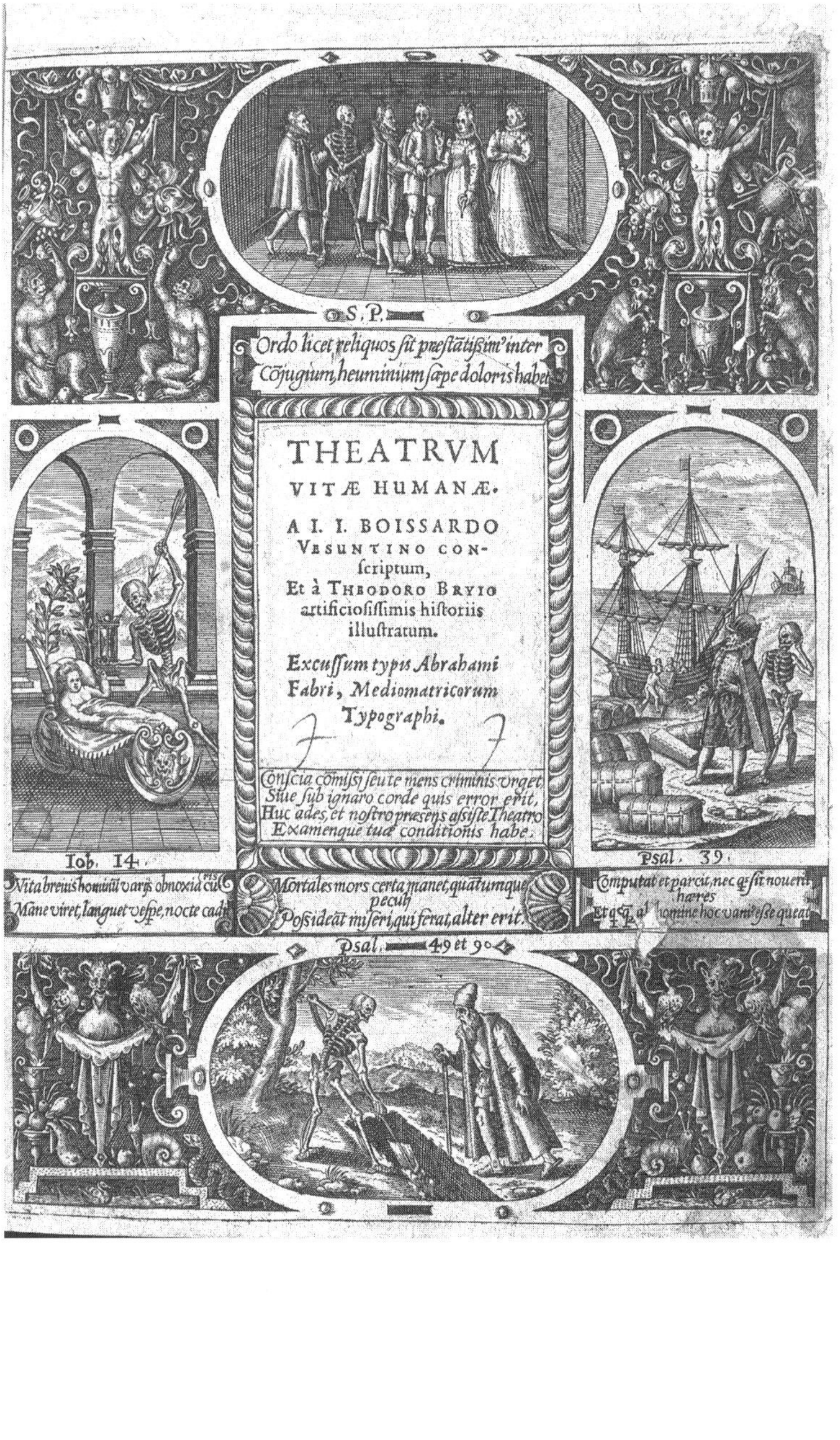

図22——ジャン＝ジャック・ボワサール『人生の劇場』メス　一五九六年　一ページ　慶應義塾図書館

が平等に訪れて連れていく「死の舞踏」にも通じると言えよう。このように「人生における諸時期」は、人間の自然な成長と老いに即して、世代差の現実的認識に基づいた教訓を提示する一方で、年齢とは無関係な死の絶対性の確認という宗教的な目的にも活用されるという二面性を有している。しかし、時禱書の暦に用いられる「人生の一二時期」にかぎって考えるならば、それは、死の絶対性の引き立て役ではなく、人間の一生を大宇宙に呼応させることで、現実的な指針を読者に与えようとする世俗的な視点に基づいている。

5　時禱書の暦と「人生の一二時期」

印刷本の時禱書の暦のセクションには、上述の「人生の一二時期」に関するフランス語の詩を要約して各月に四行ずつを割りあてた全四八行の詩が添えられていることがある。この詩はすでに一四九八年のシモン・ヴォートル印行の版に登場し、その後、英語にも訳されてイングランド向けに印刷されたセイラム（ソールズベリー）やヨーク式典礼の時禱書にも採用されている。この詩は原詩よりかなり短いため、常に人生と一二カ月のアナロジーが十分に表わされているとは言えない。とくに六月以降は、むしろ人生の諸時期でのあるべき姿を教訓的に示すことを優先している。六月では「生きているうちに自分の子供のために備えておきたければ、この時期に妻を求めねばならず」、七月には「四二歳になったときに賢さが身についていなければ、今後そうなる期待ももてない。七月には花もすべて萎れだすように、美も衰える」と語られる。八月には「来たるべき老年のために富を得る」べきで、もし九月になっても納屋が空ならばもう富を得ることは叶わない。一〇月には妻や子を養う十分な富が蓄えられているべきで、老いて病気になる一一月には魂のための善行を考えるべきである、という具合である。

一六世紀に入ると、この詩と挿絵を組みあわせた「人生の一二時期」のシリーズが、通常の「月々の仕事」に替わり、いくつかの版で時禱書の暦を飾るようになる。写本では、一五〇〇年頃にモントワゾンの領主フィリベール・ド・クレルモンのために制作された小型の時禱書をはじめ、一六世紀初頭の数点の時禱書に類例が見いだされる[☆38]（図23）。

Les six premiers ans q̃ vit lhōme au monde.
Nous comparons a Ianuier droictement.
Car en ce moys vertu ne force habonde.
Non plus que quant six ans ha vng enfant.
P

図23――〈人生の第一時期〉
『フィリベール・ド・クレルモンの時禱書』　フランス　一五〇〇年頃
ニューヨーク　ピアポント・モーガン図書館　MS M.813, fol. 2v; Sears, *The Ages of Man*, fig. 56

印刷本の時禱書では一五〇九年(パリ)の版を皮切りに、英訳の時禱書を含む数版で用いられており、各月の挿絵は以下のとおりである。☆39

一月　風車などの玩具で遊ぶ子供たち(図24)
二月　学校で学ぶ子供たち
三月　狩りをする若者たち
四月　恋人たちの散策(図25)
五月　恋人たちの遠乗り
六月　結婚式
七月　子供を連れた夫婦
八月　代金を受け取る地主
九月　犬に追われる物乞い(図26)
一〇月　子供たちと食事をする夫婦(図27)
一一月　病気の男と医者
一二月　臨終を迎えた男

このように時禱書の「人生の一二時期」の詩は、原詩と比べて世俗的な人生設計を簡潔かつ具体的に示す内容になっており、それは挿絵をともなうことで一層強調されていると言える。

印刷本の時禱書の暦のセクションにはほかにも、いずれも四行連詩の形式の、各月の食事法や健康法に関するラテン語詩、一二カ月と祝日に関するフランス語詩、各月の主要な祝祭日を覚えるためのフランス語あるいはラテン語の

IANVIER
Les six p̄miers ans q̄ vit lhōme au mōde
Nous cōparons a Januier droictement
Car en ce moys vertu ne force habonde
Nō plus que quāt six ans a vng enfant.

図24――〈一月（第一時期）〉『パリ式典礼の時禱書』（sig. A2v）
パリ　ヨランド・ボノム印行　一五二五年　慶應義塾図書館

図25——〈四月〉（第四時期）
『パリ式典礼の時禱書』（sig. A5v）
パリ　ヨランド・ボノム印行　一五二五年　慶應義塾図書館

図26——〈九月〈第九時期〉〉
『時禱書』零葉
パリ　ティルマン・ケルヴェール印行　一五二二年

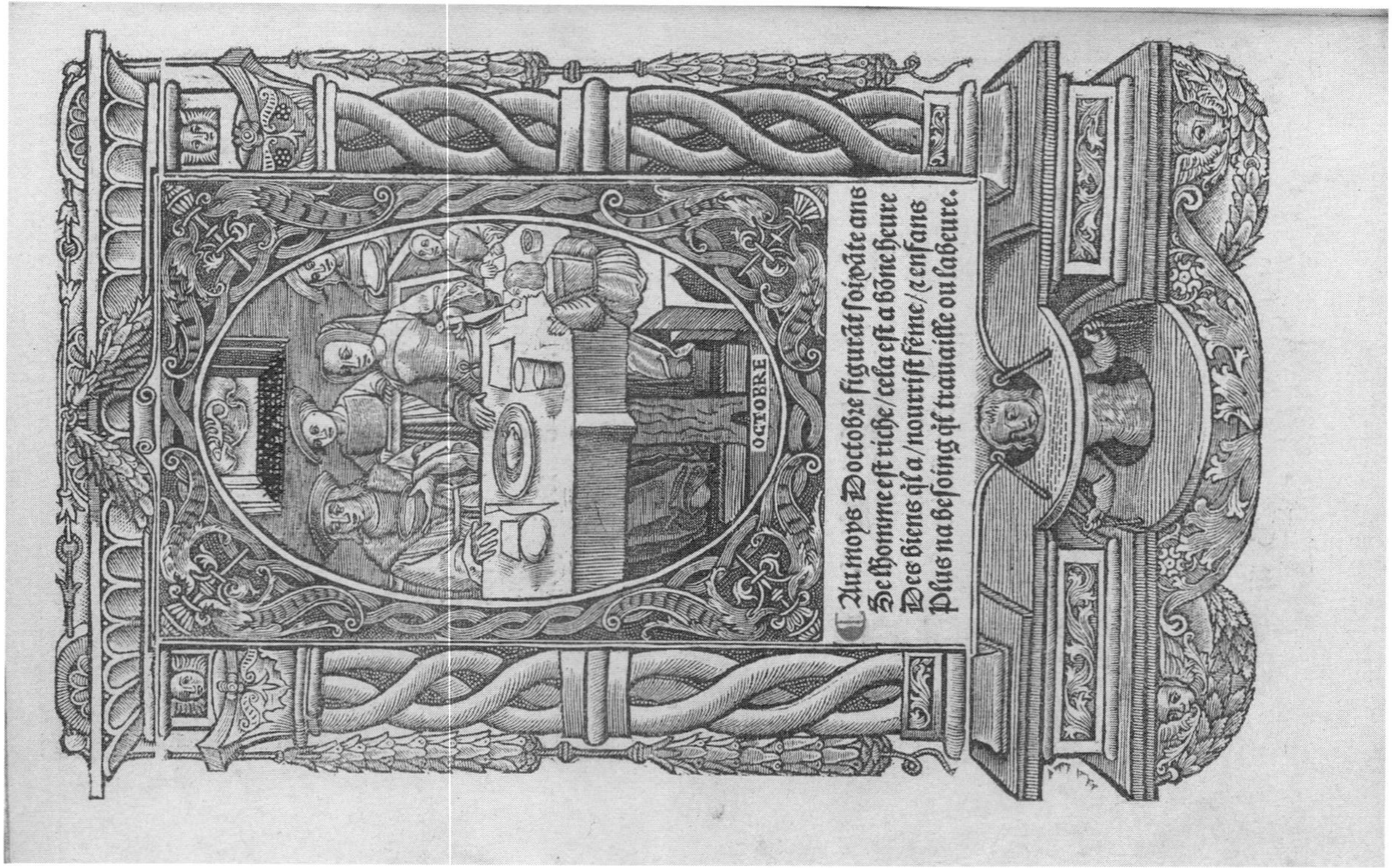

図27——〈一〇月（第一〇時期）〉
『パリ式典礼の時禱書』(sig. B3v)
パリ　ヨランド・ボノム印行　一五二五年　慶應義塾図書館

詩などのテクストが、月暦図（「月々の仕事」あるいは「人生の一二時期」）やボーダーの挿絵と同じページに印刷されている。これらの要素がすべての時禱書に均一に登場するわけではなく、その組みあわせにもばらつきはあるが、これらの追加テクストが月暦図とともに複数含まれている点が、印刷本の時禱書の暦の特徴である。たとえば、先に述べた一四九八年のシモン・ヴォートルの版では、教会暦の下に、各月の健康法に関するラテン語詩と「人生の一二時期」のフランス語詩が印刷されている。二月を例にとると、以下のとおりである（図28）。

二月にはさまざまな隠れた原因から熱が生じる。もし慎重に暮らしたいなら、冷たい食べものと飲みものは避けること。放血は親指からのみすること。胸の病を治してくれる甘い蜂蜜を嘗めなさい。

続く六年間は二月に似ている。この月の終わりが春の始まりとなる。精神は開花して、学ぶ準備ができ、また、子供は一二歳になると魅力を増してくる（sig. a3v）。

これら二編の詩によって、実生活において必要な安定を得るための教訓が、それぞれ健康面と生活面から具体的に示されている。民間療法のような健康法は百科事典的著作に記されているだけでなく、『サレルノ式の健康規範』のような格言詩としても知られ、中世後期には広く流布していた。こうしたテクストの存在は、暦の性格を、写本の時禱書のそれと比較してより世俗的で実践的なものへと変えているが、信仰が疎かにされているわけではない。精神的な健康は教会暦に即した日々の祈禱によって得られると考えられ、そのための教会暦は、テクストを囲む周縁部にその月の聖人の挿絵が印刷されることで視覚的に拡充されている。二月の暦のページ下部には「月々の仕事」の月暦図が印刷されているが、それに加えて、外側のボーダーには聖母子像（二月二日のマリアの御清めの祝日）と聖アガタの殉教（二月五日）の木版画が登場し、祝日を視覚化している。また、一五〇八年頃にフィリップ・ピグーシェが印行

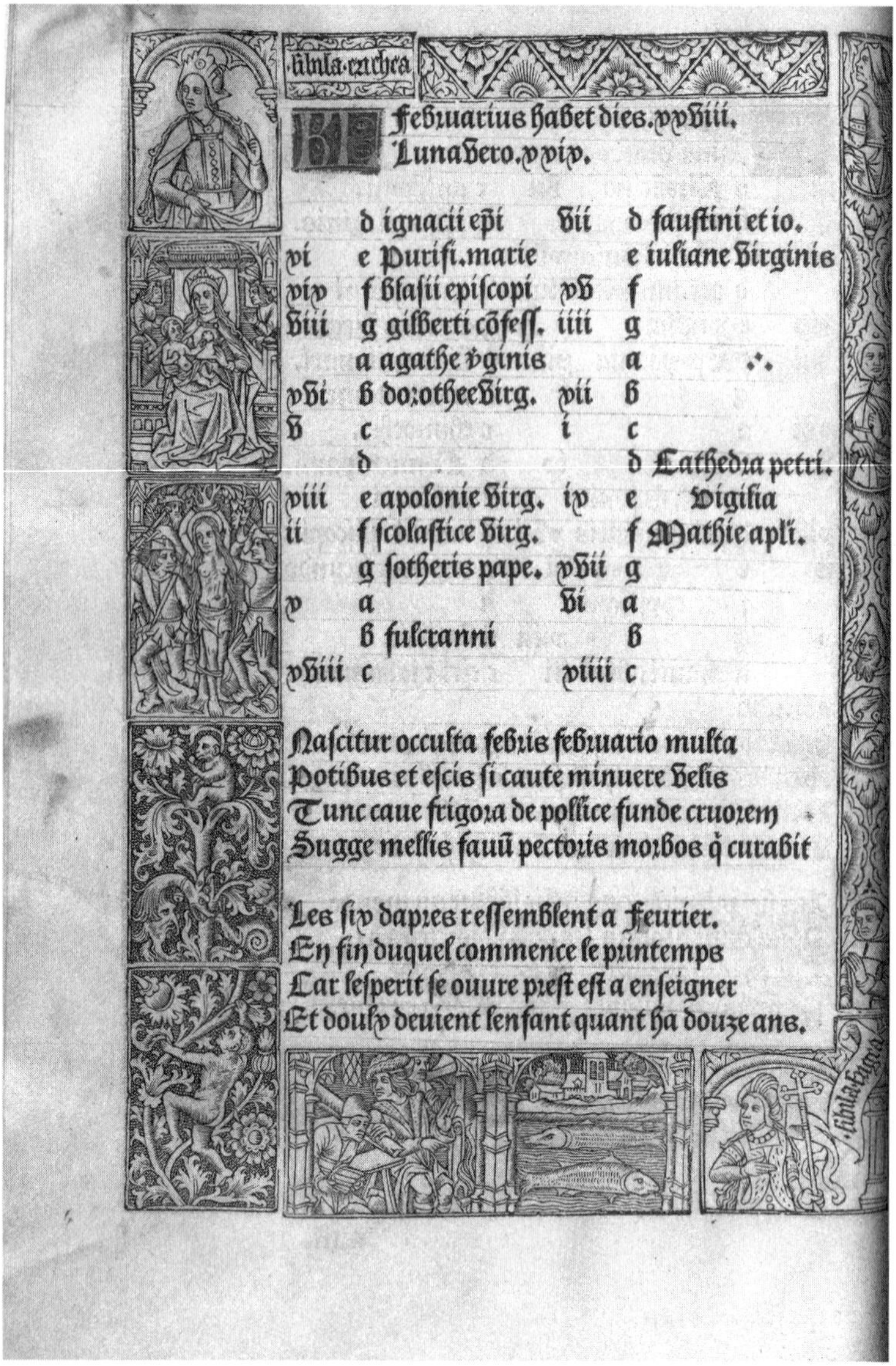
sibila erichea

KL Februarius habet dies. xxviii.
Luna vero. xxix.

	d	ignacii epi	vii	d	faustini et io.
vi	e	Purifi. marie		e	iuliane virginis
xix	f	blasii episcopi	xv	f	
viii	g	gilberti cõfess.	iiii	g	
	a	agathe v̄ginis		a	
xvi	b	dorothee virg.	xii	b	
v	c		i	c	
	d			d	Cathedra petri.
xiii	e	apolonie virg.	ix	e	Vigilia
ii	f	scolastice virg.		f	Mathie apl'i.
	g	sotheris pape.	xvii	g	
x	a		vi	a	
	b	fulcranni		b	
xviii	c		xiiii	c	

Nascitur occulta febris februario multa
Potibus et escis si caute minuere velis
Tunc caue frigora de pollice funde cruorem
Sugge mellis fauũ pectoris morbos q̃ curabit

Les six dapres ressemblent a Feurier.
En fin duquel commence le printemps
Car lesperit se ouure prest est a enseigner
Et doulx deuient lenfant quant ha douze ans.

sibila frigia

図28——〈二月の暦〉『ローマ式典礼の時禱書』(sig. A3v)　パリ　シモン・ヴォートル印行　一四九八年

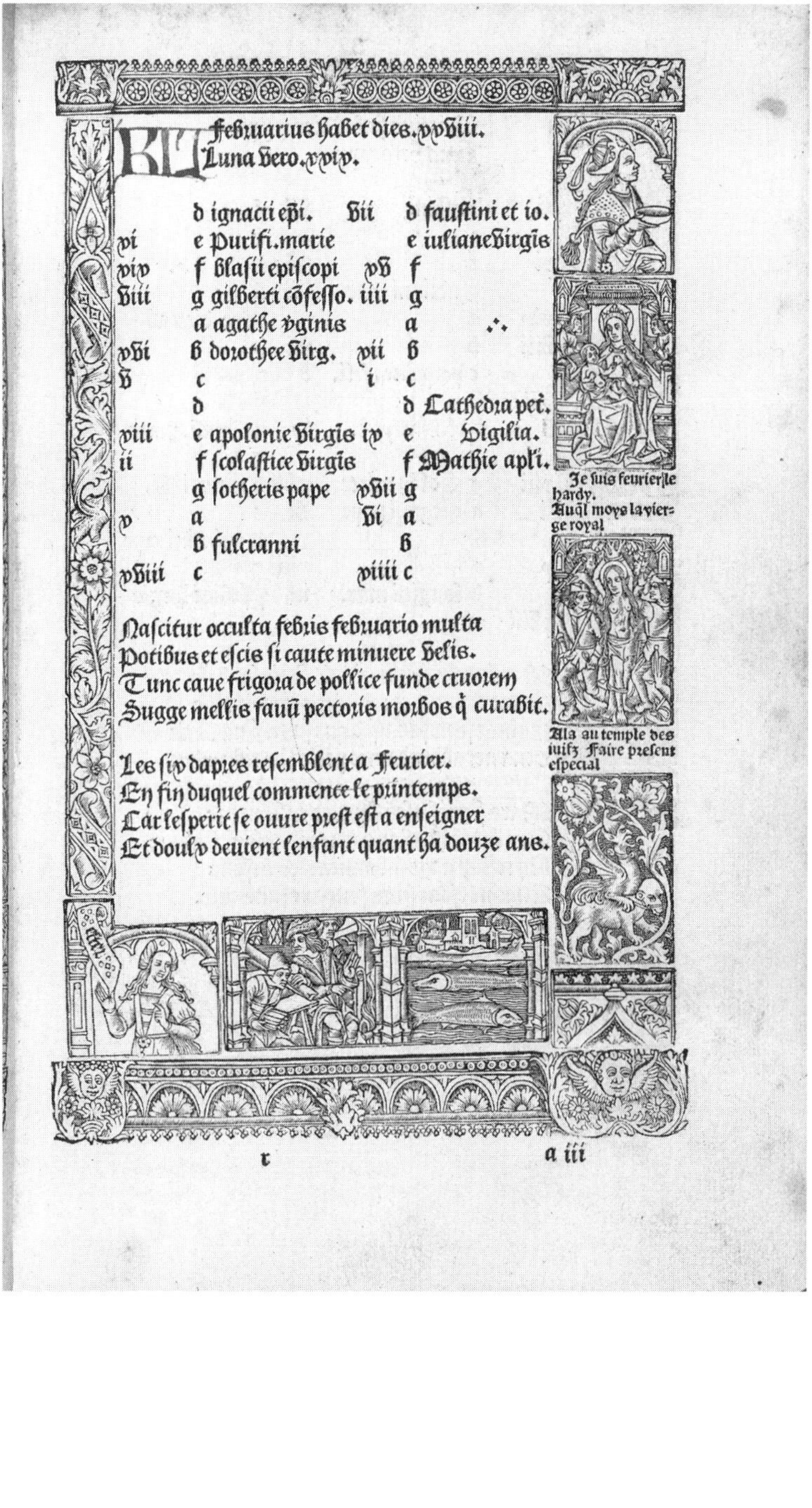
KL Februarius habet dies.xxviii.
Luna vero.xxix.

	d	ignacii epi.	vii	d	faustini et io.
xi	e	Purifi.marie		e	iulianevirgis
xix	f	blasii episcopi	xv	f	
viii	g	gilberti cõfesso.	iiii	g	
	a	agathe vginis		a	
xvi	b	dorothee virg.	xii	b	
v	c		i	c	
	d			d	Cathedra pet.
xiii	e	apolonie virgis	ix	e	Vigilia.
ii	f	scolastice virgis		f	Mathie apl'i.
	g	sotheris pape	xvii	g	
x	a		vi	a	
	b	fulcranni		b	
xviii	c		xiiii	c	

Nascitur occulta febris februario multa
Potibus et escis si caute minuere velis.
Tunc caue frigora de pollice funde cruorem
Sugge mellis fauũ pectoris morbos q̃ curabit.

Les six dapres resemblent a Feurier.
En fin duquel commence le printemps.
Car lesperit se ouure prest est a enseigner
Et doulx deuient lenfant quant ha douze ans.

Je suis feurier le hardy.
Auql moys la vierge royal
Ala au temple des iuifz Faire present especial

r　a iii

図29——〈二月の暦〉『聖母マリアの時禱書』(sig. a3r)
パリ　シモン・ヴォートル印行　一五〇八年頃

した版では、ボーダーの同じ図像の木版画の中間に「私は剛胆な二月。この月に、女王たる聖母はユダヤ人の寺院にいって特別な贈りものをします」と記されている（図29）。このテクストは、一二カ月と祝日に関するフランス語の詩からの抜粋で、「マリアの御清めの祝日」は同時に「神殿奉献」の祝日でもあるため、それは暦のテクストとボーダーの聖母子像の両方に言及していると言える。この詩は一二カ月に言及することで、教会暦と一年の季節のサイクルとの結びつきを強調している。印刷本の暦は、世俗的な詩行と挿絵の併用によって一二カ月のアナロジーを拡張することで、宇宙、自然、典礼、人生、そして肉体が同心円的にひとつの世界を構成する中世的コスモロジーを体現しているのである。

一五二五年にヨランド・ボノムが印行した版は、「月々の仕事」のかわりに「人生の一二時期」の挿絵を用いている。[☆40]二月の挿絵には、鞭をもった教師が本を持って椅子に座り、指名された生徒がその前に立って本を読みあげている場面と、出来の悪い生徒が鞭打たれる場面が描かれ、その下には「人生の一二時期」の四行詩が記されている（図30）。次ページに暦が印刷されているが、ボーダーには聖人像ではなく装飾模様が使用されているため、祝日と対応する挿絵は存在しない。二月の暦の一行目にはラテン語で「私は薪を燃やす」と記されているが、これは「月々の仕事」の室内で暖をとる場面への言及である。同様の言及はすべての月の暦に見られ、それには、「月々の仕事」のかわりに「人生の一二時期」が用いられたことで描かれなかった伝統的モチーフを言葉で補う目的があると考えられる。暦の後ろには二月の健康上の注意を記したラテン語の詩が続く。さらに興味深い点は、二月の聖人の祝日を織りこんだフランス語の詩の存在で、これは祝日を記憶するための実用的なナンセンス詩である。[☆41]この詩では音節数が日にちに対応している。たとえば、聖アガタの祝日は二月五日なので、アガタは第五音節に登場する。「アガタは燭台から飲んだ。でもとても強い葡萄酒が彼らを動かした。あなたのそばにいる人も、ペテロもマタイも」とかろうじて文章にはなっているが、内容にはもちろん意味はない。[☆42]こうした詩の存在は、暦部分の実用性を高めるとともに、実践的な処世訓をふくむ幅広い教訓性が暦の役割であることを示唆している。その関心は、次章で検討する「羊飼いの暦」のような「暦

図 30———〈二月の暦〉
『パリ式典礼の時禱書』(sig. A3v-A4r)
パリ　ヨランド・ボノム印行　1525 年　慶應義塾図書館
図 31———「死者の聖務日課」の冒頭に置かれた〈三人の生者と三人の死者〉の見開きの挿絵
『パリ式典礼の時禱書』(sig. k3v-k4r)
パリ　ヨランド・ボノム印行　1525 年　慶應義塾図書館

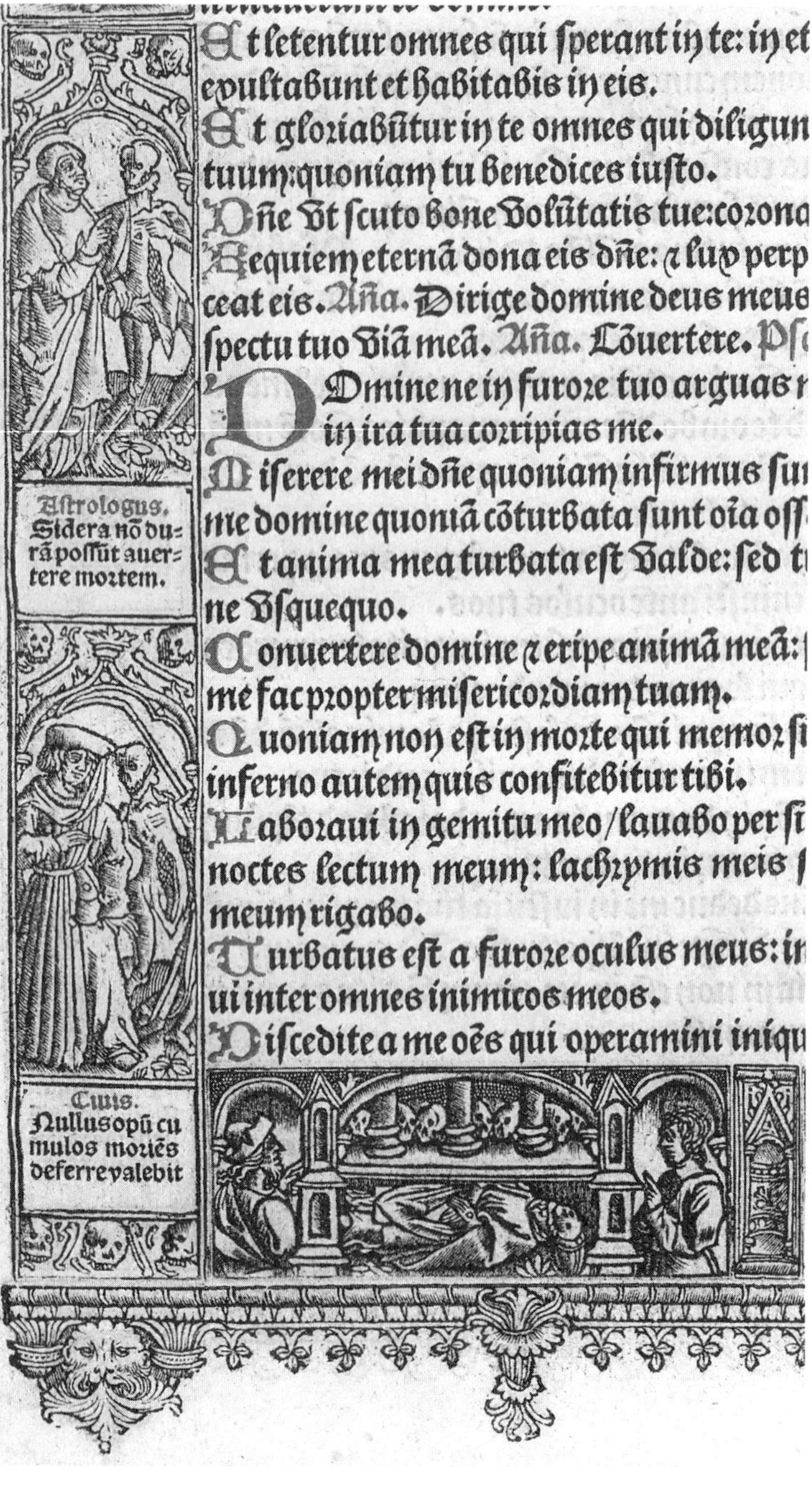
Et letentur omnes qui sperant in te: in et
exultabunt et habitabis in eis.
Et gloriabuntur in te omnes qui diligun
tuum: quoniam tu benedices iusto.
Dñe ut scuto bone voluntatis tue: corona
Requiem eternã dona eis dñe: & lux perp
ceat eis. Aña. Dirige domine deus meus
spectu tuo viã meã. Aña. Cõuertere. Ps
Domine ne in furore tuo arguas m
in ira tua corripias me.
Miserere mei dñe quoniam infirmus su
me domine quoniã cõturbata sunt oia oss
Et anima mea turbata est valde: sed t
ne usquequo.
Conuertere domine & eripe animã meã:
me fac propter misericordiam tuam.
Quoniam non est in morte qui memor si
inferno autem quis confitebitur tibi.
Laboraui in gemitu meo/lauabo per si
noctes lectum meum: lachrymis meis
meum rigabo.
Turbatus est a furore oculus meus: in
ui inter omnes inimicos meos.
Discedite a me oẽs qui operamini iniqu

Astrologus.
Sidera nõ durã possũt auertere mortem.
Ciuis.
Nullus opũ cũ mulos moriẽs deferre valebit

図32――「死者の聖務日課」のボーダー装飾
〈占星術師と「死」〉、〈市民と「死」〉、〈納骨堂〉
『パリ式典礼の時禱書』(sig. k7v) パリ　ヨランド・ボノム印行　一五二五年　慶應義塾図書館

MALEDICTIO.

Maledicta Terra in opere tuo, in laboribus comedes cunctis diebus uitæ tuæ, donec reuertaris, &c.

GEN. III.

Sit maledicta tuo sterilis pro crimine Tellus,
Vita tibi multi plena laboris erit:
Donec in exigua te Mors tellure reponet,
Quod fueras primùm, tum quoq; puluis eris.

Væ, væ, væ habitantibus in terra.

APOC. VIII.

Cuncta, in quibus spiraculũ vitæ est, mortua sunt. GEN. VII.

Væ nimium uobis, misero qui uiuitis orbe,
Tempora uos multo plena dolore manent:
Quantumcunq; boni uobis fortuna ministret,
Pallida Mors ueniens omnibus hospes erit.

A 5

図33——『死の像』（sig. A4v-A5r）ケルン 一五五五年

書」の暦に共通するところがあると言えよう。

こうした幅広い教訓性は、この一五二五年版全体を通底する特色である。全編を通じて、平均以上の数の聖母マリアとキリストの生涯を描いた全ページ大の挿絵が挿入されており、さらに通常の時禱書の場合と異なり、それぞれにその場面を解説するフランス語の四行詩が付されている。挿絵だけを順にたどることで、一連の絵物語として本書を読むことも可能であろう。また、「人生の一二時期」以外にも教訓的な内容の挿絵も多い。とくに「死者の聖務日課」のセクションには、「三人の生者と三人の死者」(図31)、「アダムとイヴの楽園追放」、「臨終の床」など、死と無常に関連する挿絵が数多く挿入されており、ボーダーは「死の舞踏」シリーズで飾られている(図32)。木版画とフランス語の四行詩の組みあわせは、ハンス・ホルバイン(子)の原画に基づいた四一点の木版画からなる『死の舞踏』(正確なタイトルは『巧みに構想され、優雅に描かれた「死」の像と物語』リヨン、一五三八年)を彷彿とさせ、本書とのあいだにはジャンル的な類似性が認められる。[☆43]ホルバインの『死の舞踏』はコピーされて、ときにエラスムスの『死に対する準備』のような、同じ主題を扱ったラテン語のテクストと一緒に綴じられて、一六世紀に複数の出版業者からいくつもの版で刊行された[☆44](図33)。また、この時禱書にはフランス語の追加テクストの数も多く、「慈悲の聖母への祈禱」、「聖母の一五の喜び」などの祈禱文、「十戒」、「執り成しの祈り」などが巻末に収められている。この版は、もはや典礼書というよりも、俗信徒の魂と肉体両方の必要に対応するべく編まれた教訓的祈禱書であり、絵物語集としての性格も併せもっていると言っても過言ではないだろう。印刷本の時禱書は、典礼テクストを囲むさまざまな主題の挿絵と準典礼的あるいは世俗的な追加テクストの存在によって、広汎な教訓性を備えた挿絵入り本として展開していったのである。

第三章 「羊飼いの暦」と中世的宇宙

1 羊飼いの知恵と心身の「健康」

印刷本の時禱書が次々と版を重ねた一五世紀末から一六世紀にかけて、やはりフランス語版と英語版の両方で次々と版を重ねた出版物に「羊飼いの暦」と称されるものが存在する。「羊飼いの暦」は、一言で言うならば実用書と道徳書を兼ね具えたミセラニーで、その内容は、韻文や散文で書かれた八〇あまりのさまざまなテクストで構成され、木版画の挿絵が随所に添えられた挿絵入り本である。木版画には、テクストを例証するための図表や挿絵のほかに、テクストとの関連が薄い装飾用途のものも存在するが、しばしば同じ版木を使い回しながら、大半のページになんらかの図版が挿入されている。「羊飼いの暦」の初版は、一四九一年にパリでギュイヨ・マルシャンにより『羊飼いの暦と暦法』(*Le Compost et Kalendrier des bergiers*) としてフランス語で刊行され、一四九三年、一四九七年、一四九九年、一五〇〇年と矢継ぎ早に版を重ねた。[☆1] マルシャンは詩文と版画を組みあわせた『死の舞踏』も出版し、こちらも七版を重ねており、この二点の挿絵入り本が一五世紀末に人気を博していたことが推察される。しかし、マルシャンは本来はコレージュ・ド・ナヴァールの学内に店を構えて、大学との緊密な関係のなかで人文主義者や神学者がラテン語で書いた論文などを専門に出版していたため、これらはマルシャンの出版物の中では異色であったと言えよう。[☆2] 刊行された『羊飼いの暦』の大部分はブルジョア階級が『死の舞踏』とあわせて所有しており、しかもその三分の一ほどは貴族の手元にあったことがわかっている。[☆3] 紙に印刷した通常の版のほかに、羊皮紙（ヴェラム）に印刷し手彩色をほどこしたものも現存している（図1・2）。

『羊飼いの暦』は『死の舞踏』とともに世俗的かつ教訓的な挿絵入り本として、当時の知的な読者層の間で人気を博していた。しかし、以下で検討するように、実際の読者層とは裏腹に、その内容はラテン語の読解力や古典や神学の素養を必要とするものではない。むしろ、羊飼いが伝統的に受け継いできた生活の知恵を披露するという枠組みのもとで、アカデミックな知とは無縁な生活の知恵者によって、広範な読者層を念頭に置いて編まれた書物というスタンスが一貫している。一六世紀になると、「羊飼いの暦」はパリのみならずジュネーヴ、リヨン、ルーアン、トロワなどのフランス語圏の諸都市で次々と四〇近くの版を重ね、また、一五〇三年にパリのアントワーヌ・ヴェラールが英訳を出版すると、その人気は大陸を越えてイギリスにもおよび、一五〇六年のリチャード・ピンソンの版を皮切りにして、一七世紀前半までにイングランドの複数の出版人によって二〇点近くの版が刊行された。[☆4] その事実からして「羊飼いの暦」は、印刷本の時禱書の諸版とともに、まちがいなく一六世紀の英仏両国でもっとも広く流通した書物のひとつであったと言えるだろう。また、それぞれ一版のみだが、一六世紀にはドイツ語版とイタリア語版も刊行されている。しかし皮肉なことに、概して初歩的な内容の実用書であったために、さほど大切に扱われることもなかったようで、今では版を問わず現存している部数はきわめて少ない稀覯書になってしまっている。

ベストセラーとなった「羊飼いの暦」がどのような性格の書物かについては、冒頭の「羊飼いによる序文」に詳しく説明されている。

学もなく聖書も知らず、生まれつきの知恵と理解力しかもっていない、野で羊の世話をしている羊飼いはこう言う。生死は我らが主の御意志のままであるが、しかし、人は自然の法則に従って七二年かそれ以上生きる。……それ以前に死ぬ者は、しばしば体質や気質に対して危害や屈辱が加えられたためで、一方、それより長生きする者は良き節制と健康法に従って生きたからである。生死に関して羊飼いは、この世で最も欲することは長く生きることで、一方、最も恐れることは早く死ぬことであると言う。ゆえに彼は理解を深め、長く、用心深く、そして楽しく生きるために必要なことは何かを知り、それを実践することに専心した。この羊飼いの暦と暦法はそのことを教えてくれる。さらにまた、長生きをしたいという欲求は不死の魂から発するものなので、それは生前のみならず死後にもあてはまる。魂は死なないので、魂にとって長く生きたいという欲求は、それが満たされなければ終わりなき苦しみにほかならない。なぜなら、肉体の死後生き長らえない者は長生きを手に入れることはできず、それが満たされないために、終わりなき苦しみのなかにとどまることとなる。羊飼いは、死後も生きるために知るべきこと、為すべきことについて、こう結論する。この世の生しか生きぬ者は、たとえ一〇〇年以上生きても長く生きたことにはならない。長生きとは、この世での生の終わりが永遠の生の始まりとなるように生きることである。人は後の世で栄光に満ちた永遠の生を得るために、この世で善く生きるように努めねばならない。終わりなき生を得て、このことで完璧となるとき、人は決して死なず生き続けるからである。長生きしたいという欲求は、他のことではなくこのことによって満たされるからである[☆5]（sig. *A2r-A2v*）。

このように、「羊飼いの暦」の目的は、一言でいうならば長生きのための健康法を教えることであるが、しかしそれは肉体にのみかかわる事柄ではない。その基盤には、人間は不死の魂と死すべき肉体から成り、両者の健康は不可分な関係にある、という中世特有の考え方が存在する。本当の長生きとは、肉体の死後に不死の魂が天国で得る永遠の生にほかならず、この世で為すべきは、「この世での生の終わりが永遠の生の始まりとなるように」心がけて、来たるべき天国の大いなる遺産を失わぬように真面目に節制して（sobrement）生きることなのである。節制は肉体の問題だけではない。中世において信仰と健康は密接に結びついており、中世の施療院では、ミサは「聖なる薬」として治療において重要な位置を占めていた[☆6]。また、魂を治療する「医師キリスト」といった医療のメタファーは、宗教文

Cy parle le bergier par vng prologue cõtenant
la diuision de son compost et kalendrier.

On peult aussi sauoir et cõgnoistre par les xii moys de lan
et par quatre saisons qui sont. Printemps Este Autom
yuers. que lomme doit viure naturelement lxxii ans ou
plus. Nous bergiers disons que leaige de lomme lxxii
ans est comme vng an seul. cõprenant tousiours six ans
pour chascun moys de lan. Et comme lan se change en
xii manieres diuerses par les xii moys. ainsi lomme en son eaige se change
pareillement de six ans en six ans iusques a xii foys qui font iustemẽt lxxii
ans que lõme peult viure par cours de nature. Qui veult ce cõgnoistre
par les quatre saisons doit sauoir que leaige de lõme tout est diuise par qua
tre parties. lesquelles sont Jeunesse. force. saigesse. Viellesse. et sont chascũe de
xviii ans qui tous ensembles font lxxii et se raportent aux quatre saisons
de lan par leurs conuenances et similitudes. cestassauoir ieunesse plaisãte au
printemps gracieux. force vigoreuse a este chaleureux. saigesse prouffitable
a autom de biens plantureux. Viellesse debile a yuers froidureux. Ainsi soit

図1——『羊飼いの暦』(sig. A3r)
パリ ギュイヨ・マルシャン印行 一四九三年 ヴェラム印刷
パリ 国立図書館

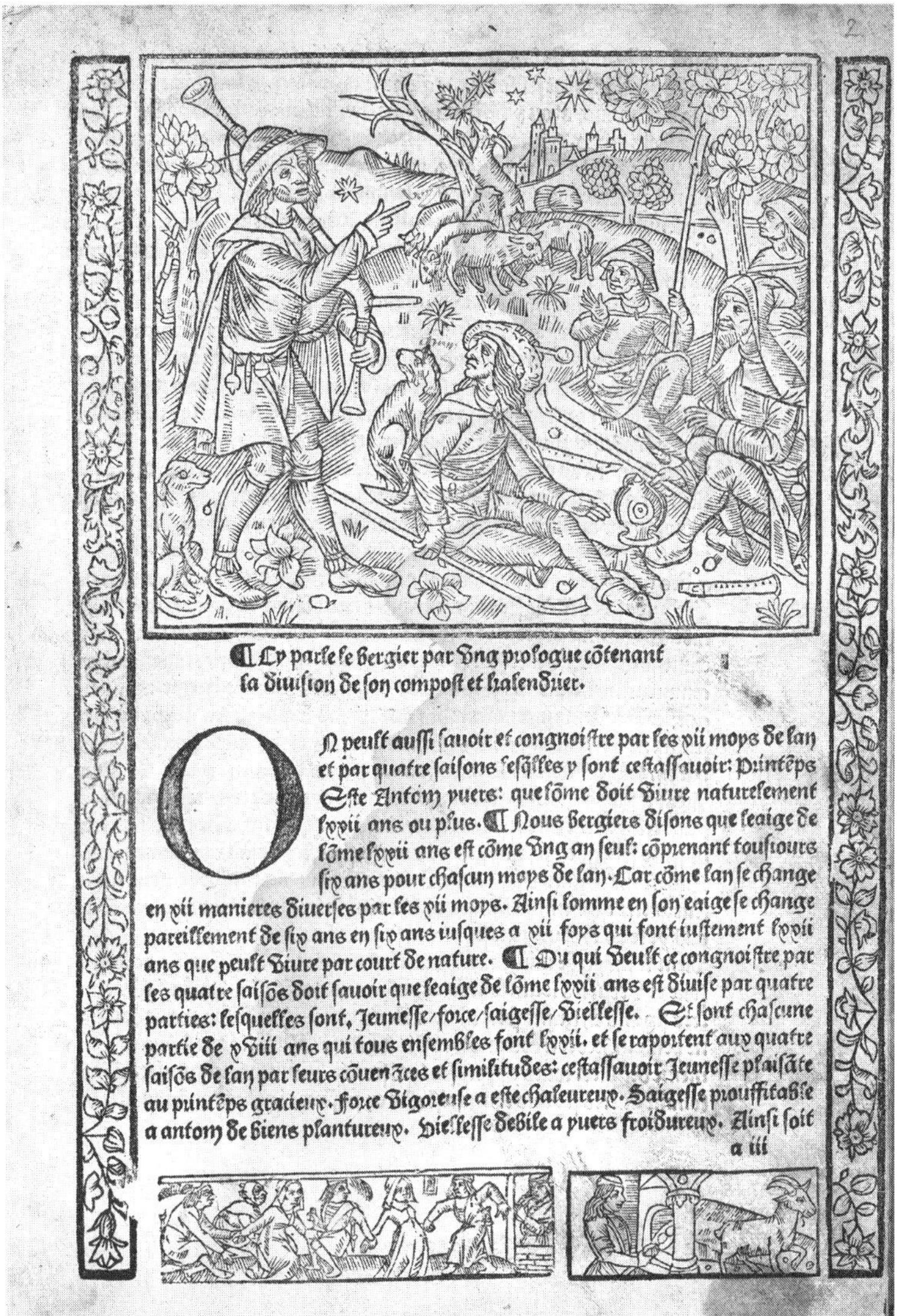
Cy parle le bergier par vng prologue cōtenant la diuision de son compost et kalendrier.

On peult aussi sauoir et congnoistre par les xii moys de lan et par quatre saisons lesquelles y sont cestassauoir: Printēps Este Antom yuers: que lōme doit viure naturelement lxxii ans ou plus. Nous bergiers disons que leaige de lōme lxxii ans est cōme vng an seul: cōprenant tousiours six ans pour chascun moys de lan. Car cōme lan se change en xii manieres diuerses par les xii moys. Ainsi lomme en son eaige se change pareillement de six ans en six ans iusques a xii foys qui font iustement lxxii ans que peult viure par court de nature. Ou qui veult ce congnoistre par les quatre saisōs doit sauoir que leaige de lōme lxxii ans est diuise par quatre parties: lesquelles sont, Jeunesse/force/saigesse/vielesse. Et sont chascune partie de xviii ans qui tous ensembles font lxxii. et se raportent aux quatre saisōs de lan par leurs cōuenāces et similitudes: cestassauoir Jeunesse plaisāte au printēps gracieux. Force vigoreuse a este chaleureux. Saigesse prouffitable a antom de biens plantureux. Viellesse debile a yuers froidureux. Ainsi soit

a iii

図2——『羊飼いの暦』(sig. a3r)　パリ　ギュイヨ・マルシャン印行　一四九七年

学では頻繁に登場する。そのための心身両面の長生きの術を教えるのが「羊飼いの暦」の目的であり、それにはまず、小宇宙である人間の一生が、季節の変化や天体の運行といった大宇宙の動きと連動していることを知る必要がある。この点は続く第二序文――「暦と暦法における区分についての序文」――で詳しく述べられている。

　一年の一二カ月と四つの季節――春、夏、秋、冬――から、人間は自然の法則に従って七二年かそれ以上生きることがわかる。私たち羊飼いは、人間の一生の七二年は、六年が一カ月に対応する一年間に等しいと言う。一年が一二カ月によって一二回さまざまに変化するように、人間も一生の間に六年毎に一二回変化し、それはちょうど、人間があたりまえに生きることができる七二年となる。また、四つの季節に喩えるならば、人間の一生は若さ、勢力、賢明、老いの四つに分けられ、それぞれが一八年であわせて七二年となり、各々が一致と類似により四つの季節に対応する（sig. A3r）。

最初の序文にも登場した人生七二年という数字は、恐らく四〇歳に達しなかったと思われる中世人の平均寿命と比べるとかなり長いが、これは「人生の一二時期」のモチーフに基づく数字である。この一二カ月と人間の一生との対応は「羊飼いの暦」を通底する基本的枠組みである。序文では続いて、人生と四季および一二カ月との対応が示されるが、一二カ月との対応は、前章で扱った「人生の一二時期」のフランス語詩の内容を敷衍した散文によるパラフレーズで詳しく記されている。さらに、人間の一生は黄道十二宮の星座の運行の影響も受けると述べられる。

　羊飼いである私が言ったことにさらに加えて、長生きするか早死にするかは、人が自らを善く管理するかしないかということと天体の動きとが連動する結果による。なぜなら、星座は人が善悪をおこなうのに影響を与えるからである。もっとも、人は強制されるのではなく、自分の自由意志でしたいことをしたり、あるいはしたくないことをしなかったりできるのであるが。この天体の影響と人間の意志よりもうえに、好きなように善意で人の寿命を長らえさせたり、あるいは正義を行使して短くできる神の意志がある（sig. A4r）。

このように、一二区分に基づいた人生が一二カ月および黄道十二宮と照応関係にあるという原則が示されたあと、「羊飼いの暦と暦法」という標題の意味が説明される。

それゆえ、この暦と暦法は、私たち羊飼いがいかにして天体やその動きと効能について知るかを示している。そして、本書が暦法（compost）と称されるのは、本書がその本来の内容すべてに加えて、通常は扱われない新月の日・時間・分、日食と月食、日々の月の満ち欠けについて扱っているからである。さらに「羊飼いの」というのは、本書の大半がわれわれの「羊飼いの暦」からの抜粋で、学のない者でも理解しやすいからである（sig. A4v）。

ここで述べられている暦とは、時禱書の冒頭に登場するような聖人の祝日、主日数、移動祝祭日などを示した教会暦のことである。暦法とは、教会暦に加えて、一年を通じての日出と日没の時刻、新月と満月の時期、日蝕と月蝕の時期、瀉血にふさわしい時期などを割りだすための図表を備えた実用的科学書で、中世後期には「カレンダリウム」と称されて広く知られていた。一四世紀にカルメル会士のニコラス・オブ・リンやジョン・ソムナーが編纂した「カレンダリウム」は数多くの写本で流通していたし、[☆7]その後も、一五世紀ドイツの天文学者レギオモンターヌスの暦法や、グレゴリオ暦の基礎となる暦の改良を提案した数学者で天文学者のヨーハン・シュテフラーによる暦法が印刷されて版を重ねている[☆8]（図3）。また、この序文では、本書が「羊飼いの暦」からの抜粋であると記されているが、実際に本書の種本となった同種の原本が存在していたかどうかは確認されていない。この主張はむしろ、生活の知恵者

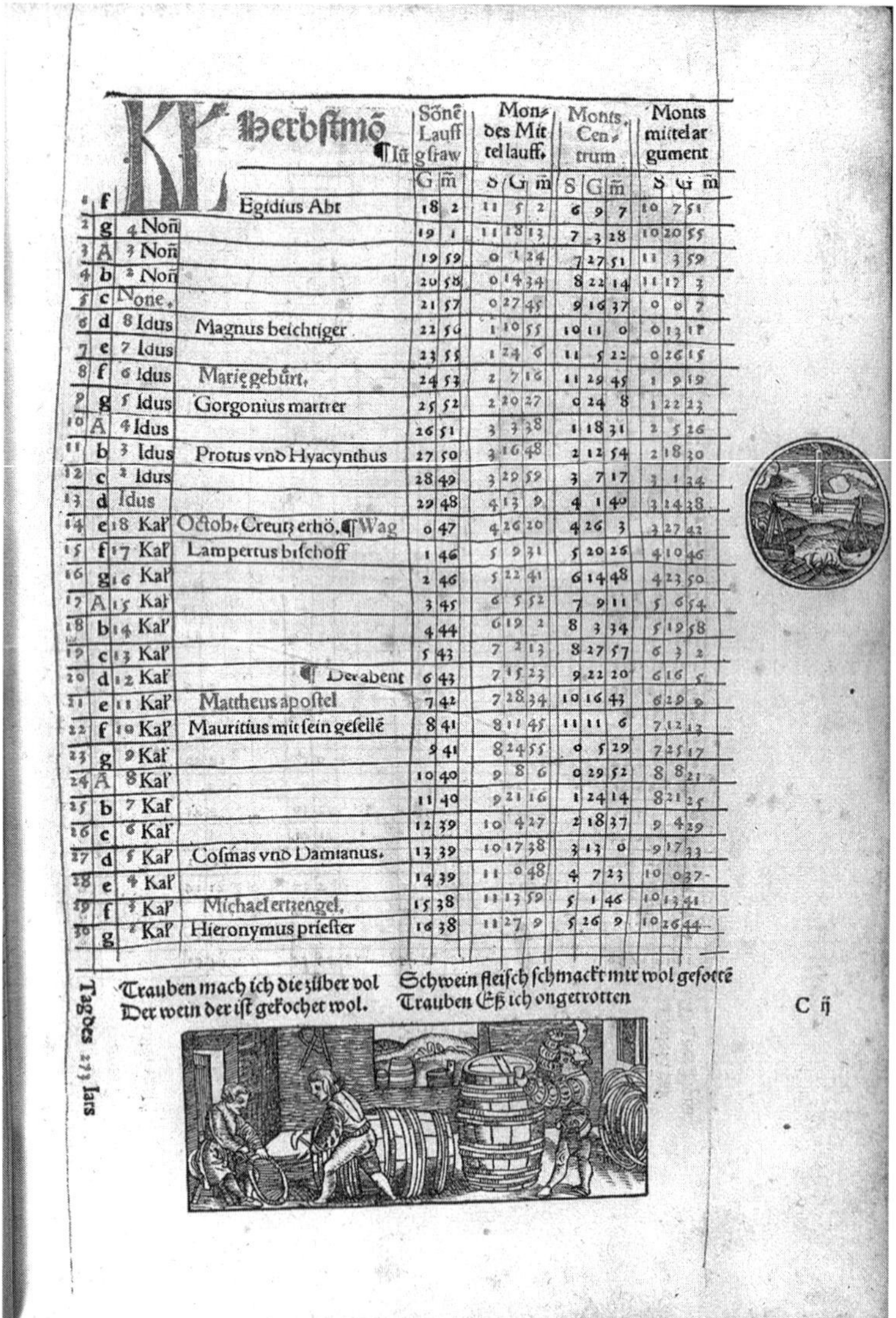

			KL Herbstmō ¶Iūg fraw	Sōnē Lauff		Mons des Mittel lauff.			Monts Centrum			Monts mittel argument		
				G	m̄	S	G	m̄	S	G	m̄	S	G	m̄
1	f		Egidius Abt	18	2	11	5	2	6	9	7	10	7	51
2	g	4 Nonī		19	1	11	18	13	7	3	28	10	20	55
3	A	3 Nonī		19	59	0	1	24	7	27	51	11	3	59
4	b	2 Nonī		20	58	0	14	34	8	22	14	11	17	3
5	c	None.		21	57	0	27	45	9	16	37	0	0	7
6	d	8 Idus	Magnus beichtiger	22	56	1	10	55	10	11	0	0	13	11
7	e	7 Idus		23	55	1	24	6	11	5	22	0	26	15
8	f	6 Idus	Marię gebūrt.	24	53	2	7	16	11	29	45	1	9	19
9	g	5 Idus	Gorgonius martrer	25	52	2	20	27	0	24	8	1	22	23
10	A	4 Idus		26	51	3	3	38	1	18	31	2	5	26
11	b	3 Idus	Protus vnd Hyacynthus	27	50	3	16	48	2	12	54	2	18	30
12	c	2 Idus		28	49	3	29	59	3	7	17	3	1	34
13	d	Idus		29	48	4	13	9	4	1	40	3	14	38
14	e	18 Kal'	Octob. Creutz erhö. ¶Wag	0	47	4	26	20	4	26	3	3	27	42
15	f	17 Kal'	Lampertus bischoff	1	46	5	9	31	5	20	26	4	10	46
16	g	16 Kal'		2	46	5	22	41	6	14	48	4	23	50
17	A	15 Kal'		3	45	6	5	52	7	9	11	5	6	54
18	b	14 Kal'		4	44	6	19	2	8	3	34	5	19	58
19	c	13 Kal'		5	43	7	2	13	8	27	57	6	3	2
20	d	12 Kal'	¶ Der abent	6	43	7	15	23	9	22	20	6	16	5
21	e	11 Kal'	Mattheus apostel	7	42	7	28	34	10	16	43	6	29	9
22	f	10 Kal'	Mauritius mit sein gesellē	8	41	8	11	45	11	11	6	7	12	13
23	g	9 Kal'		9	41	8	24	55	0	5	29	7	25	17
24	A	8 Kal'		10	40	9	8	6	0	29	52	8	8	21
25	b	7 Kal'		11	40	9	21	16	1	24	14	8	21	25
26	c	6 Kal'		12	39	10	4	27	2	18	37	9	4	29
27	d	5 Kal'	Cosmas vnd Damianus.	13	39	10	17	38	3	13	0	9	17	33
28	e	4 Kal'		14	39	11	0	48	4	7	23	10	0	37
29	f	3 Kal'	Michael ertzengel.	15	38	11	13	59	5	1	46	10	13	41
30	g	2 Kal'	Hieronymus priester	16	38	11	27	9	5	26	9	10	26	44

Trauben mach ich die züber vol
Der wein der ist gekochet wol.

Schwein fleisch schmackt mir wol gesottē
Trauben Eß ich ongetrotten

Tag des 273 Iars

C ij

図3——〈一〇月の暦—葡萄酒樽の手入れ〉
ヨーハン・シュテフラー『新ローマ暦』(sig. C2r)
オッペンハイム 一五一八〜二二年 慶應義塾図書館

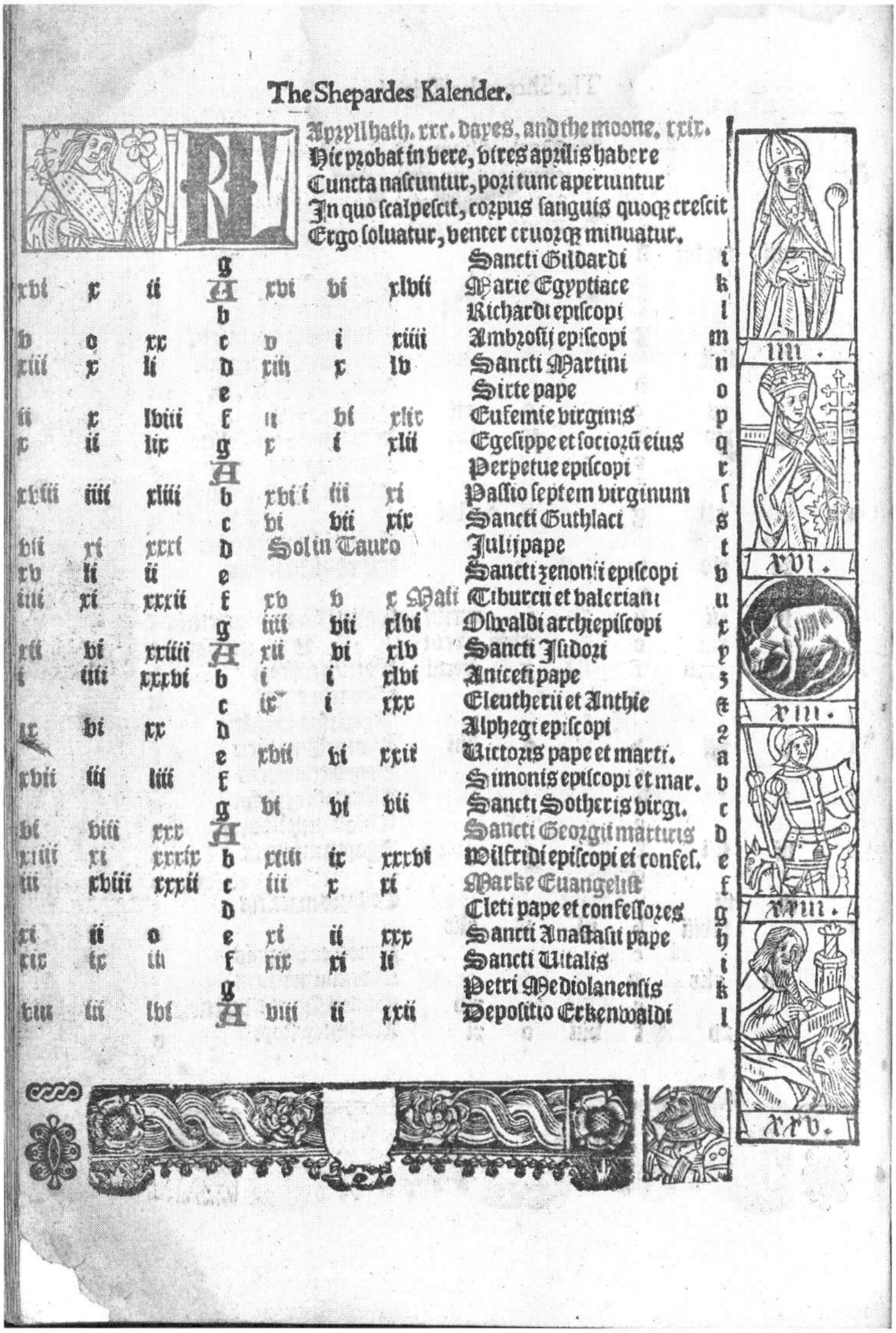

The Shepardes Kalender.

KL Aprill hath. xxx. dayes, and the moone. xxix.
Hic probat in vere, vires aprilis habere
Cuncta nascuntur, pori tunc aperiuntur
In quo scalpescit, corpus sanguis quoq; crescit
Ergo soluatur, venter cruorq; minuatur.

			g				Sancti Gildardi	i
xvi	x	ii	A	xvi	vi	xlvii	Marie Egyptiace	k
			b				Richardi episcopi	l
v	o	xx	c	v	i	xiiii	Ambrosii episcopi	m
xiii	x	li	d	xiii	x	lv	Sancti Martini	n
			e				Sixte pape	o
ii	x	lviii	f	ii	vi	xlix	Eufemie virginis	p
x	ii	lix	g	x	i	xlii	Egesippe et sociorū eius	q
			A				Perpetue episcopi	r
xviii	iiii	xliii	b	xvii	iii	xi	Passio septem virginum	ſ
			c	vi	vii	xix	Sancti Guthlaci	s
vii	xi	xxxi	d	Sol in Tauro			Julij pape	t
xv	li	ii	e				Sancti zenonis episcopi	v
iiii	xi	xxxii	f	xv	v	x Mali	Tiburcii et valeriani	u
			g	iiii	vii	xlvi	Oswaldi archiepiscopi	x
xii	vi	xxiiii	A	xii	vi	xlv	Sancti Isidori	y
i	iiii	xxxvi	b	i	i	xlvi	Aniceti pape	z
			c	ix	i	xxx	Eleutherii et Anthie	&
ix	vi	xx	d				Alphegi episcopi	ꝯ
			e	xvii	vi	xxix	Victoris pape et marti.	a
xvii	iii	liii	f				Simonis episcopi et mar.	b
			g	vi	vi	vii	Sancti Sotheris virgi.	c
vi	viii	xxx	A				Sancti Georgii martiris	d
xiiii	xi	xxxix	b	xiiii	ix	xxxvi	Wilfridi episcopi et confes.	e
iii	xviii	xxxii	c	iii	x	xi	Marke Euangelist	f
			d				Cleti pape et confessores	g
xi	ii	o	e	xi	ii	xxx	Sancti Anastasii pape	h
xix	ix	iii	f	xix	xi	li	Sancti Vitalis	i
			g				Petri Mediolanensis	k
viii	iii	lvi	A	viii	ii	xxii	Depositio Erkenwaldi	l

iiii.
xvi.
xiii.
xxiii.
xxv.

図4――〈四月の暦〉『羊飼いの暦（英語版）』（sig. B6v）ロンドン　ウィリアム・パウエル印行　一五五六年

としての羊飼いという伝統的イメージを反映したものであり、それはさかのぼれば、中世を経てウェルギリウス、テオクリトスにまでいたる牧歌の系譜に連なるものである。[☆9]そうした羊飼いが教える事柄は、天体の運行にとどまらず多岐にわたり、序文によると、それらは本書において五部に分けて扱われていることになる。

最初はわれらの暦と暦法の術である。第二は、悪徳の木と、それを犯した者がこうむる地獄の苦しみについてである。第三は人間の救済の道についてで、美徳の木と善人の拠りどころである知恵の塔についてである。第四は、われら羊飼いの健康法と（人の）健康状態についてである。そして第五は、この世の欺瞞を知り用心するためのわれらの占星術と人相学である（sig. A4v）。

「羊飼いの暦」はこの五部構成を基準としつつも、新版が刊行される度にテクストの追加や削除がおこなわれるため、完全に同一内容の版はひとつとしてない。以下、一四九三年の『羊飼いの暦と暦法』を基準として、適宜後の版における追加や変更に触れながら、この書物の内容を概観する。[☆10]

冒頭の暦のセクションは、中世の「カレンダリウム」と同様に、教会暦、月の満ち欠けを示した図表、黄金数や祝祭日の算出法を暗記するための詩などから構成される（図４）。各月の教会暦の冒頭には、「月々の仕事」を描いた木版の物語絵付きイニシャルと並んで、時禱書にも登場した「各月の食事法や健康法に関するラテン語の詩」が印刷されていて、それ以外にも、黄道十二宮に関する短い散文、十二宮と一二カ月が人体の成長や変化と連動することを示すラテン語詩（英語版では加えて英語による解説文）などの短いテクストが暦の前後に含まれている。これらのテクストは、十二宮、一二カ月、そして人体は同心円のように重なりあって対応していることを示し、暦に従って各月の正しい体調管理や食事法を守り、また星の運行を知ることで病気を予防し災難に備えることができると教えている。季節と十二宮の対応は、天文学と占星術を扱う第五部の基盤でもあり、車輪のダイアグラムで図示されている（図5）。

序文で述べられたように、「羊飼いの暦」では健康法は魂と肉体の両方にかかわる。魂を健康に保ち良き人生を送るには、キリスト教の基本的な教理や美徳と悪徳について知り、救済にいたる加護を神や聖母マリアに祈らねばならない。精神の健康法は、それぞれ「悪徳の木と地獄の苦しみ」と「救済の知識と美徳の庭」を扱う第二・第三部の主題である。本書で一番長いテクストである「悪徳の木」は、「七つの罪源」——傲慢、嫉妬、憤怒、怠惰、強欲、暴食、色欲——のそれぞれについてさらに細かく分類した樹形図である（図6）。たとえば、傲慢は全部で一七の枝に分かれるが、第一の枝は「自分自身への慢心」で、それはさらに「神の栄光ではなく快楽を求めること」、「賞賛を得んがために自分自身を卑下すること」の三つの小枝に分かれる。そしてさらにそれぞれが、より小さな三つの枝に分かれ、たとえば「偽善」は、「より良く見せるために言葉で偽ること」、「行動で良く見せるが、実際は違うこと」、「自分の善行に他人の賞賛を求めること」の三つとなる。細分化することで、カテキズムのひとつである「七つの罪源」についてその内容を具体的に示している。続く「ラザロの幻視」は、肉体から遊離した魂が地獄、煉獄、地上楽園などの死後世界を訪れ歩く「死後世界探訪譚」のひとつである。これは中世初期から一五世紀にいたるまで途切れることなく続いた中世文学の主要なナラティヴ・ジャンルで、一二世紀にラテン語で書かれた『トヌグダルスの幻視』や『聖パトリックの煉獄譚』がその代表例である。[☆11]「ラザロの幻視」では、「ディーヴェスと貧者（ラザロ）」（『ルカによる福音書』第一六章一九〜三一節）の逸話に基づいて、生者に警告を与えるために現世に戻ることを許されたラザロの口から、地獄の責め苦の様子が、「七つの罪源」のそれぞれに対応させて具体的に語られる。ここでマルシャンは、同時期に出版した『善く死ぬ術』に用いた木版画を再利用して個々の責め苦を描いている[☆12]（図7・8・9）。

第二部が悪徳とその結末を主題とする一方で、第三部は逆に罪への対処法を示す。このセクションは、「十戒」や「使徒信条」などのカテキズムの解説を中心に、現世の無常、死の到来、悪魔の誘惑、キリスト教社会の秩序など、関連する教訓的主題で構成される。視覚的要素としては、「知恵の塔」と称される美徳や善行を塔のかたちに分類して描

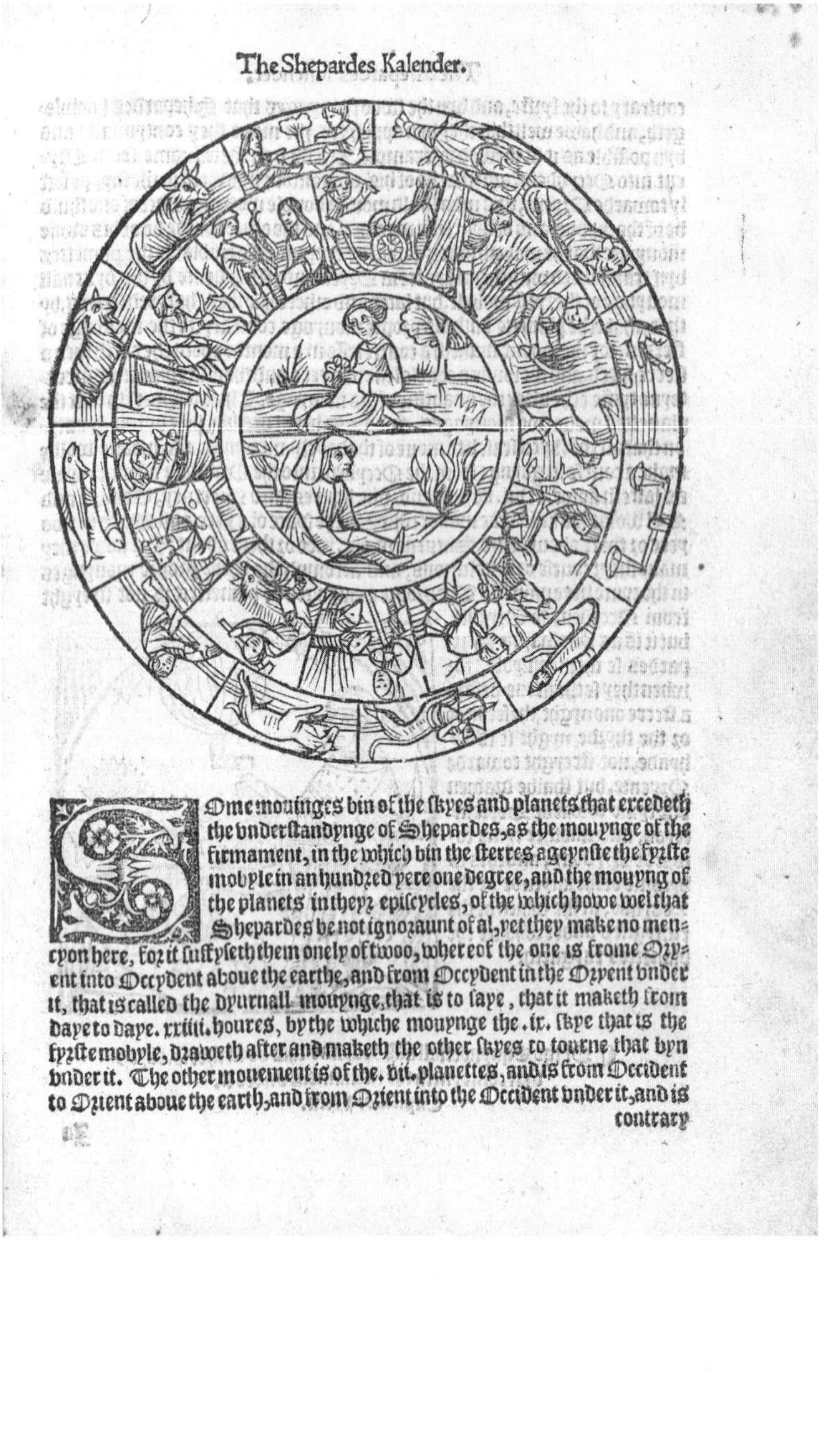
The Shepardes Kalender.

SOme mouinges bin of the skyes and planets that exceedeth the vnderstandynge of Shepardes, as the mouynge of the firmament, in the which bin the sterres ageynste the fyrste mobyle in an hundred yere one degree, and the mouyng of the planets in theyr episcycles, of the which howe wel that Shepardes be not ignoraunt of al, yet they make no mencyon here, for it suffyseth them onely of twoo, wher eof the one is frome Oryent into Occydent aboue the earthe, and from Occydent in the Oryent vnder it, that is called the dyurnall mouynge, that is to saye, that it maketh from daye to daye. xxiiii. houres, by the whiche mouynge the .ix. skye that is the fyrste mobyle, drawеth after and maketh the other skyes to tourne that byn vnder it. The other mouement is of the. vii. planettes, and is from Occident to Orient aboue the earth, and from Orient into the Occident vnder it, and is contrary

図5——〈月々の仕事と黄道十二宮の車輪〉
『羊飼いの暦（英語版）』(sig. I7r)
ロンドン　ウィリアム・パウエル印行　一五五六年

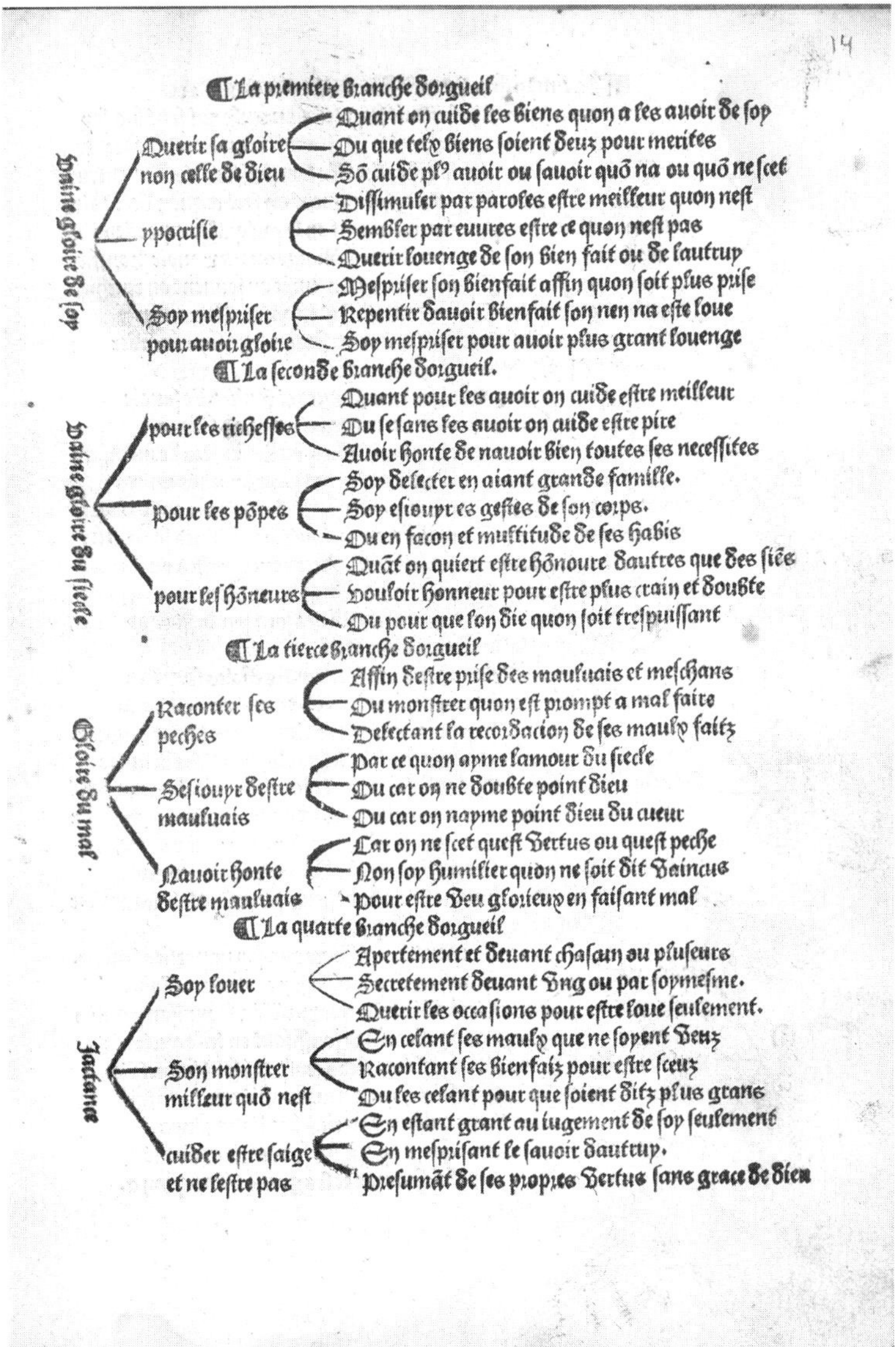
14
La premiere branche dorgueil
Vaine gloire de soy
Querir sa gloire non celle de dieu
Quant on cuide ses biens quon a les auoir de soy
Ou que telz biens soient deuz pour merites
Sō cuide pl⁹ auoir ou sauoir quō na ou quō ne scet
ypocrisie
Dissimuler par paroles estre meilleur quon nest
Sembler par euures estre ce quon nest pas
Querir louenge de son bien fait ou de lautruy
Soy mespriser pour auoir gloire
Mespriser son bienfait affin quon soit plus prise
Repentir dauoir bienfait son nen na este loue
Soy mespriser pour auoir plus grant louenge
La seconde branche dorgueil.
Vaine gloire du siecle
pour les richesses
Quant pour les auoir on cuide estre meilleur
Ou se sans les auoir on cuide estre pire
Auoir honte de nauoir bien toutes ses necessites
Pour les pōpes
Soy delecter en aiant grande famille.
Soy esiouyr es gestes de son corps.
Ou en facon et multitude de ses habis
pour les hōneurs
Quāt on quiert estre hōnoure dautres que des siēs
Vouloir honneur pour estre plus crain et doubte
Ou pour que lon die quon soit trespuissant
La tierce branche dorgueil
Gloire du mal
Raconter ses peches
Affin destre prise des mauluais et meschans
Ou monstrer quon est prompt a mal faire
Delectant la recordacion de ses maulx faitz
Desiouyr destre mauluais
Par ce quon ayme lamour du siecle
Ou car on ne doubte point dieu
Ou car on nayme point dieu du cueur
Nauoir honte destre mauluais
Car on ne scet quest vertus ou quest peche
Non soy humilier quon ne soit dit vaincus
Pour estre veu glorieux en faisant mal
La quarte branche dorgueil
Jactance
Soy louer
Apertement et deuant chascun ou plusieurs
Secretement deuant vng ou par soymesme.
Querir les occasions pour estre loue seulement.
Soy monstrer milleur quō nest
En celant ses maulx que ne soyent veuz
Racontant ses bienfaiz pour estre sceuz
Ou les celant pour que soient ditz plus grans
cuider estre saige et ne lestre pas
En estant grant au iugement de soy seulement
En mesprisant le sauoir dautruy.
Presumāt de ses propres vertus sans grace de dieu

図6——「悪徳の木」『羊飼いの暦』(sig. c5r) パリ ギュイヨ・マルシャン印行 一四九七年

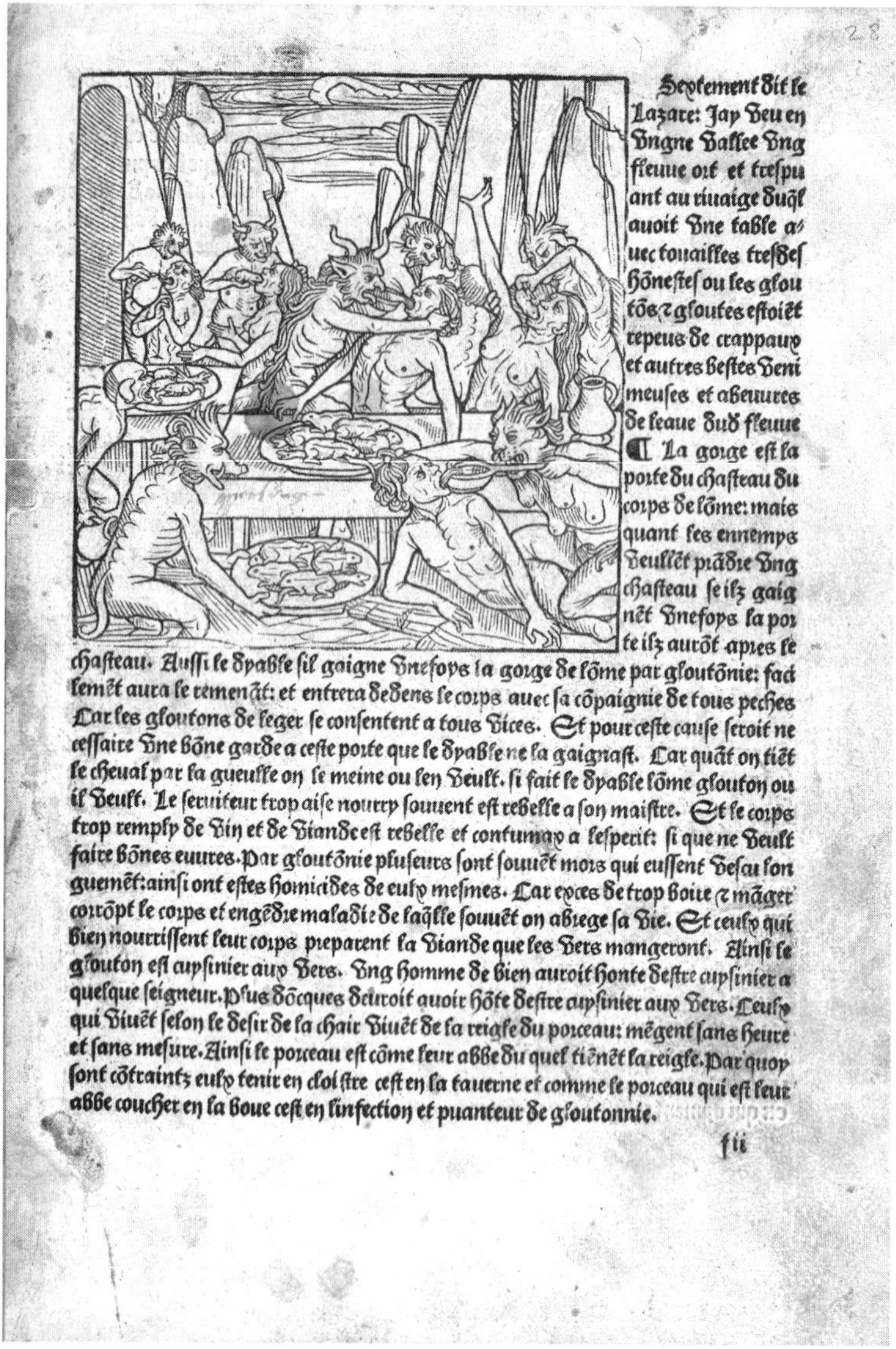

Sixtement dit le Lazare: Jay veu en vngne vallee vng fleuue ort et trespuant au riuaige duql auoit vne table auec touailles tresdeshõnestes ou les gloutõs et gloutes estoiẽt repeus de crappaux et autres bestes venimeuses et abeuures de leaue dud fleuue ¶ La gorge est la porte du chasteau du corps de lõme: mais quant les ennemys veullẽt prãdre vng chasteau se ilz gaignẽt vnefoys la porte ilz aurõt apres le chasteau. Aussi le dyable sil gaigne vnefoys la gorge de lõme par gloutõnie: facilemẽt aura le remenãt: et entrera dedens le corps auec sa cõpaignie de tous peches Car les gloutons de leger se consentent a tous vices. Et pour ceste cause seroit necessaire vne bõne garde a ceste porte que le dyable ne la gaignast. Car quãt on tiẽt le cheual par la gueulle on le meine ou len veult. si fait le dyable lõme glouton ou il veult. Le seruiteur trop aise nourry souuent est rebelle a son maistre. Et le corps trop remply de vin et de viande est rebelle et contumax a lesperit: si que ne veult faire bõnes euures. Par gloutõnie plusieurs sont souuẽt mors qui eussent vescu longuemẽt: ainsi ont estes homicides de eulx mesmes. Car exces de trop boire et mãger corrõpt le corps et engẽdre maladie de laqlle souuẽt on abrege sa vie. Et ceulx qui bien nourrissent leur corps preparent la viande que les vers mangeront. Ainsi le glouton est cuysinier aux vers. Vng homme de bien auroit honte destre cuysinier a quelque seigneur. Plus dõcques deuroit auoir hõte destre cuysinier aux vers. Ceulx qui viuẽt selon le desir de la chair viuẽt de la reigle du porceau: mẽgent sans heure et sans mesure. Ainsi le porceau est cõme leur abbe du quel tiẽnẽt la reigle. Par quoy sont cõtraintz eulx tenir en cloistre cest en la tauerne et comme le porceau qui est leur abbe coucher en la boue cest en linfection et puanteur de gloutonnie.

f ii

図7——〈飽食の罪の報い〉『羊飼いの暦』(sig. f2r) パリ　ギュイヨ・マルシャン印行　一四九七年

The Shepardes Kalender.

The throte is the gate of the body of man, so when enemyes wyl take the castell, yf they maye wynne the gate, they wyll lyghtly haue all the Castell. So when the deuyll maye wynne the throte of a man by Glotony, easely he wyll haue the remenaunt and entre into the body accompanyed of all sinnes. For the Glotons consenteth vnto all vyces. And for this cause it were of necessitie to haue a good garde at the gate, that the deuyll entre not. For when one holdeth the horse by an brydle, he may lede hym where he wyll, so doth the deuyll the glotonous man where hym lyste. The seruaunt that is ouer easely norysshed rebelleth ofte ageynst his maystet. The belly ouer fylled with drynke and meate, is rebell to the soule, so that it wyll do no good operations. By glotony many bin deade whiche might haue lyued longer, and so they haue bin homycyde of thē selfe, for excesse of to much eatynge and drynkynge corrupteth the bodyes and engendrethe syckenesses.

F.ii. the

図8——〈飽食の罪の報い〉『羊飼いの暦（英語版）』(sig. f2r) ロンドン ウィリアム・パウエル印行 一五五六年

Le septiesme chapitre traicte
de la sixiesme paine ifernale.
Glotonnie

Azarus nouueau resu
scite de mort a vie: lui
estāt ches ledit symon
le lepreux recitoit et disoit aux
assistēs que lui estāt es parties
infernales il auoit veu en vne
valee vng fleuue ord / vil (et ab
hominable sur le riuage duq̄l
auoit vne grāde q̄ptite de ames
de gloutons (et gloutez en si grāt
nōbre q̄ a paine les scauroit on
nōbrer lesq̄lles en punition de

fu

図9——〈飽食の罪の報い〉
『善く死ぬ術』パリ　アントワーヌ・ヴェラール印行　一四九二年
P. Girard-Augry, *Ars Moriendi* (1492), sig. f2r

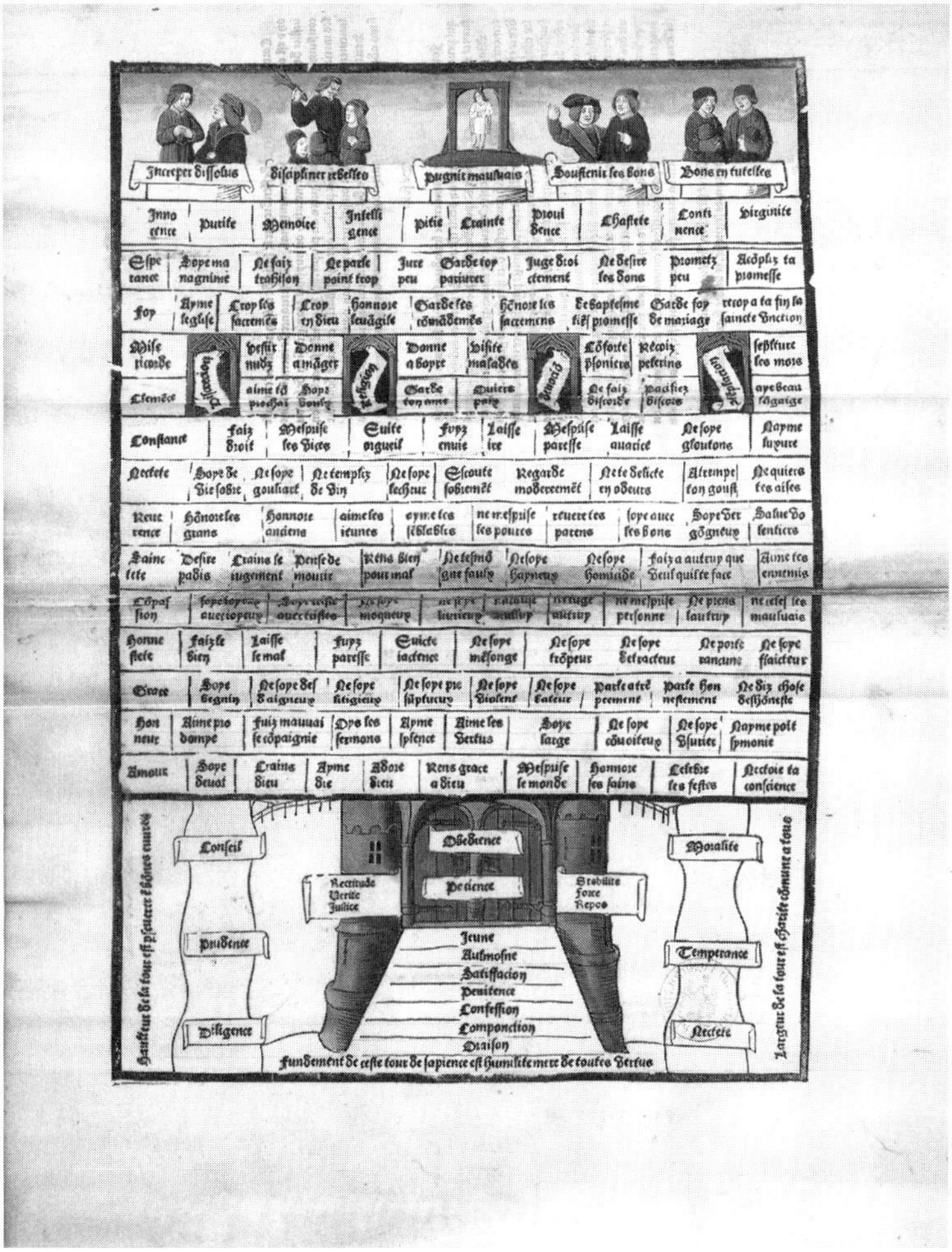

図10――「知恵の塔」の差しこみ図版
『羊飼いの暦』
パリ　ギュイヨ・マルシャン印行　一四九三年　ヴェラム印刷

いた図表（フランス語版のみ）や「美徳と悪徳の樹」の樹形図を用いることで、要点の整理と記憶を助けている（図10）。こうしたダイアグラムは記憶を助ける手段として中世写本でも多用された。[☆13] 挿絵はカテキズムの解説にも用いられ、たとえば「十戒」の場面では、「十戒」のテクストをはさんで、それを石版をもつように手にするシナイ山のモーゼと、その前に立ち並ぶ一団の聖職者たちの姿が描かれている[☆14]（図11）。こうしたカテキズムや基本的道徳は、「美徳の野と救い（salut）の道を歩いて知恵の塔に到達するには、まず神を愛することが肝要である」と始まる「美徳の野」と題される散文に簡潔にまとめられている。salutには健康と救済の意味があり、英語版では精神の健康法という文脈でとらえて、健康（helthe）と訳されている（sig. f8r）。

後半の第四部と第五部は肉体の健康を扱い、人間の肉体と行動が季節の変化や星の運行に影響されることを、生理学や天文学の基礎知識を用いて説明している。第四部は人体の構造を、黄道十二宮が人体や体液へ及ぼす影響と関連づけて扱い、季節の変化に対応させて食事や健康上の注意、瀉血の時期などについて述べている（図12）。最後の第五部では、賢明な判断と行動を可能にする天文学と占星術の基礎知識（図13）に続いて、生まれ月の星座と気質や身体的特徴の相関性（図14）が説明され、さらに英語版では、十二宮と旅立ちの時期の相関性のような具体的行動への忠告も扱われている。重要な点は、「人生の一二時期」のモチーフがこの後半部にも登場し、大宇宙と小宇宙を連携させる具体的な枠組みとして機能しているという事実である。時禱書では暦の前に置かれる「人体の星座図」は、本書では後半の健康規範と人相学のセクションに登場し、星座と瀉血などの治療の時期との対応を説明している。第五部の最後には、上述の序文の典拠として用いられた「人生の一二時期」の詩が独立したテクストとして登場する。詩に先立って散文の解説文が付されているが、それはフランス語版では人生と一二カ月との対応を簡潔に記すのみなのに対して、[☆15] 英語版では次のように詳しい。

自然のなりゆきに従って一二の月が次々と一年のうちに一二回変化するように、一二の月と節気が人を一二回

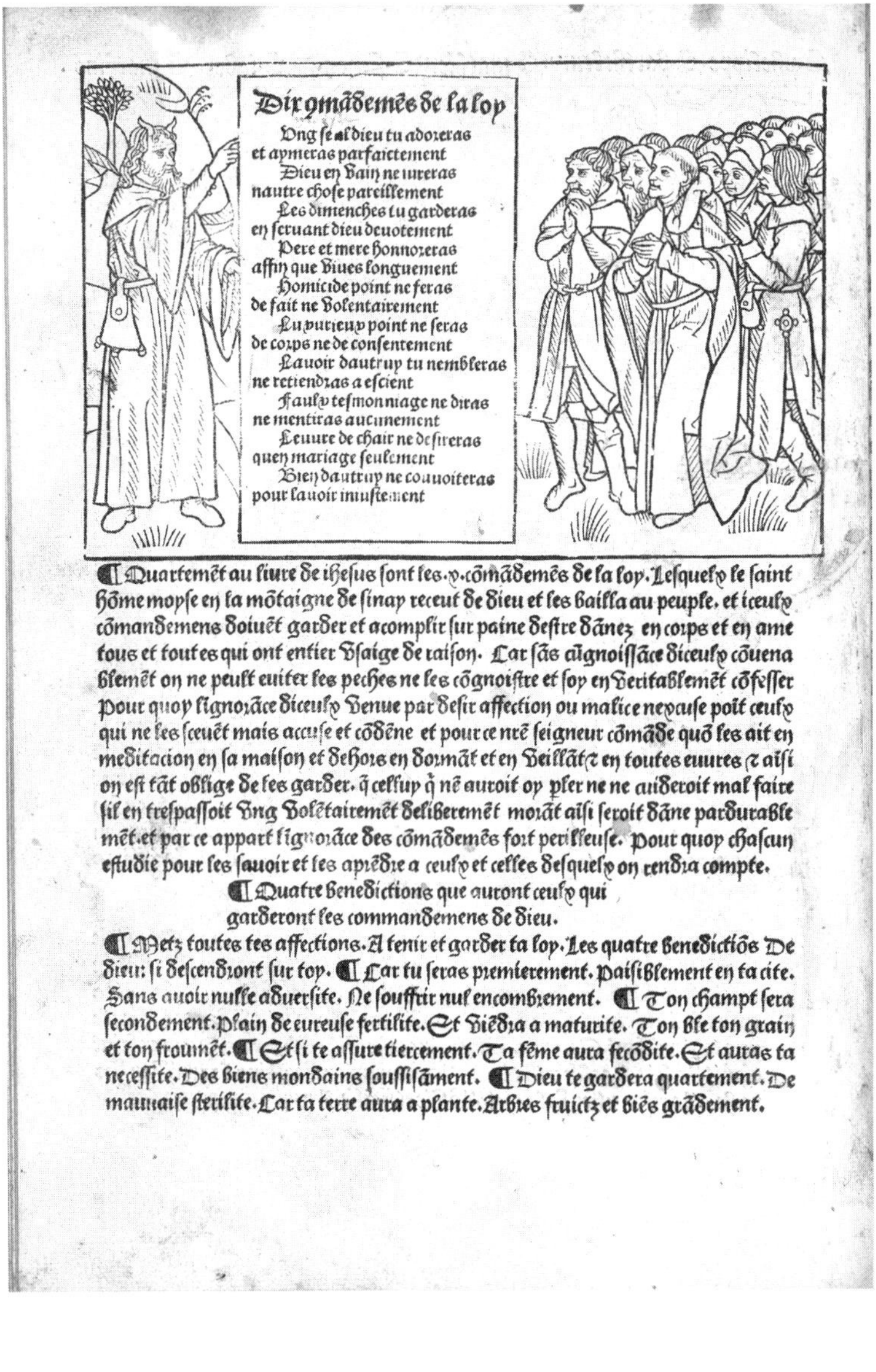
Dix cōmādemēs de la loy

Ung seul dieu tu adoreras
et aymeras parfaictement
Dieu en vain ne iureras
nautre chose pareillement
Les dimenches tu garderas
en seruant dieu deuotement
Pere et mere honnoreras
affin que viues longuement
Homicide point ne feras
de fait ne volentairement
Luxurieux point ne seras
de corps ne de consentement
Lauoir dautruy tu nembleras
ne retiendras a escient
Faulx tesmonniage ne diras
ne mentiras aucunement
Leuure de chair ne desireras
quen mariage seulement
Bien dautruy ne conuoiteras
pour lauoir iniustement

¶ Quartemēt au liure de ihesus sont les .x. cōmādemēs de la loy. Lesquelx le saint hōme moyse en la mōtaigne de sinay receut de dieu et les bailla au peuple. et iceulx cōmandemens doiuēt garder et acomplir sur paine destre dānez en corps et en ame tous et toutes qui ont entier vsaige de raison. Car sās cognoissāce diceulx couenablemēt on ne peult euiter les peches ne les cognoistre et soy en veritablemēt cōfesser Pour quoy lignorāce diceulx venue par desir affection ou malice ne excuse poīt ceulx qui ne les sceuēt mais accuse et cōdēne et pour ce nrē seigneur cōmāde quō les ait en meditacion en sa maison et dehors en dormāt et en veillāt et en toutes euures et aīsi on est tāt oblige de les garder. q̄ celluy q̄ nē auroit oy parler ne ne cuideroit mal faire sil en trespassoit vng volētairemēt deliberemēt morāt aīsi seroit dāne pardurablemēt. et par ce appart lignorāce des cōmādemēs fort perilleuse. Pour quoy chascun estudie pour les sauoir et les aprēdre a ceulx et celles desquelx on rendra compte.

¶ Quatre benedictions que auront ceulx qui garderont les commandemens de dieu.

¶ Metz toutes tes affections. A tenir et garder ta loy. Les quatre benedictiōs De dieu: si descendront sur toy. ¶ Car tu seras premierement. Paisiblement en ta cite. Sans auoir nulle aduersite. Ne souffrir nul encombrement. ¶ Ton champt sera secondement. Plain de eureuse fertilite. Et viedra a maturite. Ton ble ton grain et ton froumēt. ¶ Et si te assure tiercement. Ta fēme aura fecōdite. Et auras ta necessite. Des biens mondains souffisāment. ¶ Dieu te gardera quartement. De mauuaise sterilite. Car ta terre aura a plante. Arbres fruictz et biēs grādement.

図11――〈十戒を示すモーゼ〉『羊飼いの暦』(sig. f6v) パリ ギュイヨ・マルシャン印行 一四九七年

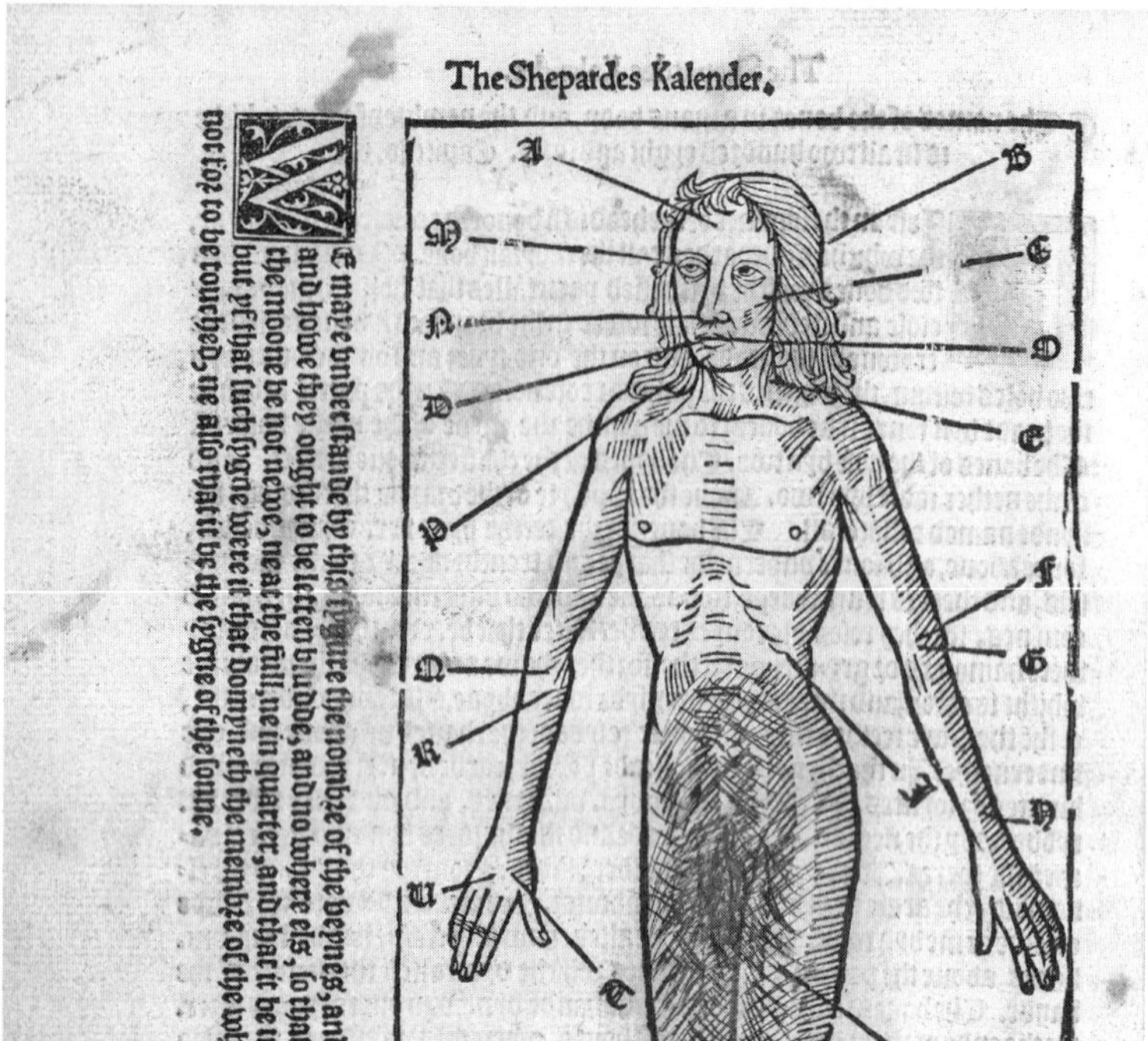

図12——〈瀉血の場所を示す人体図〉
『羊飼いの暦（英語版）』（sig. H6v）
ロンドン　ウィリアム・パウエル印行　一五五六年

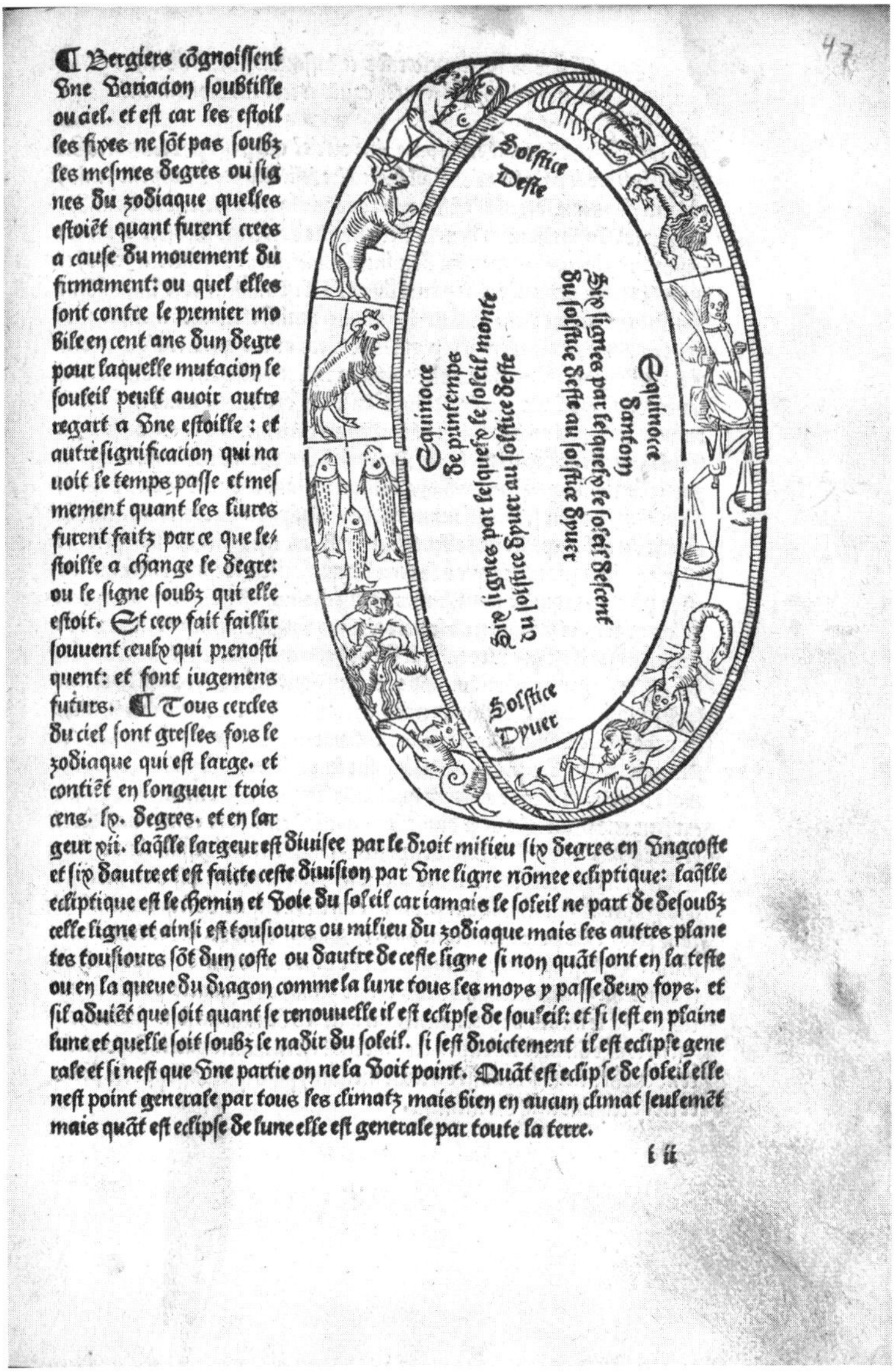

¶ Bergiers cōgnoissent Vne Variacion soubtille ou ciel. et est car les estoilles fixes ne sōt pas soubz les mesmes degres ou signes du zodiaque quelles estoiēt quant furent crees a cause du mouement du firmament: ou quel elles sont contre le premier mobile en cent ans dun degre pour laquelle mutacion le souleil peult auoir autre regart a Vne estoille : et autre signification qui nauoit le temps passe et mesmement quant les liures furent faitz par ce que lestoille a change le degre: ou le signe soubz qui elle estoit. Et cecy fait faillir souuent ceulx qui prenostiquent: et font iugemens futurs. ¶ Tous cercles du ciel sont gresles fors le zodiaque qui est large. et contiēt en longueur trois cens. lx. degres. et en largeur xii. laq̄lle largeur est diuisee par le droit milieu six degres en Vng coste et six dautre et est faicte ceste diuision par Vne ligne nōmee ecliptique: laq̄lle ecliptique est le chemin et Voie du soleil car iamais le soleil ne part de desoubz celle ligne et ainsi est tousiours ou milieu du zodiaque mais les autres planetes tousiours sōt dun coste ou dautre de ceste ligne si non quāt sont en la teste ou en la queue du dragon comme la lune tous les moys y passe deux foys. et sil aduiēt que soit quant se renouuelle il est eclipse de souleil: et si lest en plaine lune et quelle soit soubz le nadir du soleil. si lest droictement il est eclipse generale et si nest que Vne partie on ne la Voit point. Quāt est eclipse de soleil elle nest point generale par tous les climatz mais bien en aucun climat seulemēt mais quāt est eclipse de lune elle est generale par toute la terre.

i ii

図13――〈黄道十二宮の輪〉『羊飼いの暦』(sig.i2r) パリ ギュイヨ・マルシャン印行 一四九七年

The Shepardes Kalender.

ence, and shall synge very pleasauntly, and they shalbe of courage good & dyligent, & shall desyre lordeshyp aboue other people, they shal gyue wyse iudgementes, & theyr wordes shall sounde all swetely, & if he bere any office he shal be lyberall, and he shalbe subtyl in deedes of warre, and many shal seke to him for councell, he shall haue profyte by women, and he shall be in seruyce with lordes, and by them shall haue aduauntage for his wysedome, hys signe shal be in the face, he shalbe small of stature, with crispe heare and balde on the heade, he wyll be seldome angry, and of all the membres in a mans body the sonne kepeth the harte, as most myghty planet aboue all other.

¶ Of the gentle planet Venus.

¶ Venus significat hoiem albu trahetem ad nigredine pulchri corporis et capillorum, habentem paruam maxillam, pulchros oculos & pulchram faciem, multos capillos habentem, ad albu confectum rubore crassum et beneuolentem.

Next after the sonne raigneth the gentyll planet Venus, and it is a planet femynyne, and she is Lady ouer all louers, this planet is moyst and colde of nature, and her two signes is Taurus and Libra, and in them she hath all her ioye and pleasaunce, she causeth ioye, and specially amonge yonge folke, for greatly she raigneth on them, and on all men that bin ielouse, and on women also, for ielousy is but a loue inordinate, as when a man or a woman loueth more feruentely then they shulde, for such wolde neuer be from the syght of theyr louers, for if they be, anone they suspecte them, and drede for feare to be begyled. There is no man that loueth a woman by carnall affection, but it is by the influence of Venus, and but fewe men can escape out of her daunger. This planet Venus runneth in. xii. monethes ouer the. xii. signes.

¶ Of her proprieties.

What

図14——〈金星人とその性質〉『羊飼いの暦（英語版）』（sig. L3v）
ロンドン　ウィリアム・パウエル印行　一五五六年

61

¶ Il est vray quen douze saisons
Se change douze foys ly homs
Ainsi que les douze moys
Se changent en lan douze foys
Et chascun par court de nature
Tous ensuyt la creature
Si change de six ans en six ans
Par douze foys ces douze temps
Se sont soixante douze en nōbre
Adonc va gesir en lombre
De viellesse ou il fault venir
Ou il le fault ieune mourir
¶ Janvier
Premier doiz prandre et cōmencer
Six ans pour le moys de ianvier.
Qui na ne force ne vertu.
Quant lenfant a six ans vescu:
Tel est il sans nul bien savoir.
Ne force ne vertus avoir
¶ Fevrier
Les autres six ans le font croistre
Adōc saprent vng peu a congnoistre
Et estre doulx et amyable
Plaisant gracieux serviable
Ainsi fait fevrier tous les ans
Quen sa fin se prent le printemps
¶ Mars
Mais quant des ans a dixhuit
Adonc se change a tel deduit
Quil cuide valoir mille mars
Ainsi comme le moys de mars
En beaulte change et prent valour
¶ Avril.
Lors vient avril a si beau iour
Que toute chose sesiouist
Lerbe croist et larbre flourist
Les oyseaulx reprēnent leur chant
Et ainsi a vingt et quatre ans
Devient lomme fort vertueux
Joly gentil et amoureux
Et se change en maint estat gay
¶ May
A trente ans va regnant en may
Le plus puissant des douze moys
Sur tous les autres nomme roy
Ainsi devient il homme fors.
A trente ans est ferme de corps
Pour bien tenir lespee au poing
Puis va venir au moys de iuing
¶ Juing
Trente six ans ne plus ne moing
Cest vng mois de grāt chaleur plain
Et aussi est qua trente six ans
Devient ly homs chault et bollans
Et commence fort a meurer.
A accuillir sens et soy advisier
m ii

図15——「鳥の歌」

〈教師と弟子〉の版画は本書の他の箇所でも使用されていて、「鳥の歌」の内容ととくに関連するものではない。

『羊飼いの暦』(sig. m2r) パリ ギュイヨ・マルシャン印行 一四九七年

変えることはまちがいなく真実であると信じるべきである。このように人生は六年ごとに変わり、一二の時期を成す。ひとつの時期が六年なので、一二かける六は七二になる。若いときに正しい食事法を守り節制すれば、誰でも病なくその年まで肉体を長らえさせることができる。実際はご存じのように、多くの者が食べ過ぎたり、塩分を摂りすぎたり、体質とは逆の冷たすぎたり熱すぎるものを食べたり、あるいは冷たいもののあとにとても熱いものを摂ったり、悪い空気にさらされたり、物思いに沈んだり、雨のなかを濡れて出かけたり、びしょ濡れになったり、濡れた足のままでいたり、女遊びが度を過ぎたり、若いときに喧嘩をして血を失ったり、怒りや責務が多すぎたり、勉強のしすぎで心に負担をかけすぎたりすることで自ら命を縮め、ふさわしい時期よりずっとまえに死んでしまう。こうしたことで、人は気質を歪めてしまい命を縮めるが、それは皆若いときに管理を怠ったせいである。一方で、七二年生きる者は善き生活と食事のおかげである。そして彼らは老衰の時期をこえて八〇や一〇〇まで生きることもあるが、それをこえる者はほとんどいない。すべては、御意志のままに寿命を伸ばしたり縮めたりする神の定めである。[☆16]

この英語版の解説文では寿命を縮める理由としてさまざまな不摂生が挙げられ、「人生の一二時期」と健康法の関係がことさら強調されている。

以上のように、全体の枠組みを提示する暦に続いて、精神の健康のために有益な教訓やカテキズムを教える前半（二、三部）と現世における肉体の健康と用心を教える後半（四、五部）で構成された「羊飼いの暦」は、キリスト教道徳と生活の知恵を織り交ぜた心身の健康のための実用的教訓書であると言える。

第五部の後ろには巻末まで数編の韻文や散文が続くが、それらは版によって異なる。マルシャンの版では、さまざまな鳥が自己紹介と教訓を織り交ぜて順番に語る、「鳥の歌」という詩が収められている（図15）。これは、中世の教訓的な「ベスティアリウム（動物譜）」の系譜に属する作品で、[☆17]その広汎な教訓性は「羊飼いの暦」と無関係ではないが、ジャンル的には五部のどれにも属さない独立したテクストである。「鳥の歌」はその後の大半のフランス語版にも採用されているが、英語版には最初から翻訳されていない。英語版ではかわりに、地誌学的興味に基づいた「一〇のキリスト教国家」という散文が登場するが、これも「羊飼いの暦」を通底する実用的教訓性とは一線を画す内容である。そのほかには、英仏両版共、祈禱文や箴言集などの若干の短いテクストが収められている。一四九三年のフランス語初版では「バラッド、レ、ロンド形式の数編の祈禱と祈りが続く。最初に、煉獄にいる死者の霊のための祈り、祈禱、ミサ、執り成しが彼らにとって有益で、彼らの開放のために有効かという疑問についての神学的答えが示される」という見出文で始まる散文がある。執り成しの祈りの有効性は中世後期の説教、「死後世界探訪譚」、説話集などにおいてくりかえしとりあげられた重要なテーマである。この散文はアウグスティヌスの『エンキリディオン』、グレゴリウスの『対話編』、ペトルス・ロンバルドゥスの『命題集』など、基本的な神学テクストに具体的に言及しており、カテキズムを解説したほかの部分と比較しても専門的な内容であるため、この部分のみ別な作者の手になると推測する説も存在する。この散文は英語版にも受け継がれるが、カトリック教徒であったメアリー女王の死後まもなく刊行されたウィリアム・パウエル印行の第一版（一五五六年）では、煉獄に関する祈禱文が削除されている。これは、再びプロテスタント化した一六世紀後半のイギリスの宗教状況を反映した興味深い事実である。[☆18] 以上のような、五部の内容とは一線を画した雑多な追加テクストの存在は、「羊飼いの暦」を、版毎に微妙に変化する柔軟なミセラニーにしていると言えよう。

2 「羊飼いの暦」と時禱書

「羊飼いの暦」が英語とフランス語の両方で版を重ねた時期が印刷本の時禱書の最盛期と同じであるという事実に着目して両者を比較してみると、そこにはいくつかの共通点が認められる。まず注目を引く点は、暦のセクションのページ・レイアウトと印刷本の時禱書のそれとの類似性である。教会暦の横の余白には、星座を中央に挟んで、その月の聖人の複数の図版がひとつの縦長の版木で印刷されている（図16）。第二章で検討したように、このレイアウトは時禱書の暦のセクションに一般的に認められるもので（図17）、同じレイアウトが「羊飼いの暦」でも、マルシャンの初版以降フランス語版と英語版の両方で出版者を問わず受け継がれている。時禱書ではこうしたボーダー装飾用の版木はくりかえし使用されるのが常だが、「羊飼いの暦」でもほかのページのボーダーとして再利用されており（図18）、印刷本の時禱書で一般的な、テクストの周囲を版画で囲むというページ・レイアウトを、手持ちの版木を活用して模倣しようとする意図がうかがえる。同じく第二章で検討したように、「羊飼いの暦」において全体の枠組みとして用いられている「人生の一二時期」のモチーフは、一六世紀の印刷本の時禱書にも登場する。また、暦のセクションを構成している四行詩には印刷本の時禱書と共通するものが多い[☆19]。教会暦に支えられた信仰生活を、平穏で実りある人生を送るための世俗的な知恵でとりかこむという方針は、両者に共通していると言えよう。

共通点はこうした具体的な内容にとどまらない。どちらにも、その本来の目的からはいくぶん離れた内容の、短いテクストが巻末に追加される傾向が認められ、結果として、それぞれのジャンルとしての前提を超えたミセラニー的性質を帯びることになっている。印刷本の時禱書と「羊飼いの暦」はどちらも、キリスト教徒が神の意志にそった健全な生活をいかに全うするかを主題としており、前者はそれを信仰生活を拠りどころとして、また後者は現実的な節制や用心を軸として扱っている。時禱書は、生きてゆくために必要なオーソドックスな実践的信仰を、キリスト教の歴史的展開のなかでテクストと挿絵によって学び実践するための実用的宗教書であり、一方で「羊飼いの暦」は、やはりテクストと挿絵によって、小宇宙である人間は大宇宙の動きと連動していることを教え、そこから、魂と肉体の健康と平安を保つための教訓や生活の知恵を引きだす世俗的なビジュアル・ミセラニーと言えるだろう。アプローチは異なるが、どちらも俗世での生活に現実的に対応することを念頭に置いて編まれた姉妹編的な書物であり、暦は実生活に即した行動を支える共通要素であると言える。魂と肉体両面のさまざまな必要をテクストと挿絵によって扱い、人間にとっての世界をキリスト教の歴史と教義、自然界の変化、宇宙の秩序、身体の変化とのつながりのな

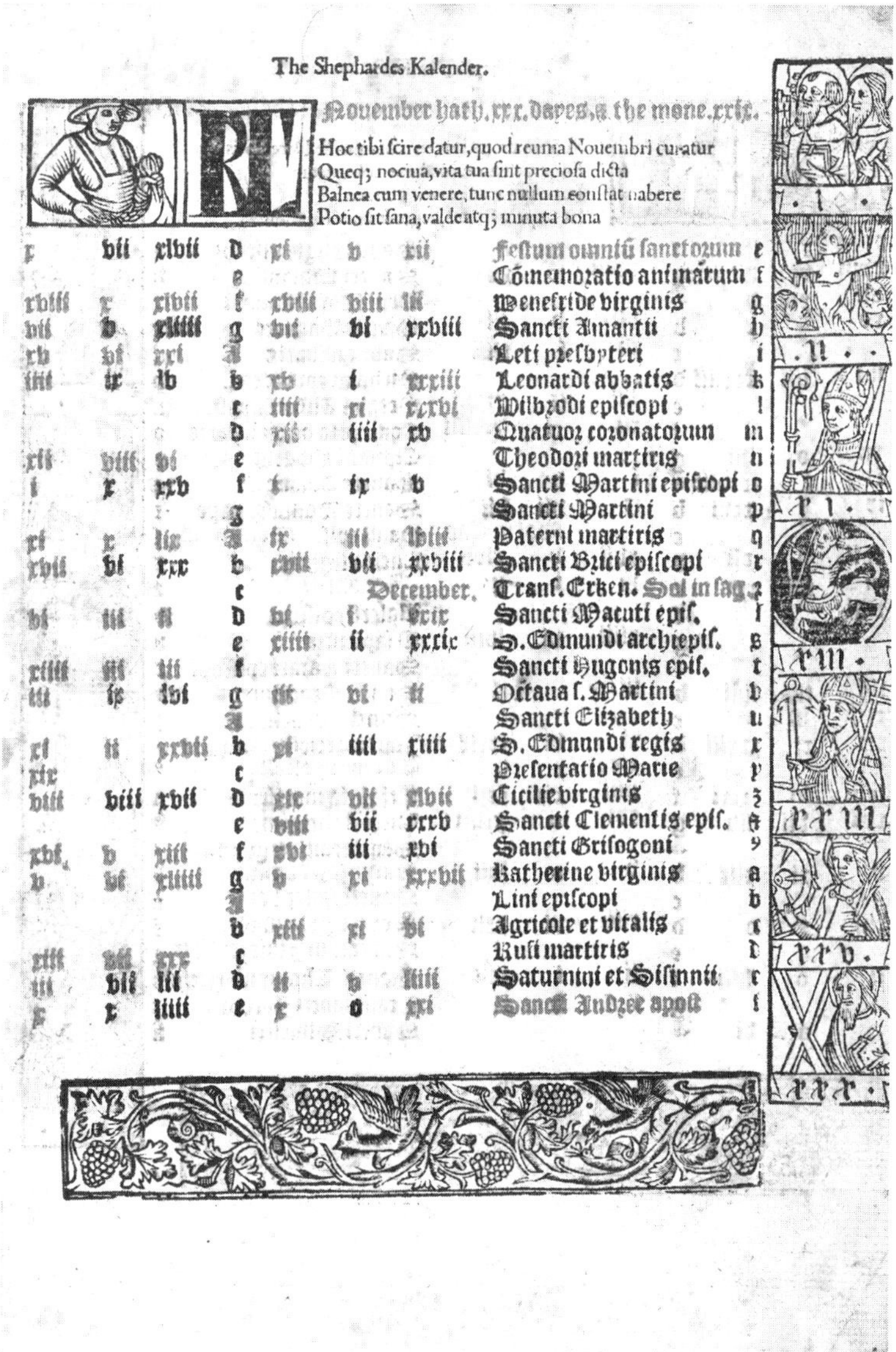

The Shephardes Kalender.

November hath. xxx. dayes, & the mone. xxix.

Hoc tibi scire datur, quod reuma Nouembri curatur
Queq; nociua, vita tua sint preciosa dicta
Balnea cum venere, tunc nullum constat habere
Potio sit sana, valde atq; minuta bona

x	vii	xlvii	d	xi	v	xii	Festum omniũ sanctorum	e
			e				Cõmemoratio animarum	f
xviii	x	xlvii	f	xviii	viii	iii	Wenefride virginis	g
vii	v	xliiii	g	vii	vi	xxviii	Sancti Amantii	h
xv	vi	xxi	A				Leti presbyteri	i
iiii	ix	lv	b	xv	i	xxiii	Leonardi abbatis	k
			c	iiii	xi	xxvi	Wilbrodi episcopi	l
			d	xii	iiii	xv	Quatuor coronatorum	m
xii	viii	vi	e				Theodori martiris	n
i	x	xxv	f	x	ix	v	Sancti Martini episcopi	o
			g				Sancti Martini	p
xi	x	lix	A	ix	iii	viii	Paterni martiris	q
xvii	vi	xxx	b	xvii	vii	xxviii	Sancti Brici episcopi	r
			c		December.		Transl. Erken. Sol in sag.	ꝛ
vi	iii	xl	d	vi	i	xix	Sancti Macuti epis.	ſ
			e	xiiii	ii	xxxix	S. Edmundi archiepis.	s
xiiii	iii	iii	f				Sancti Hugonis epis.	t
iii	ix	lvi	g	iii	vi	ii	Octaua s. Martini	v
			A				Sancti Elizabeth	u
xi	ii	xxvii	b	xi	iiii	xiiii	S. Edmundi regis	x
xix			c				Presentatio Marie	y
viii	viii	xvii	d	xix	vii	xlvii	Cicilie virginis	z
			e	viii	vii	xxxv	Sancti Clementis epis.	&
xvi	v	xiii	f	xvi	iii	xvi	Sancti Grisogoni	ꝯ
v	vi	xliiii	g	v	xi	xxxvii	Katherine virginis	a
			A				Lini episcopi	b
			b	xiii	xi	vi	Agricole et vitalis	c
xiii	vii	xxx	c				Rufi martiris	d
iii	vii	iii	d	ii	v	liiii	Saturnini et Sisinnii	e
x	x	iiii	e	x	o	xxi	Sancti Andree apost	f

図16―――〈一一月の暦〉『羊飼いの暦（英語版）』（sig. C2r）ロンドン ウィリアム・パウエル印行 一五五六年

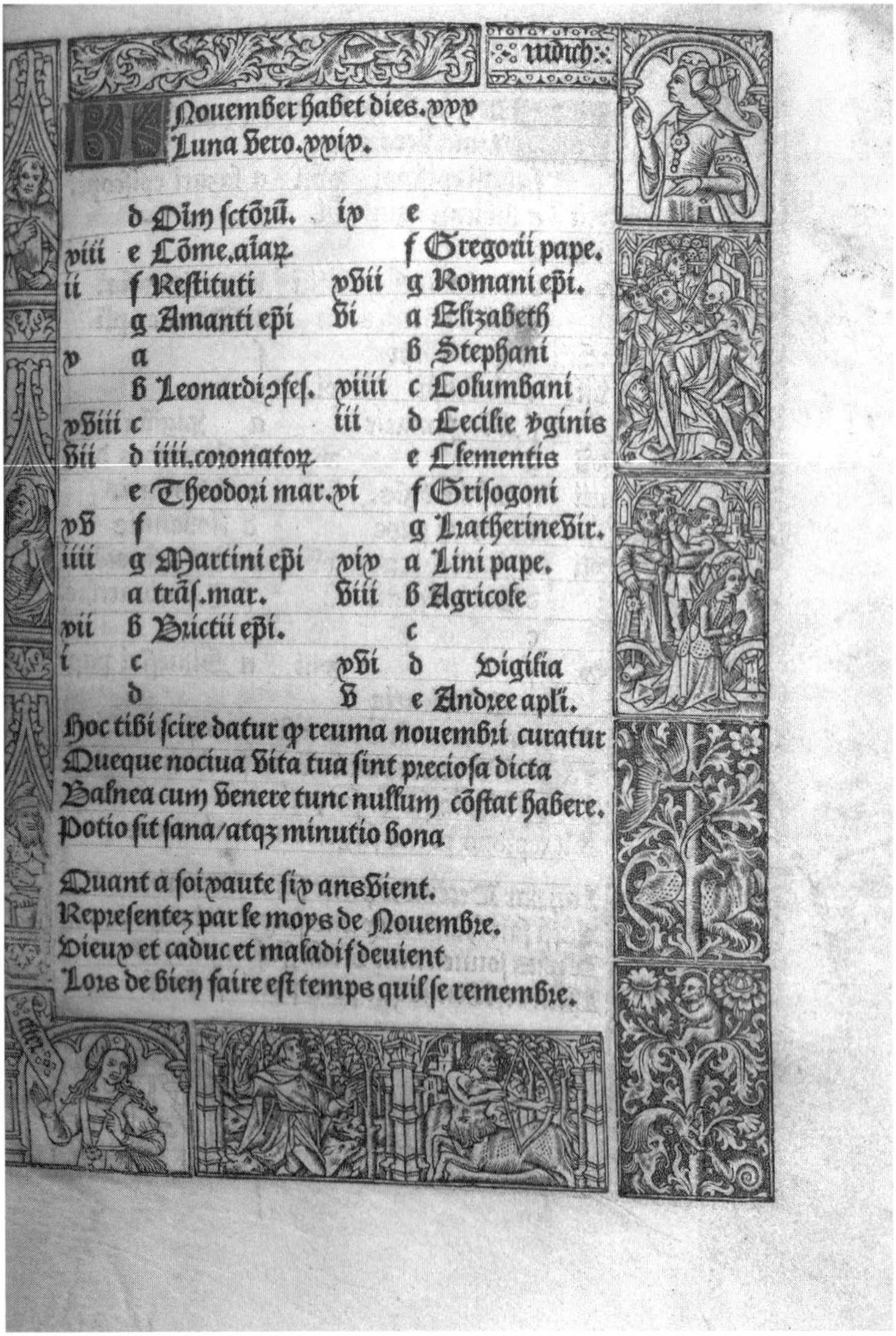
Nouember habet dies. xxx
Luna vero. xxix.

d Dim sctõrũ. ix e
viii e Cõme.aiar. f Gregorii pape.
ii f Restituti xvii g Romani epi.
g Amanti epi vi a Elizabeth
v a b Stephani
b Leonardi ?fes. xiiii c Columbani
xviii c iii d Cecilie vginis
vii d iiii.coronator. e Clementis
e Theodori mar. xi f Grisogoni
xv f g Katherine vir.
iiii g Martini epi xix a Lini pape.
a trãs.mar. viii b Agricole
xii b Bricii epi. c
i c xvi d Vigilia
d v e Andree apli.

Hoc tibi scire datur q reuma nouembri curatur
Queque nociua vita tua sint preciosa dicta
Balnea cum venere tunc nullum cõstat habere.
Potio sit sana/atqz minutio bona

Quant a soixaute six ans vient.
Representez par le moys de Nouembre.
Vieux et caduc et maladif deuient
Lors de bien faire est temps quil se remembre.

図17——〈一一月の暦〉『ローマ式典礼の時禱書』(sig. a8r)
パリ　シモン・ヴォートル印行　一四九八年
「羊飼いの暦」と時禱書の両方に、聖カタリナの図像が登場する。

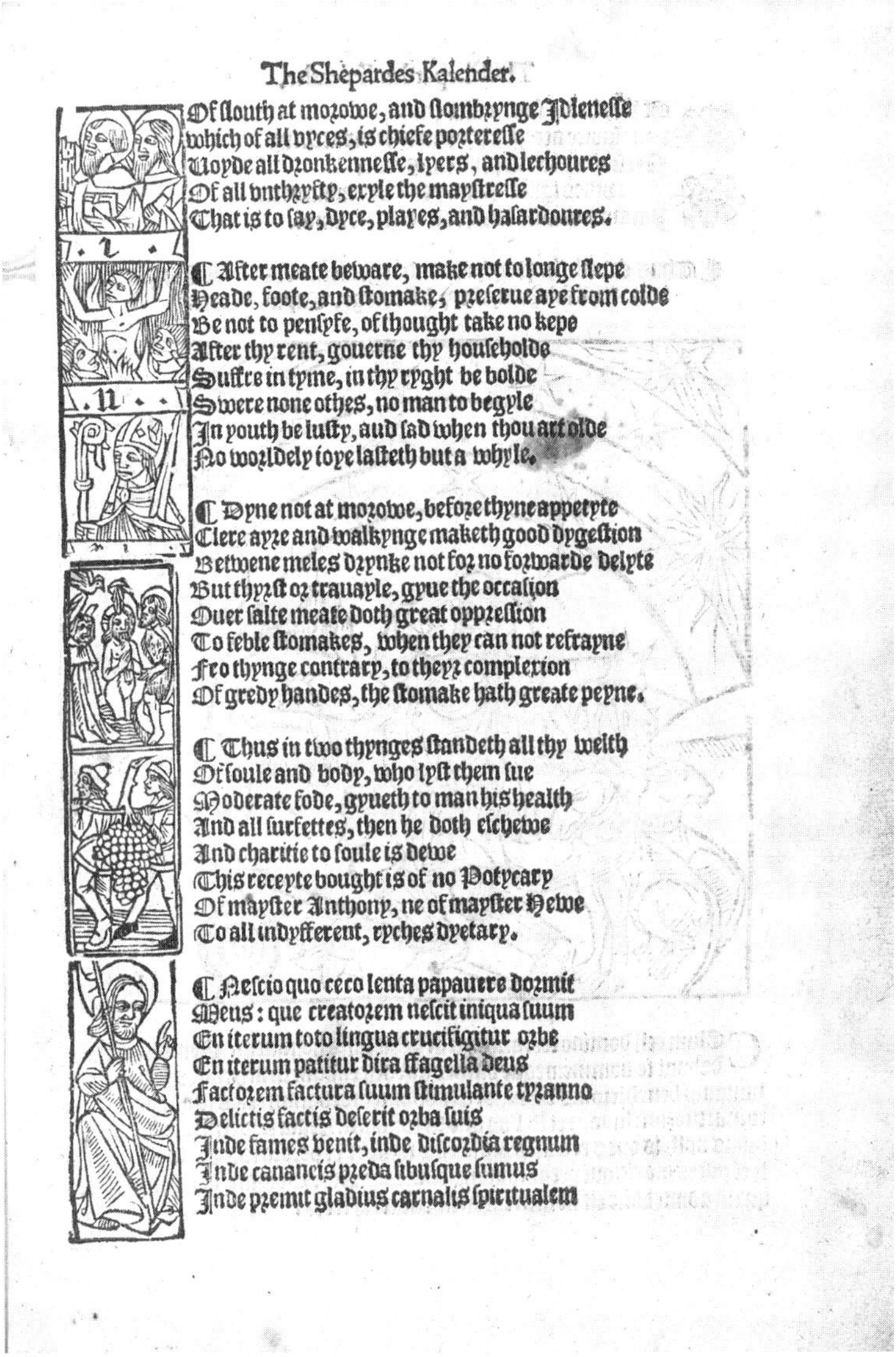
The Shepardes Kalender.

Of slouth at morowe, and slombrynge Idlenesse
which of all vyces, is chiefe porteresse
Uoyde all dronkennesse, lyers, and lechoures
Of all vnthryfty, exyle the maystresse
That is to say, dyce, playes, and hasardoures.

¶ After meate beware, make not to longe slepe
Heade, foote, and stomake, preserue aye from colde
Be not to pensyfe, of thought take no kepe
After thy rent, gouerne thy householde
Suffre in tyme, in thy ryght be bolde
Swere none othes, no man to begyle
In youth be lusty, aud sad when thou art olde
No worldely ioye lasteth but a whyle.

¶ Dyne not at morowe, before thyne appetyte
Clere ayre and walkynge maketh good dygestion
Betwene meles drynke not for no forwarde delyte
But thyrst or trauayle, gyue the occasion
Ouer salte meate doth great oppression
To feble stomakes, when they can not refrayne
Fro thynge contrary, to theyr complexion
Of gredy handes, the stomake hath greate peyne.

¶ Thus in two thynges standeth all thy welth
Of soule and body, who lyst them sue
Moderate fode, gyueth to man his health
And all surfettes, then he doth eschewe
And charitie to soule is dewe
This receyte bought is of no Potycary
Of mayster Anthony, ne of mayster Hewe
To all indyfferent, ryches dyetary.

¶ Nescio quo ceco lenta papauere dormit
Meus: que creatorem nescit iniqua suum
En iterum toto lingua crucifigitur orbe
En iterum patitur dira flagella deus
Factorem factura suum stimulante tyranno
Delictis factis deserit orba suis
Inde fames venit, inde discordia regnum
Inde canancis preda sibusque sumus
Inde premit gladius carnalis spiritualem

図18——聖人像の版画
『羊飼いの暦（英語版）』(sig. I5r)
ロンドン ウィリアム・パウエル印行 一五五六年

64 The Shepherd's Kalender: or,

Morning at Sun-rise, by a Natural Sympathy) yo
will find the Metal enclining as it were pointing
to the Place where the other is hid.

Choice Secrets in Astrology on several useful O

MAny have been desirous to know (as a grea
Secret) the Power that is given to the Pla
net and other Stars, to prevent Thefts and De

predations on Houses, Out houses, Orchards,
Parks, Warrens, Fields of Corn, Cattle, Tim-
ber

The Country Man's Companion 61

ber and the like: How either to stop and take
the hief, or scare him from coming thither. And
Wonders have been wrought in this, to se-
cure honest People in their just Rights, and it be-
ing hitherto an occult Faculty, or rare Secret,
I shall give the Reader uch an Insight into the
Matter, as few have hitherto done.

A safe Way to secure a House.

IF you suspect your House will be robbed, and
and would secure it from Thieves, as no doubt
but

図19——黄道十二宮を表わす占星術の図表『羊飼いの暦』（pp. 60-61）ロンドン　一七〇六年頃

図21——〈四月の月暦図〉『羊飼いの大暦書と暦法』トロワ　一五二九年

The Shepardes Kalender.

¶ Of the deuysion of the. xii. howses, aswell in the earth as in the heauens. Capitulo. xxxix.

The heauens and the earth maye be deuyded in foure parties by two circles, which crosseth directely ouer the twoo poles and crossethe foure tymes the Equinoctiall lyne. Eche of the foure parties deuyded in three egally is in all twelue egall partes aswell in the skye as in earthe, whiche Shepardes calleth howses, and bin twelue. Of the which syxe byn alwayes aboue the earth, and syxe vnder it, and these howses moueth not, but byn alwayes eche in theyr place, and the signes and planettes passeth by them alwayes once in. xxiiii. houres. Three of these howses byn from Oryent to mydnyght goynge vnder the earth, the fyrst, the seconde and the thyrde, wherof the fyrst vnder the earth, begynneth an Oryent named the howse of lyfe. ¶ The seconde howse of substaunce and rychesse. ¶ The thyrde that fynysheth at mydnyght is the house of fraternitie. ¶ The fourthe that begynnethe at mydnyght commynge in Occident is named the howse of Patrymony. ¶ The fyfth folowynge is the howse of sones. ¶ The syxt fynysheth in Occydent, vnder the earth is the howse of sickenes. ¶ The seuenth begynneth in Occydent on the earth, and stretcheth towarde myddaye, & is the howse of Maryage. ¶ The eyght is the howse of death. ¶ The nynth fynyshinge at mydday is called the howse of faythe of relygyon and pylgrymage. ¶ The tenth begynnynge at mydday commynge towarde Orient is the howse of honour and of regalitie. ¶ The eleuenth after, that is the howse of trewe frendes.

And

図20——黄道十二宮を表わす占星術の図表『羊飼いの暦（英語版）』(sig. K6v)　ロンドン　ウィリアム・パウエル印行　一五五六年

かで描きだそうとしたこれらの書物は、その実用的なミセラニー性と豊富なビジュアル要素のおかげで人気を博し、改訂をくりかえしながら次々と版を重ねていった。結果として、印刷本の時禱書と「羊飼いの暦」は一五世紀末から一〇〇年近くにわたってベストセラーであり続けたのである。

しかし、どちらもいつまでも人気を保ち続けたわけではない。時禱書の出版は一六世紀も後半になると減少する。プロテスタント化が進んだイングランドでは英国国教会の「共通祈禱書」が時禱書にとってかわったのである。フランスやイタリアのカトリック諸国では時禱書は女性のための俗語による祈禱書として存続するが、その内容は祈禱文が中心で、ボーダー装飾は簡略化され追加のテクストは見られなくなる。「羊飼いの暦」は一七世紀以降も出版され続けるが、フランスでは内容が簡略化されて廉価な「青本叢書」の一冊となり、一方イギリスでは、教訓的要素を省いた実用中心の暦書《アルマナック》へと変容する。[☆20] 一八世紀初頭に英語で刊行された同じ『羊飼いの暦』という標題の書物が存在するが、その内容は簡略化された「カレンダリウム」に近く、主に天候の変化の予兆、季節や天候の変化と人間の体調や農業などの営みとの関係、民間療法など、「羊飼いの暦」の第四部の内容をより具体的に拡張したものとなっている。[☆21] 一部に一六世紀までの版と共通する挿絵が使われているが、それは占星術に関する図にかぎられる（図19・20）。

そうした変化のなかで、時禱書と「羊飼いの暦」に共通する要素である一二カ月の暦もその役割を変えつつあった。「羊飼いの暦」では、月暦図は最初から挿絵として重要な位置を占めていた。マルシャンの初版では一月の暦のみが、物語絵付きイニシャルとは別に大型の「月々の仕事」の木版画で飾られていたが、トロワのニコラ・ル・ルージュが刊行した一五二九年の版では、一二カ月全てが大型の月暦図の木版画で飾られている[☆22]（図21）。この改訂は、月暦図自体への世俗的関心の高まりを反映したものであると考えられるとともに、暦本来の典礼的性格が薄れるにつれて、「羊飼いの暦」が世俗的な暦書へと変化していった事実を端的に表わしていると言えるだろう。

時禱書の暦に関しては、一五世紀後半にルーアンで制作された一冊の写本の時禱書に興味深い例が見られる。一六世紀に「人生の一二時期」を暦の挿絵に用いた時禱書が刊行されたとはいえ、月暦図の主たるモチーフが「月々の仕事」

であることは変わらなかった。この写本では、制作時に月暦図の挿絵が描かれず、暦のテクストの下の余白が空白のままに残されていたところに、一六世紀の印刷本の挿絵から切り抜かれた木版画の「月々の仕事」が、後世の所有者によって貼り込まれている（図22）。このように写本のページに後から版画が追加されること自体は珍しいことではない。聖人像などの木版画が余白に貼りつけられた写本も現存しており、そうした版画には祈禱を視覚的に助ける目的があったと考えられる。[☆23]この時禱書写本に貼りこまれた月暦図の木版画は、ハンス・ボルの原画に基づいて制作されたアドリアン・コラールトによる版画を縮小したもので、おそらく一六世紀後半にハンス・ファン・ライクによって出版されたと考えられる。[☆24]ボルは一六世紀後半の代表的な風景画家の一人でアントウェルペンで活躍しており、同時期にコラールトも「七つの惑星と人生の七時期」の連作をはじめ多くの寓意的、宗教的主題の版画を作成していた。アントウェルペンとのつながりは月暦図の図像にも反映されていて、一月と二月の図はそれぞれ、アントウェルペンの街の祝祭と市内の凍結したスヘルデ川でスケートをしている様子を描いているのである（図23）。三月以降の図像は伝統的な「月々の仕事」の代表的モチーフを採用しているが、全体として、一二カ月の季節の変化を描いた一七世紀オランダの風景画の連作ととらえることができる。この月暦版画の貼りつけは、写本の時禱書が後世の所有者によってカスタマイズされて活用され続けた一例であるというだけでなく、所有者の興味が月暦図に内在する「風景画」的な一面へとシフトし、時禱書の暦がまさに一七世紀以降の暦書と同質の世俗的なものと認識されていた証とも言えるであろう。

一六世紀後半になると、月暦図は独立してステンドグラスや飾り皿のモチーフとしても使用され、世俗的な装飾モチーフとして定着する（図24）。同様に、「人生の一二時期」の挿絵シリーズも元来の時禱書のコンテクストから離れて、装飾用のステンドグラスやタペストリーのモチーフとして用いられている。[☆25]月暦図は次第に風景画へと変容して近代まで存続したが、こうした世俗化の流れの端緒はすでに、一六世紀の印刷本の時禱書や「羊飼いの暦」の暦にも見られると言えるだろう。「羊飼いの暦」は魂と肉体双方の必要に具体的に答える挿絵入り本として人気を博したが、

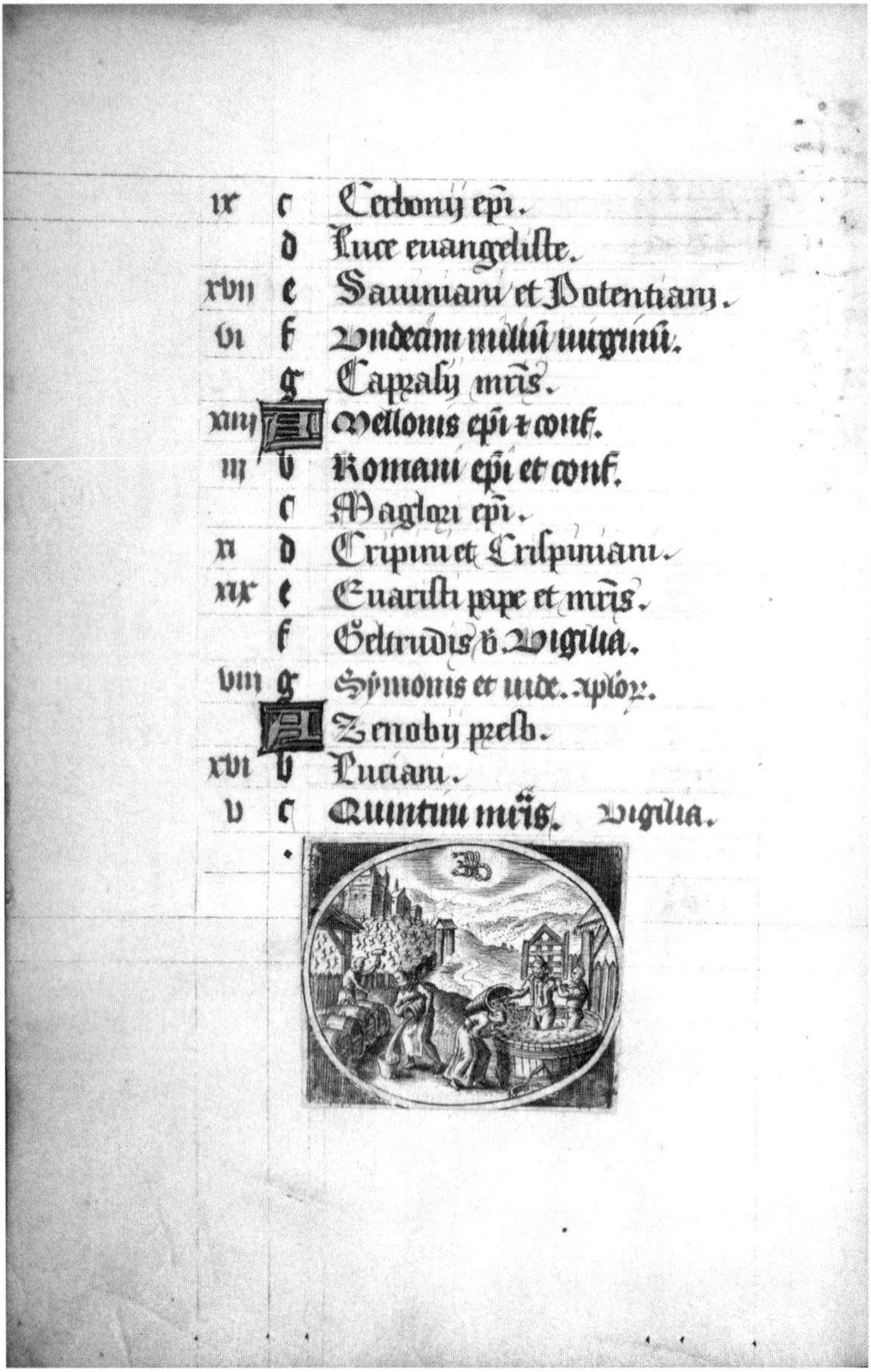
ix c Cerbonij epi.
d Luce euangeliste.
xvij e Sauiniani et Potentiani.
vi f Undecim milium virginum.
g Caprasij mris.
xiiij A Mellonis epi et conf.
iij b Romani epi et conf.
c Maglorii epi.
xi d Crispini et Crispiniani.
xix e Euaristi pape et mris.
f Geltrudis v. Vigilia.
viij g Symonis et iude. aplor.
A Zenobij presb.
xvi b Luciani.
v c Quintini mris. Vigilia.

図22——〈一〇月の暦　葡萄酒造り〉
時禱書（ルーアン式典礼）
ルーアン　一四六五～八五年　應義塾図書館　120X 68 1, fol. 10v

図23——〈広場の祭り（一月）、凍結した川とスケート遊び（二月）〉
時禱書（ルーアン式典礼）
ルーアン　一四六五～八五年　慶應義塾図書館　120X 68 1. fols 1v, 2v

図24——〈草刈り（五月）〉
テラコッタの飾り皿
ルカ・デッラ・ロッビア作
ロンドン
ヴィクトリア・アンド・アルバート博物館

やがては実用的な暦書へと姿を変えていくのである。

第四章　「専門の読み手」とミセラニー写本

1　アマチュア絵師の仕事

これまでに検討してきた写本と印刷本の時禱書、そして「羊飼いの暦」は、書籍工房や印刷者が不特定多数の読者に向けて「出版」した書物である。そこでは、作者、写字生、絵師、注文主など複数の人間がそれぞれの役割に応じて書物生産にかかわって、テクストは書物というかたちを与えられた。中世後期の写本制作では、テクスト本文を書き写す写字生と細密画や物語絵付きイニシャルを描く絵師とは別人物で、さらに、商業的な書籍工房による写本生産では、一冊の写本に複数の絵師が細密画を提供したり、手本に基づいた工房の統一的な様式があらかじめ用意されていることも少なくない。しかし現存する写本を調べていると、写字生が挿絵も描いているか、作者あるいは写本の編纂者が同時に写字生でも絵師でもあると思われる例に出会うことがある。そのような写本は数は多くはないが、中世イギリスで制作された写本にかぎっても、宗教散文集、年代記、ウィリアム・ラングランド作『農夫ピアズ』、祈禱書など多岐にわたる書物でそうした例は見られる。[☆1] なかでも最も有名な例は、一三世紀の修道僧マシュー・パリス（一二五九年没）がセント・オーバンズのベネディクト会修道院で作成した写本群であろう。マシュー・パリスは『大年代記』や『イギリス史』などの歴史書を記した年代記作家であると同時に、当時の専門の絵師に引けをとらない「きわめて才能あるアマチュア」の絵師で、現存する写本のいくつかには、自画像を含む作者自身による挿絵が残されている[☆2]（図1）。

図1——〈聖母子像と跪くマシュー・パリス〉
『イギリス史』 セント・オーバンズ 一二五〇～五九年
ロンドン 大英図書館 MS Royal 14. C. vii, fol. 6r

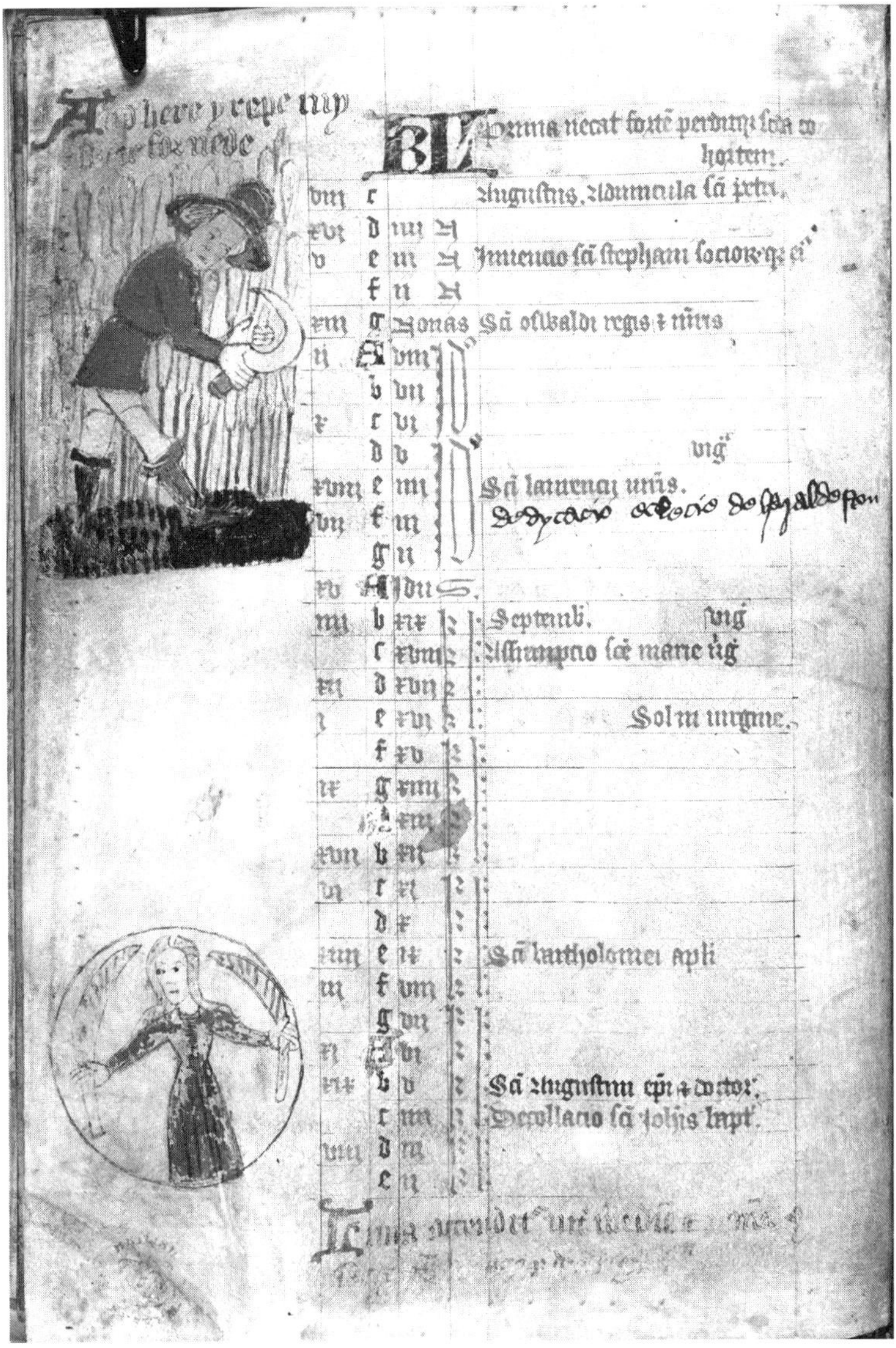

図2——〈七月の暦〉
祈禱書　イングランド　一五世紀後半
ロンドン　大英図書館　MS Addit. 22720, fol. 9v

一方で、マシュー・パリスとは対照的な、素朴でときに稚拙な筆致の挿絵の写本も見られる。一五世紀後半にイングランドで制作されたある祈禱書写本（大英図書館 MS Additional 22720）には、キリストの生涯や聖ジョージや聖トマス・ベケットなどの伝記を主題とした挿絵が余白や白紙のページに数十点描かれているが、おそらく専門の絵師によるものではない。この写本は教会暦で始まり、ラテン語による聖母マリアや聖人への祈禱文、痛悔詩篇、連禱、『ヨハネによる福音書』からの抜粋など、時禱書の基本的要素のいくつかで構成されている。暦の余白に描かれた挿絵は、写字生の仕事としてとくに注目に値する。教会暦そのものは、罫線で囲まれた列のなかにラテン語の聖人名や黄金数が記された標準的なものであるが、余白には異なる筆跡で、時禱書の各月の暦の冒頭にしばしば登場する「月々の仕事」のラテン語詩の英訳が記され[☆3]、その下には「月々の仕事」と黄道十二宮の挿絵が描かれている。たとえば七月の暦では、「私は糧のために小麦を刈る」という詩行の下に、七月の「仕事」にあたる「麦刈り」と乙女座が描かれている（図2）。この二つのモチーフの組みあわせは標準的なもので、両者は中世後期の典礼書の教会暦にしばしば並んで描かれていることから、これらの挿絵が英詩を追加した写字生によって、既存の時禱書のレイアウトを参考にして模写された可能性が浮かびあがってくるのである。

このように力量やかかわり方に差はあるが、テクストと挿絵が同一人物の筆になると思われる写本のなかには、前章で検討した時禱書の場合とは異なり、独創的で緊密な関係がテクストとイメージのあいだに認められる場合がある。そこでは、テクストに書物というかたちを与えるプロセスにおいて写字生が中心的役割を果たしており、単にテクストを転写するだけでなく、今日の編集者に近い立場から写本全体の編集方針を決めて意識的にテクストの修正や註解をおこない、挿絵を用意し、さらにはページ・レイアウトを決めて挿絵とテクストを配置していると思われる。そのような写字生は、書物生産のプロセスに統括的にかかわることで作者と読者とのあいだに立ち、解釈のコンテクストを一般読者に先だって準備する存在であり、そのために、「単に移行（transition）の領域のみならず相互作用（transaction）の領域」であり、「テクストのより正しい受容、より妥当な読みのために大衆に働きかける特権的な場」[☆4]

であるパラテクストを整備するのである。その立場は作者よりもむしろ読者に近いため、近年の書物史研究においてそのような存在は「専門の読み手」(professional reader)と総称されている。[☆5]「専門の読み手」はパラテクストを操作し、さらには写本の編纂を通じて読書のためのコンテクストを構築し、テクストを物理的な書物のかたちにして読者に提供する存在にほかならない。

「専門の読み手」が積極的にかかわって編纂された写本は、個人用かあるいはかぎられたコミュニティ内での使用を意図して制作されたものが多く、これまでに検討したような、工房で不特定の読者に向けて生産された時禱書とは一線を画している。なによりも、写字生が自ら挿絵も考案して描いていると推察される場合は、その前提としてテクストの内容を熟知していたと考えてさしつかえないだろう。それゆえに、挿絵も単純にテクスト理解を補助するものでも、逆に、時禱書のボーダー装飾にしばしば見られたように、テクストとは無関係な独立したものでもなく、テクストとのあいだには明確な相互補完的な関係が認められるのである。

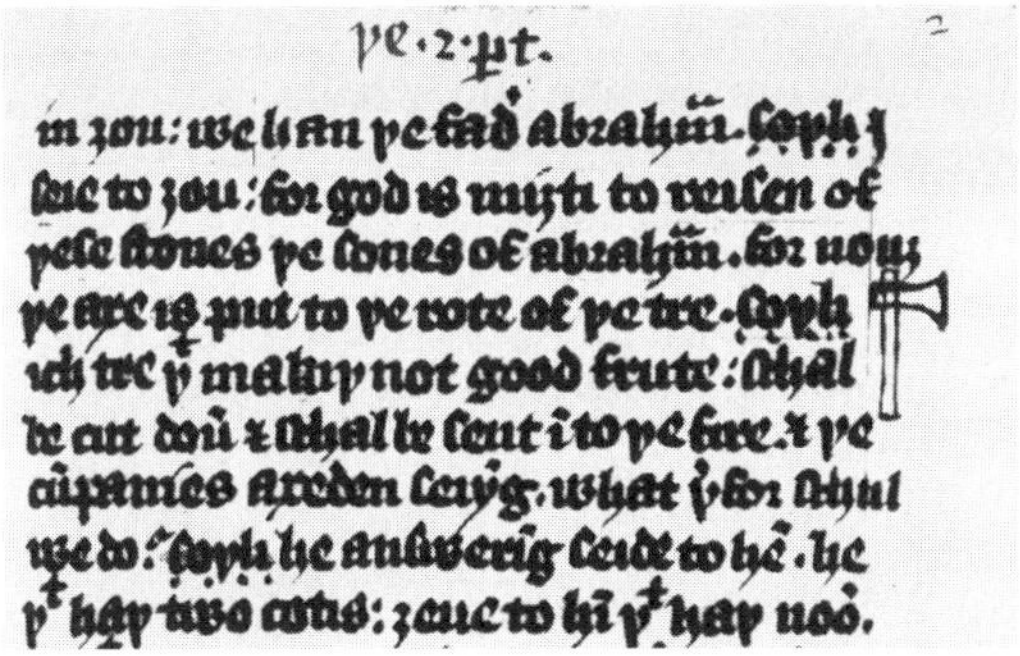

図3
「ウィクリフ派福音書」一四〇〇年頃
オクスフォード ボドレアン図書館
MS Bodley 978, fol. 15r

「専門の読み手」と写本とのかかわり方はさまざまである。写字生はときに写本の余白に自ら絵を描くことで、テクストに視覚的註解をほどこしている。一例を挙げると、オクスフォード大学ボドレアン図書館所蔵のボドレー九七八写本(一四〇〇年頃)は、福音書をウィクリフ派の視点からパラフレーズしたもので、本文の余白には全部で七九点の小さなアイコン的な絵が描かれている。たとえば、本文中に「イエスは舟に乗る」という記述があればその横には小舟の絵が、また、イエスが喩えを用いて「斧はすでに木の根本に置かれている」と語る場面では斧の絵が描かれている(図3)、といった具合である。このように絵の多くは、テクストが字義的か比

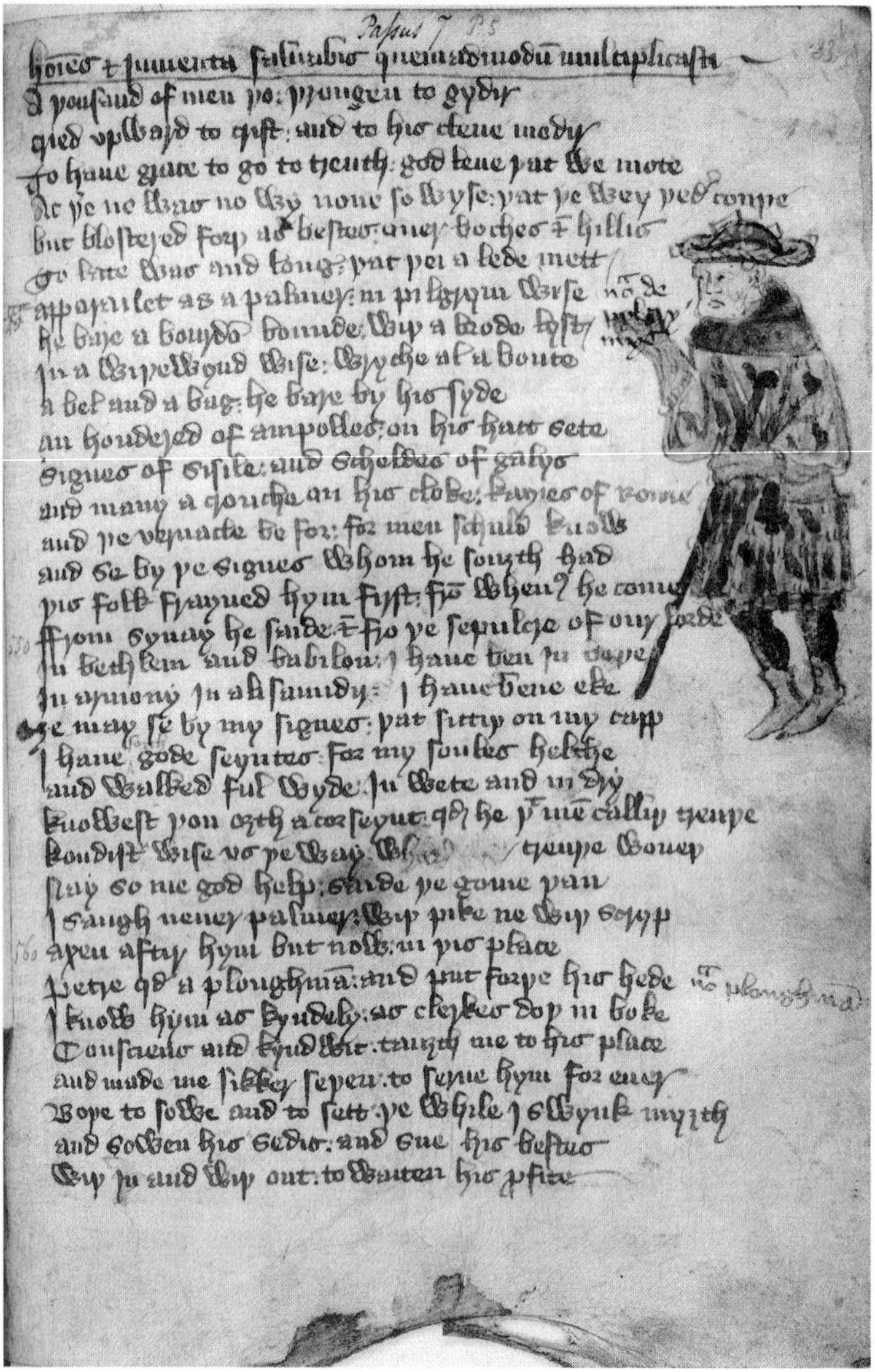

Passus 7

hoies & iumenta saluabis quemadmodum multiplicasti
A þousand of men þo: þrongen to gydre
Cried upward to crist: and to his clene moder
To haue grace to go to treuth: god leue þat we mote
Ac þer ne was no wiȝ none so wyse: þat þe wey þer come
but blostered forþ as bestes: over baches & hillis
Til late was and long: þat þei a lede mett
Apparailet as a paynem: in pilgrym wise
He bare a bourdon bounde: wiþ a brode list
In a wethewynd wise: wryþen al aboute
A bolle and a bag: he bare by his syde
An hondered of ampolles: on his hatt sete
Signes of Synai: and shelles of galys
And many a crouche on his cloke: keyes of Rome
And þe vernacle be for: for men schulde knowe
And se by þe signes: whom he souȝth had
þis folk frayned hym first: fro whenne he come
From Synay he saide: & fro þe sepulcre of our lorde
In bethlem and babilon: I haue ben in boþe
In armony in alisaundry: I haue bene eke
ye may se by my signes: þat sitten on my capp
I haue souȝt seyntes: for my soules helthe
And walked ful wyde: in wete and in dry
Knowest þou ouȝt a corseynt: quod he þat men calle treuþe
Kouthist wise us þe way: wher þat treuþe woneþ
Nay so me god help: saide þe gome þan
I saugh neuer palmer: wiþ pike ne wiþ scripp
Asken after hym but now: in þis place
Peter quod a ploughman: and putte forþe his hede
I knowe hym as kyndely: as clerkes doþ her boke
Conscience and kynde wit: tauȝt me to his place
And made me sikker seruen: to serue hym for euer
Boþe to sowe and to sett: þe while I swynke myȝth
And sowen his sedis: and sue his bestis
Wiþ in and wiþ out: to wayten his profite

図4——〈巡礼〉ウィリアム・ラングランド『農夫ピアズ』(C.VII.159) アングロ・アイリッシュ 一四二七年 オクスフォード ボドレアン図書館 *Piers Plowman: A Facsimile of Bodleian Library, Oxford, MS Douce 104*, fol. 33br

喩的かには関係なく、単純明快にテクスト中の特定の語句に対応させることで、テクストの特定の箇所を際立たせて読者の記憶を助け、さらには該当箇所の検索を容易にする視覚的インデックスとして機能するのである。この特徴は、ウィクリフ派のテクストであることに考慮した写字生が、イメージに過度の意味づけがなされて偶像崇拝的となることを避けるために、挿絵の機能を純粋に記憶装置のそれに限定しようとした結果であるとも解釈できよう。[☆6] それとともに、舟が言及される箇所では常に舟の絵が描かれているように、同じモチーフがくりかえし登場するため、写字生が、自分が描けるかぎられたレパートリーを使い回している印象も否めない。

欄外余白に写字生が描いた絵は、『農夫ピアズ』の写本（ボドレアン図書館 MS Douce 104）にも見られる。一五世紀に制作されたこの写本は『農夫ピアズ』の唯一の挿絵入り写本で、余白に全部で七二点の絵が認められるが、それらはこの寓意詩に登場する人物や寓意擬人像を描いていて、重要な教義や教訓を記憶するための視覚的インデックスとして機能している。絵は必ずしもキーワードの単純な挿絵化ではなく、ある程度の長さのテクストの内容をまとめてひとつの挿絵で表したような、写字生の解釈を反映したものも存在する[☆7]（図4）。両写本とも、テクスト内容を熟知した写字生の積極的関与の結果と言えるだろう。

2　北イングランドの宗教文学ミセラニー写本

「専門の読み手」がテクストへの注解者の役割を越えて、写本全体の構成に編纂者としてかかわっている写本も存在する。そうした写本は、特定の個人が一人で編集者、写字生、絵師の役割をこなしてつくられるため、その内容も個人の必要や興味を反映した複数のテクストから成るミセラニーとなる場合が多い。また、テクストと挿絵の関係も、しばしば典拠となった作品をも巻きこんで複雑なものとなっている。

そのようなミセラニー写本の例として、一五世紀後半に北イングランド（おそらくヨークシャー）のカルトジオ会修道院で編纂された一冊の写本（大英図書館 MS Additional 37049）が存在する。[☆8] この写本は修道僧を対象として編纂されたもので、主に英語で書かれた七六点のテクストと一五〇点近くの挿絵で構成されている。その中の比較的長い数点の作品——後述する『信仰の荒野』やシトー会士ギヨーム・ド・ディギュルヴィルの長編寓意詩『魂の巡礼』の英訳など——を中核として、その周囲に関連した内容の短いテクストを配することで意図的に編纂された、キリスト教の基本教理および道徳に関する挿絵入りミセラニーである。その比較的初歩的な内容からして、神学や修辞学とは無縁な修道僧が読者像として想定されていたと思われる。

本写本における挿絵の機能は大きく分けて二種類ある。ひとつは、テクスト内容を図解によって説明する補助的な挿絵である。一例をあげると、「煉獄の魂の救済」と題された短詩に付けられた挿絵（図5）は、煉獄の魂が死者のための祈りや施しによって救済されるメカニズムを、魂が煉獄の井戸から救いだされる場面の図と「これらの魂は祈りと施しによって煉獄から引きあげられる」というキャプションによってわかりやすく示している。もうひとつは、テクストの内容を直接図示するのではなく、記憶を助けたり、あるいは読者に黙想をうながすことを目的とした挿絵である。その例としては『信仰の荒野』（*The Desert of Religion*）があげられる。[☆9] これは、美徳と悪徳を中心にキリスト教のカテキズムをまとめた作品で、挿絵、樹形図、テクストの三要素で構成されている。見開き二ページをひとつの単位として、それぞれが従順、謙遜、傲慢などの道徳的概念や十戒などの基本教理を扱い、左ページには詩文と挿絵が、右ページには詩文の内容を樹形図にまとめたものが描かれている。タイトルから推察されるように、このテクストは荒れ野で禁欲生活を送った初期キリスト教の聖者を意識して書かれており、聖アントニウス、エジプトのマリア、マグダラのマリアなど、隠遁生活で知られる聖人や聖女の姿が挿絵として描かれている。『信仰の荒野』は本写本を含む三つの写本で現存している。いずれも修道院で制作された写本で、本写本以外の二写本——大英図書館所蔵のストウ写本（MS Stowe 39）とコットン写本（MS Cotton Faustina B. VI, pars II）——では、挿絵を写字生とは別の人物が担当している。三写本を比較すると、本写本（以下、アディショナル写本と呼ぶ）には、挿絵とテクストの関係性に「専門の読み手」である編纂者の意図的な介入が認められる。

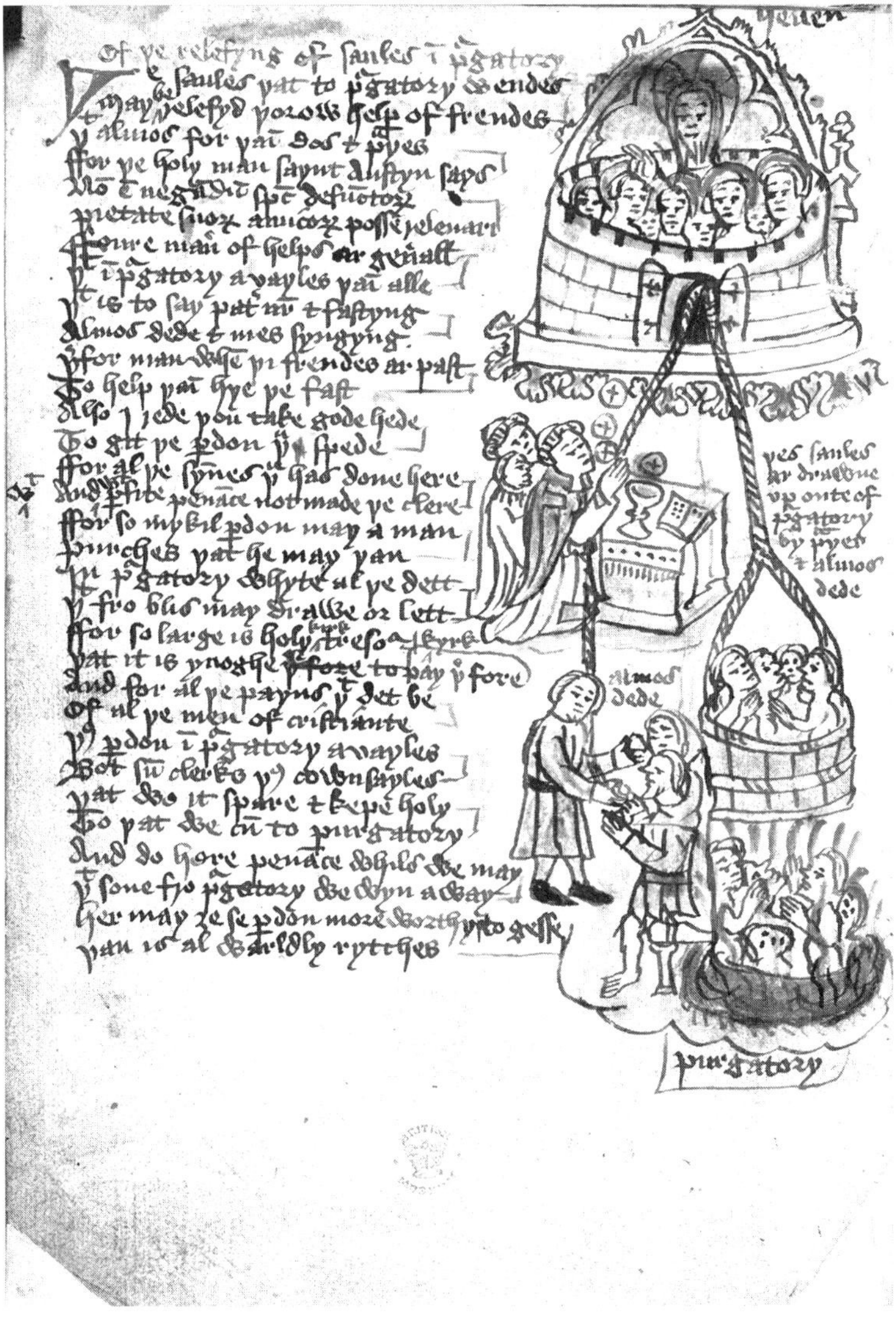

図5――〈煉獄の魂の救済〉 ロンドン 大英図書館 MS Addit. 37049, fol. 24v

アディショナル写本には、他の写本にはない祈禱者像がしばしば描かれている。たとえば魂への誘惑を主題としたセクションの挿絵では、他の二写本では十字架が単独で描かれているのに対して、アディショナル写本ではそれがキリストの磔刑図となり、さらにその下には他の写本にはない祈禱する修道僧の姿が描かれている（図6・7）。見開きの右ページには「善き生活を阻害する樹」と名付けられた樹形図が描かれ、魂の害となる悪徳がその樹の葉として列挙されている。キリストが流した血が雨のように背景に描き加えられた磔刑図は、それを眺める読者が受難の現場を心中に描くことを助ける、喚起力の強いディヴォーショナルなイメージとなっている。十字架の足もとに描かれた祈禱者像は、そのように絵を介して黙想する読者の代表であり、この作品にどう対峙すべきかを読者に教えていると言える。読者は、テクストを読んで理解した内容を樹形図によって整理し、記憶にとどめる。さらにその理解のうえに立って、祈禱者の姿が描かれた挿絵を視ることで、一人の信徒として何をすべきかを知り、祈りを実践するのである。実際の読者に模範を示す祈禱者像は、それを描いた「専門の読み手」その人であるとも言えるだろう。

また、謙遜の美徳を扱ったセクションで描かれている荒れ地で聖母に祈るエジプトのマリアの姿は、「専門の読み手」によるテクストと挿絵の関連づけの方法としてさらに複雑なものになっている。このセクションは、謙遜の構成要素を詳しく説明した詩文と、詩文で言及されている謙遜の一二段階をダイアグラム化した樹形図、そして隠遁者の姿をしたエジプトのマリアの挿絵から構成される（図8）。エジプトのマリアは、第二章で触れたように、アレキサンドリアの娼婦で、改心したのち、生涯を荒れ地での隠遁生活に捧げた聖女である。彼女を描いた挿絵には、「私は自分の過ちと過失を悔いたとき、償いと苦行をするために荒れ地へいった。私を覆う髪の毛が私の衣服となり、茂みのなかで、体は傷つき裂けた。神は、私が終わりを迎えるために、ゾジマスという名の僧を連れてきた」（アディショナル写本［fol. 48v］）という内容の説明文が添えられているが、挿絵と説明文の対応は写本によって微妙に異なっている。コットン写本では、説明文に加えて、厳しい砂漠での隠遁生活の結果衣服が朽ちて、かわりに長い髪が体を覆っているエジプトのマリアの姿だけが描かれている（図9）。この挿絵は祈禱するエジプトのマリアのポートレートで、それは読者に黙想をうながすという機能を負っている。またストウ写本では、同じく長髪を衣服がわりとしたエジプトのマリアと彼女を荒野で発見した修道院長ゾシマスの姿が描かれている（図10）。この挿絵はエジプトのマリア伝のひとつのエピソードを物語画のように視覚化したものと言える。どちらも、自己完結的な独立した絵として機能すると言えよう。これらに対してアディショナル写本では、エジプトのマリアは毛髪で裸体を覆った隠遁者の姿をして、膝をついて聖母マリアに祈っているのである（図11）。さらに、「賞賛すべき神の母、優しきマリア様、私の祈りに耳を傾けて下さい。現世を捨てて、質素に生きるのにふさわしい私にしてください」と罪深い自分への加護を祈るエジプトのマリアに向かって、聖母が「ヨルダン川を越えてゆくと永遠の悲しみから解放される」と答える対話文も付け加えられている。しかし、『黄金伝説』によるとエジプトのマリアが聖母マリアからこの啓示を受けたのは改心した直後のエルサレムにおいてであるから、この対話の内容と挿絵に描かれているような隠遁者となったエジプトのマリアの姿とは、通常のエジプトのマリア伝のなかで見るかぎり、時間的に矛盾する。さらに、挿絵の下には、「エジプトのマリアは荒れ地で四七年の悔悛生活を、誰にも会わずに送った」という説明文に続けて、「主よ、機会あるうちに生き方を正せる恩寵を我らに与え賜へ」という祈禱文も記されている。これらをあわせて考えると、この挿絵において、テクストとイメージは相互補完的に作用することで、悔悛の始まりと隠遁生活という二つの異なるエピソードをナラティヴの連続性を犠牲にして合体させるとともに、そこから普遍的な意義をも導きだすと言える。すべてのキリスト教徒にとって現実的な意義をもつ改心をナラティヴによって視覚化する一方で、実際の読者を改悛者の祈禱像としてのエジプトのマリア像に重ねあわせることで、読者にエジプトのマリアの生涯への黙想をうながし、さらに、祈禱文が提唱する悔悛の実践へと導いていると言えるのである。

以上の二例が示すように、アディショナル写本の『信仰の荒野』は、読まれると同時に視られるべき作品であり、そのページ・レイアウトは読者を教養の理解から黙想に誘い、そして内省と改悛へと向かわせる。そこでは、イメージとテクストの緊密な関係性によってつくりだされるパラテクストが、読者にとって読む行為が即座に視る行為であ

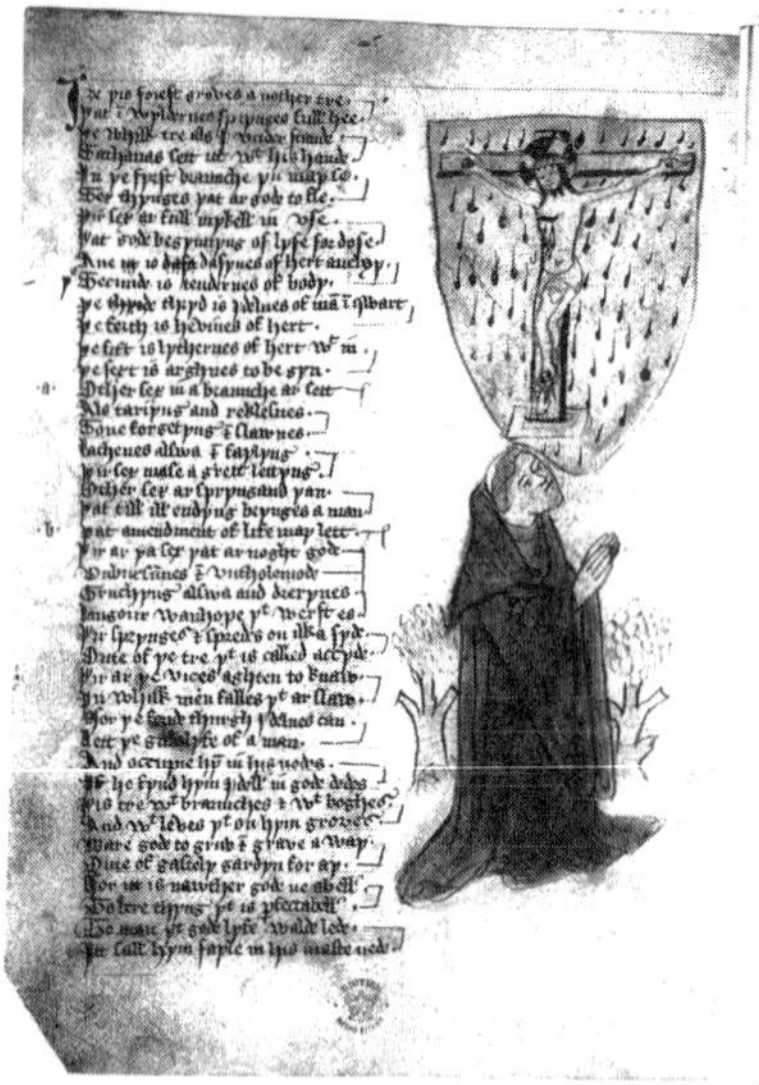

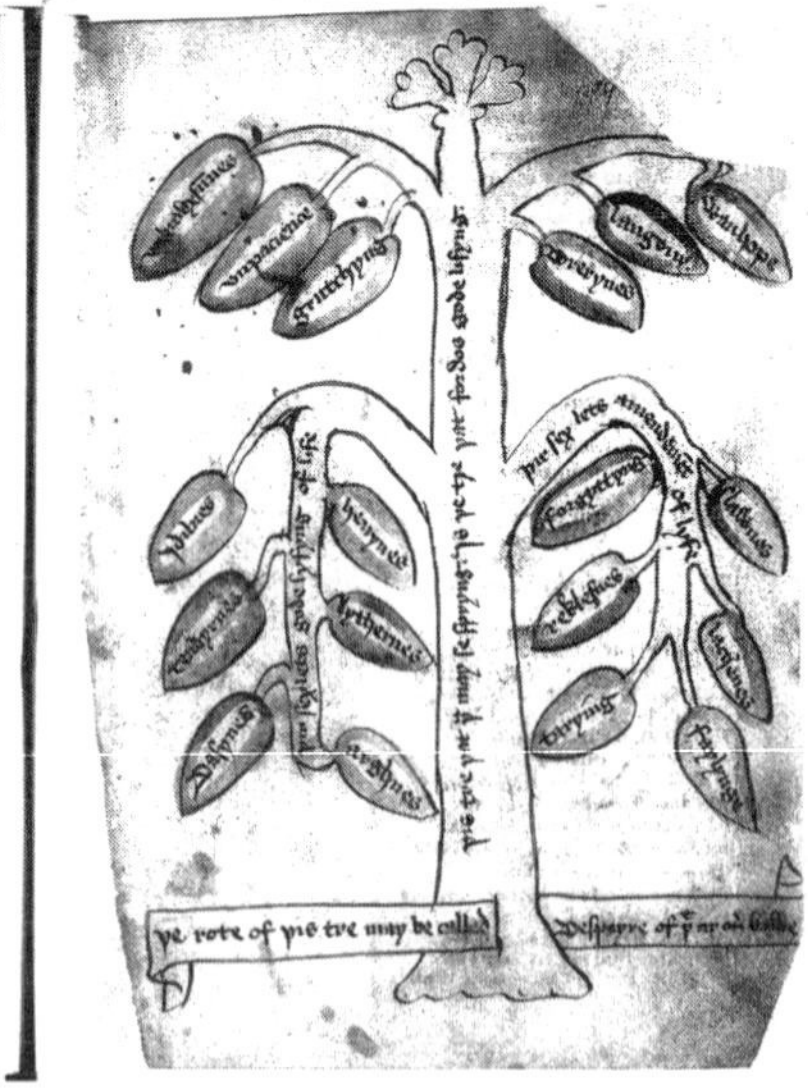
ye rote of yis tre may be called

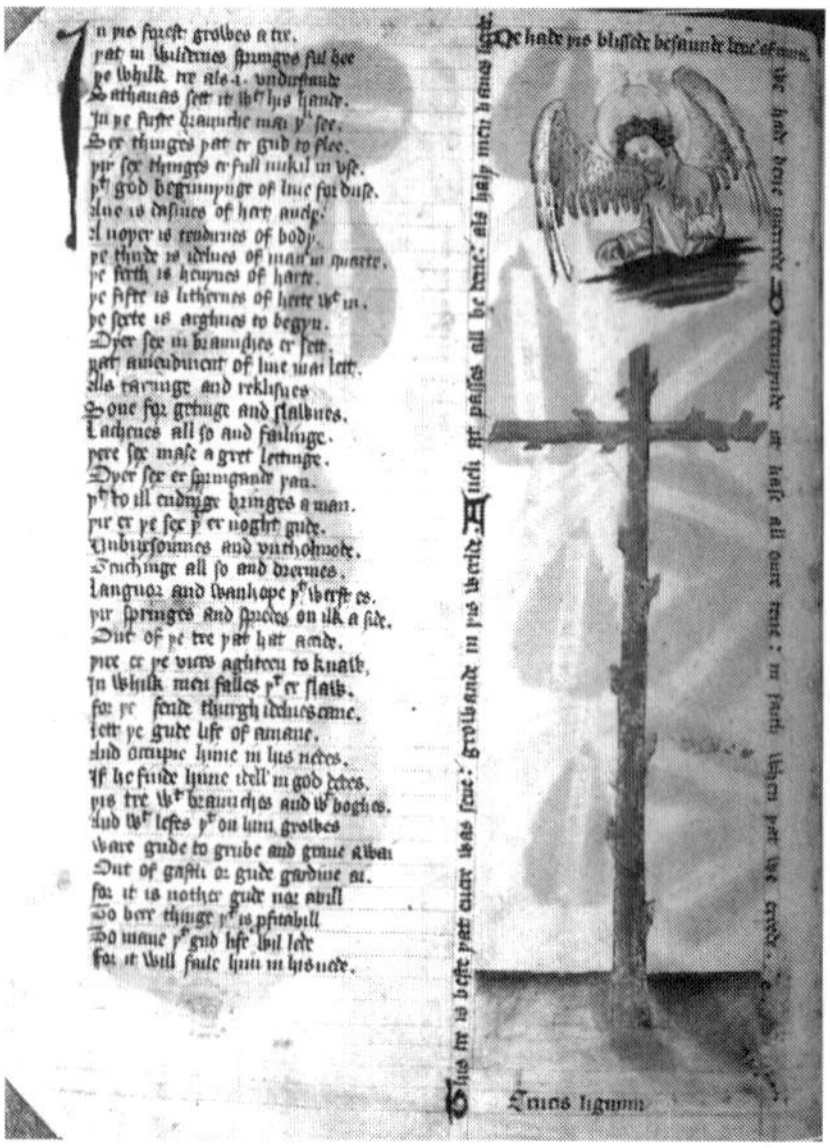

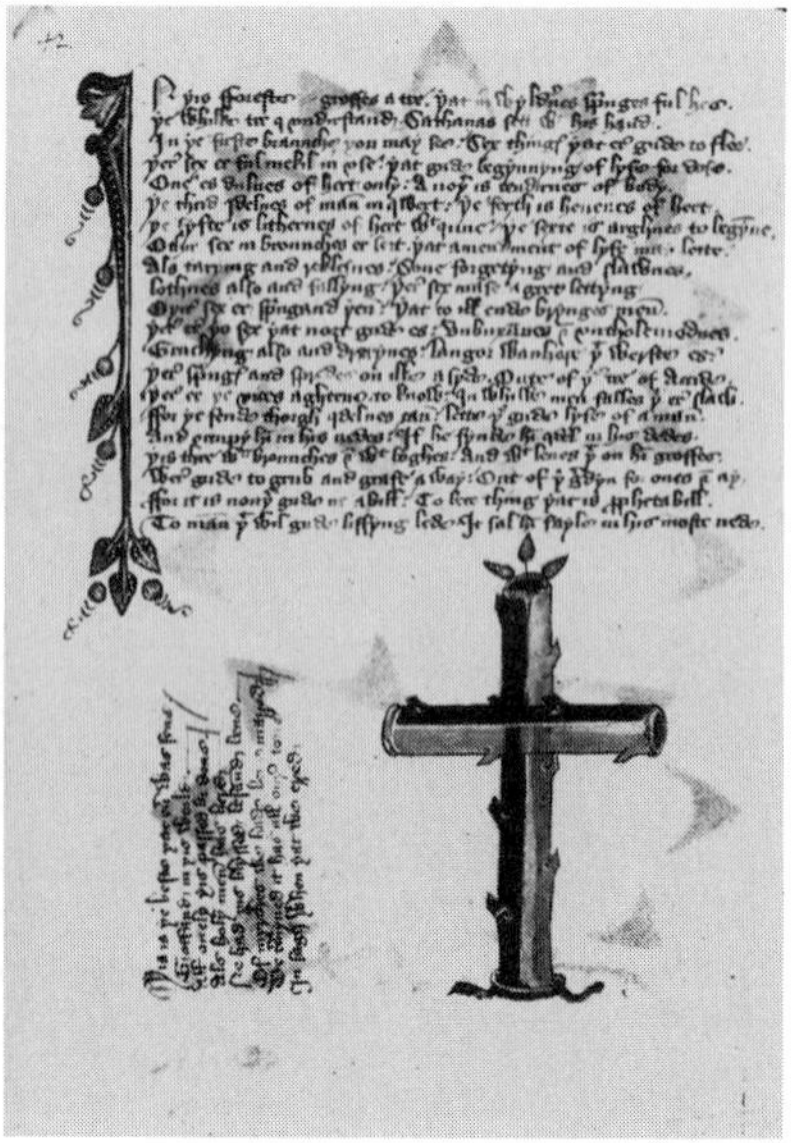

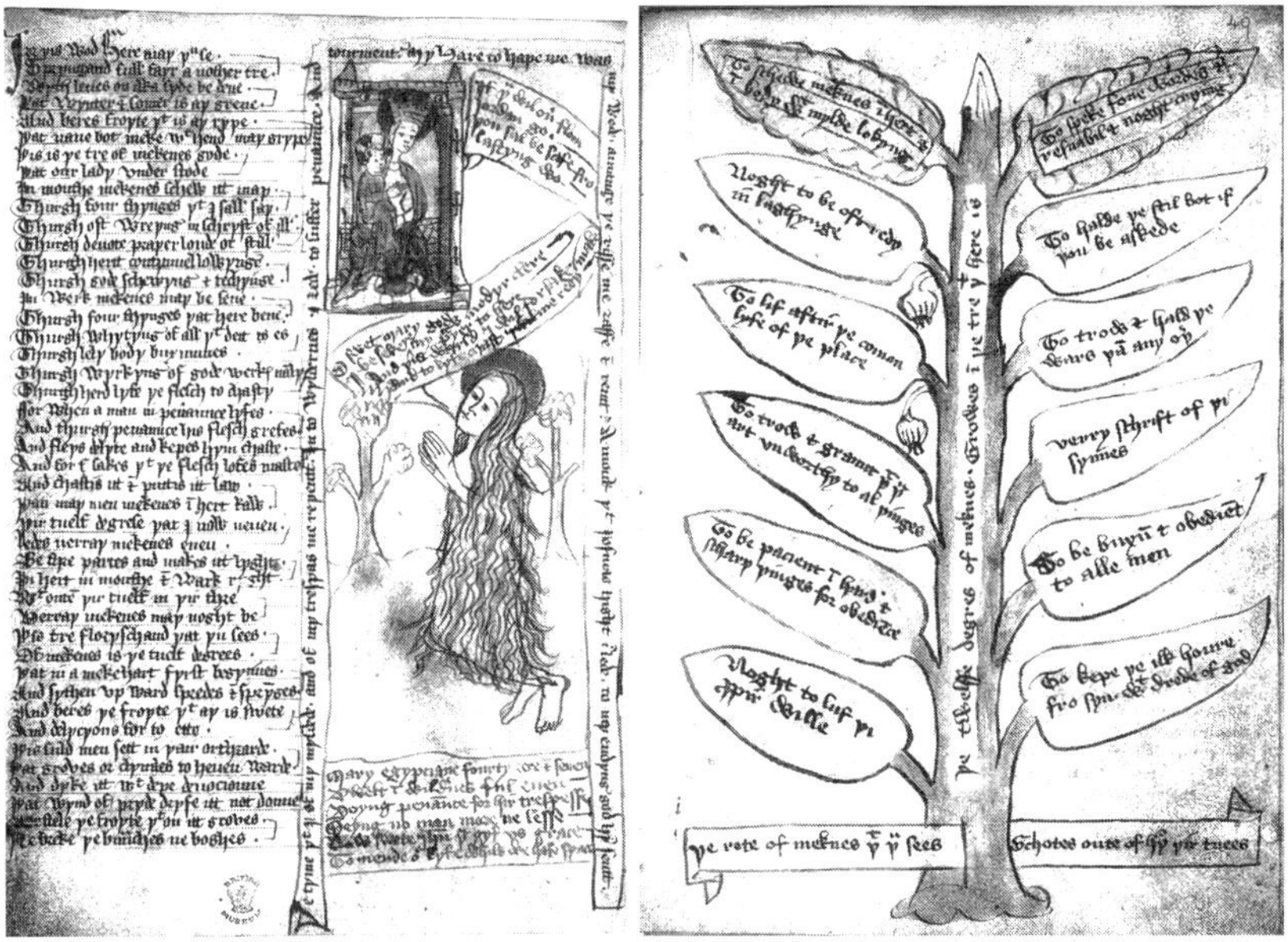

図6——〈磔刑像に祈る修道士〉
『信仰の荒野』
ロンドン　大英図書館　MS Addit. 37049, fols 58v-59r

図7——〈十字架〉
『信仰の荒野』
ロンドン　大英図書館
MS Stowe 39, fol. 23r, MS Cotton Faustina B. 6 pars II, fol. 15v

図8——〈エジプトのマリアと謙遜の木〉
『信仰の荒野』
ロンドン　大英図書館　MS Addit. 37049, fols 48v-49r

図9——〈エジプトのマリア〉『信仰の荒野』ロンドン　大英図書館　MS Cotton Faustina B. 6 pars II, fol. 5v

図10——〈エジプトのマリア〉『信仰の荒野』ロンドン　大英図書館　MS Stowe 39, fol. 13v

図11——〈エジプトのマリア〉『信仰の荒野』　ロンドン　大英図書館　MS Addit. 37049, fol. 48v

り、また行動のきっかけであるという行動的な読書体験が推奨されているのである。

さらにこのイメージとテクストの緊密性は、実際にこの写本が編纂される過程にも認められ、それは写本とそのソース／典拠となった作品の関係を精査することで明らかになってくる。アディショナル写本は、主にその後半で、ギヨーム・ド・ディギュルヴィルの長編の寓意詩『魂の巡礼』（一三五五～五八年）の英訳からの抜粋を数度にわたって収録している。『魂の巡礼』は、同作者による『人生の巡礼』、『イエス・キリストの巡礼』とあわせて三部作を構成する。この三部作は、現世での生き方、その結果としての死後世界、そしてキリストによる救済の意味を、それぞれ寓意の旅という枠組みの中で総括的に扱ったもので、『魂の巡礼』は死後世界探訪譚の枠組みに寓意擬人像を当てはめた夢物語である。「魂」は肉体を離れ、大天使ミカエルによって死後の審判を受ける。審判の結果、煉獄での償いを命じられた「魂」は、天使に導かれて煉獄、地獄、天上のエルサレムをめぐり、その途上で「神の四人の乙女」や「教義」などの寓意擬人像と出会い、広くキリスト教の基本的教理を教えられる。ディギュルヴィルの「巡礼」三部作は中世後期にはフランス語原典のみならず、英語、スペイン語、オランダ語などにも訳されて広く流通し、一五世紀から一六世紀初期にかけて写本と印刷本の両方でベストセラーとなったが、どちらにおいても、最初から挿絵入りの書物として制作されていた。写本だけを見ても、現存する写本の大半が挿絵入りであり、アディショナル写本の抜粋もいずれかの挿絵入りの写本を典拠として用い、そこからテクストと挿絵の両方を数度にわたって借用したと思われる。

ソースの利用の一例をあげると、あるページ（図12）は『魂の巡礼』の散文英訳からの抜粋、それに対応する挿絵、そして悪魔が魂を地獄へ呼びこむ内容の詩という三つの要素で構成されている。挿絵は「魂が罪によって歪み、地獄に落ちる様子」を描いており、これは、犯した罪に応じて醜く歪んだ地獄の魂の姿を描写する『魂の巡礼』のテクストの視覚化である。この挿絵は、『魂の巡礼』の写本にある罪深い魂の挿絵（図13）を典拠として用いつつも、それにさらに「地獄の口」のモチーフを付け加えたオリジナルな絵である。「地獄の口」自体は中世文学・美術におけるポピュラーなモチーフだが、[10]『魂の巡礼』のいくつかの写本には、罪深い魂の挿絵に続いて、魂が悪魔に先導されて鳴りもの入りで地獄の口へと連れてゆかれる様子を描いた挿絵が存在しているので（図14）、アディショナル写本でもそれを利用した可能性は高い。アディショナル写本の「専門の読み手」は、この「地獄の口」の挿絵をそのまま写すのではなく、二つの別々の挿絵を組みあわせるようなかたちで独自の挿絵を制作したと考えられる。挿絵の上に書かれた詩では、悪魔が魂たちに「ついてこい」と呼びかけて、地獄の口へと連れてゆく。この詩は『魂の巡礼』には見当たらないので、新たな挿絵に誘発されて生まれたオリジナルの詩であるととらえられよう。編纂者は、『魂の巡礼』のテクスト本文と挿絵を等しくソースとして使用し、イメージを典拠として新たな詩を創作することで、メディアをクロスオーバーさせてイメージとテクストのあいだに緊密な関係をつくりあげているのである。

このようなイメージに誘発されたテクストの例とは逆に、テクストに基づいて描かれた挿絵の例も存在する。アディショナル写本には七つの秘蹟と死後の運命のテーマをあわせた複雑な内容の見開き図が含まれている（図15）。この挿絵については美術史家も注目しており、死後の救済あるいは秘蹟のテーマのもとに図像学的解読をしているが、いずれも挿絵を独立したものとして扱っている。[11]しかし、これから検討するように、この挿絵を写本のコンテクストにおいて前後のテクストとの関係で見ると、そこには緊密な関係性が存在していることが明らかになるのである。

見開き図（fols 72v-73r）の直前のページ（fol. 72r）には、現世を危険な海、森、そして荒野になぞらえて現世の虚しさを主題とした詩が書かれている。その詩は次のように終わっている。

　神がその善良さによって我らを苦しみから救い、続く例をじっくりと検討する恩寵を授けてくれますように。
　アダムが、たいして価値のない禁じられたもののせいで、いかに楽園からこのあわれな現世へと追放されたかを、そこに見ることができる。

図12——ロンドン　大英図書館　MS Addit. 37049, fol. 74r

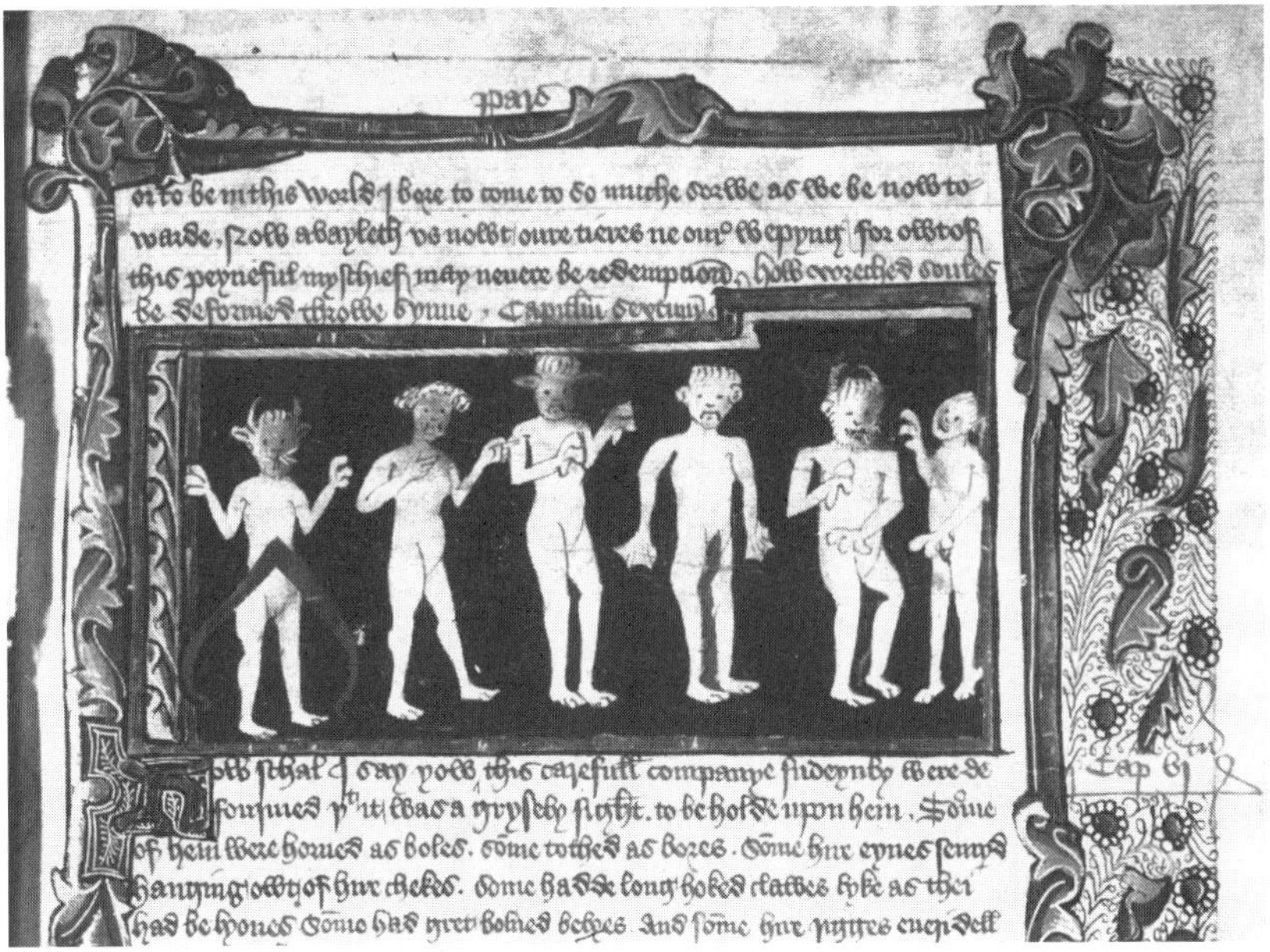

図 13——『魂の巡礼』（中英語訳）
ロンドン　大英図書館　MS Egerton 615, fol. 33r

図 14——『魂の巡礼』（中英語訳）
ロンドン　大英図書館　MS Egerton 615, fol. 34r

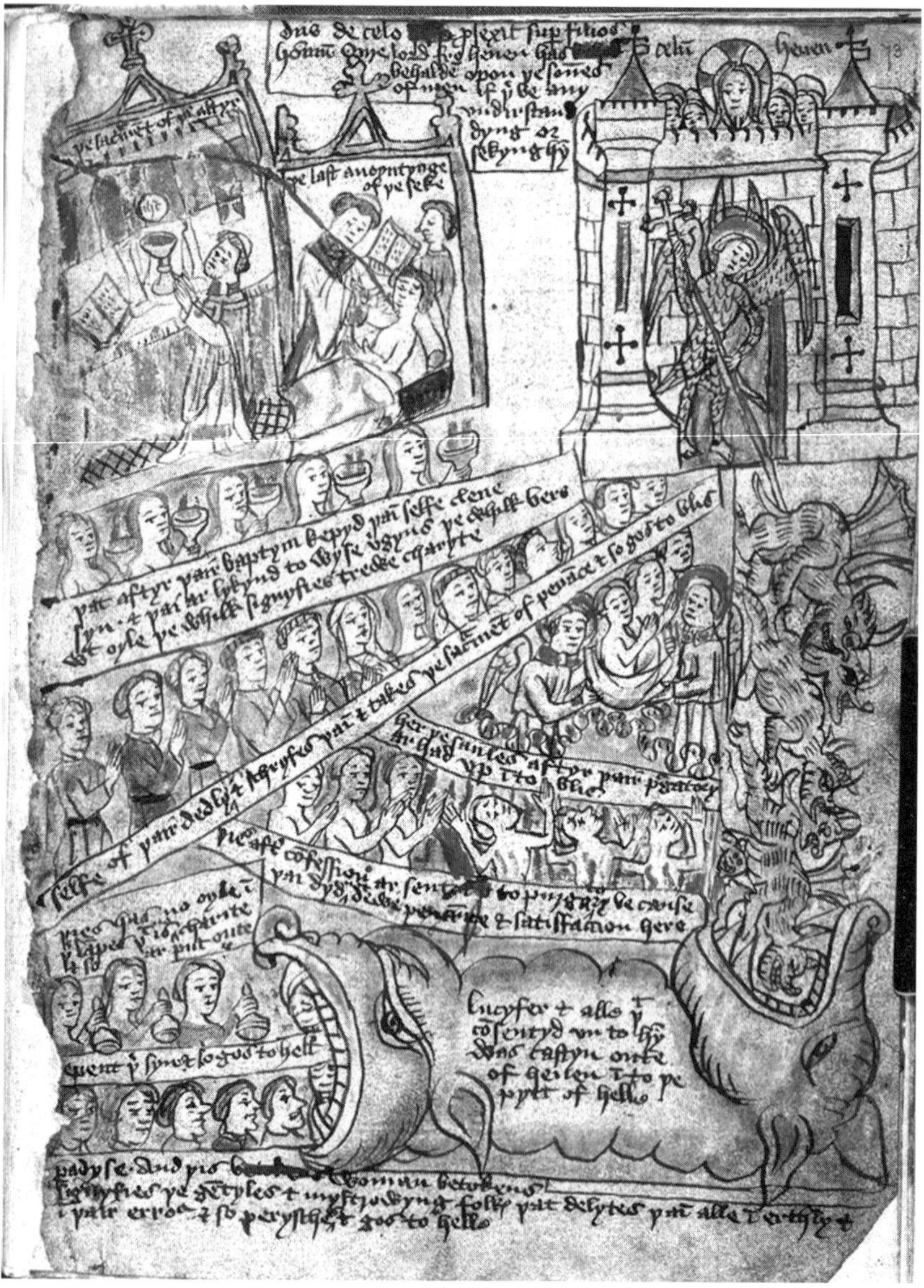
heven
ye last anoyntynge of ye seke

図 15——— ロンドン 大英図書館 MS Addit. 37049, fols 72v-73r

詩の最後にはアダムの地上楽園からの追放が言及されており、それは、続く見開き図の左上端に描かれた、アダムとイヴの地上楽園からの追放の場面（図16）に対応する。この詩は独立したものではなく、「続く例をじっくりと検討する」という箇所から推察されるように、見開き図へのプロローグとして機能しているのである。また、見開き図の右上端には堕天使の天からの追放（図17）が描かれていて、楽園追放の場面と対照をなしている。この天上と地上の二つの追放は、人間に課せられた救済のための自助努力と地獄落ちの危険の究極原因にほかならない。この二つの場面の間を占めているのは、見開き図の中心主題である人間の死後の運命である。この中間部分はかなり込みいっていて、一目で全体のレイアウトをつかむことはむずかしく、絵を読み解くためには、ページを埋め尽くしている複数の人間の列と付随する説明文のそれぞれを丁寧にたどってゆく必要がある。この列を追う目の動きは空間的と言うよりも線形的で、テクストを読む行為に似ていると言えるので、実際にそのように絵を読んでみることとする。[☆12]

書物でテクストを読むときと同様に、読者はページ左上の楽園追放を起点とする二本の列に最初に目を向けるが、一本はまっすぐに二つの鏡を手にした女性像（図18）へ向かっている。付随する説明文によるとこれは異教徒たちの列で、この列は最後は地獄の口（図19）にいきつく。もう一本の列はまず洗礼の秘蹟（図20）へと続いており、洗礼を受けた者はさらに二つの列に分かれる。身を清く保った者はまっすぐに天国の門（図21）へ向かい、一方で誘惑に屈した者は先ほどの女性像へいきつく。この女性像は後述するように「正義」の寓意像で、鏡はそのアトリビュートのひとつである。この女性像から列はさらに二つにわかれ、ある者は地獄へ堕ちるが、悔い改めたものは告解の秘蹟（図22）へと向かう。告解の秘蹟に到達した者は「賢いおとめと愚かなおとめ」（『マタイによる福音書』第二五章一～一三節）の姿で描かれてさらに二列に分かれ、生前に償いを終えた者は天国の門に向かうが、終えずに死んだ者は煉獄（図23）を経由して最終的に天国へと向かう。

このように列ごとに追って解読していくと、この図が人間の救済と地獄落ちの仕組みを図示していることが明らかとなるが、それには上述のような、テクストを解読するようにイメージを追う線形的なプロセスが必要である。この主題自体は時禱書の細密画にも見られるもので、とくに珍しいものではない。しかし通常は、天国と地獄を対照させたより整然としたレイアウトで、「最後の審判」の場面と組みあわされて描かれることが多い。類例はアディショナル写本の別の箇所にも（図24）、また一五世紀にルーアンで制作された聖務日課書の挿絵にも見られるが[☆13]、どちらも左右対照のわかりやすいレイアウトで描かれている。しかし、同じ主題を扱ったこうした挿絵とは明らかに異なる、この迷路のように複雑なレイアウトは、実は『魂の巡礼』の内容と密接に関係しているためなのである。この見開き図のソースは『魂の巡礼』の中英語訳で、詳細は省くが、神の四人の乙女の一人である「正義」が、その姉妹である「慈悲」が全免償の証書をもってしても贖うことができなかった者たちに対して判決を与えるくだりである。「正義」は、一部の者を煉獄へ送る一方で、「心から悔い改めることなく、罪を続けて生を終えた者、謙虚に質素に法に従っている者を嘲り、冒瀆し、さげずんで、神の法に対して頑なであり続け、死ぬまえに健全な悔悛によって改めなかった者」、「改悛と美徳の厳しい道を外れて貪欲と浪費、悪徳の道へ進んだ偽の巡礼たち、自ら口にできぬおぞましい罪におちいった者たち」、「神の意志から遠ざかり自分自身の邪な意志に従った者たち、誤った理解や解釈によって聖書の教訓を不遜にも歪めた異端者」、「慈悲を恃んで生の終わりまで貪欲におぼれ、過ちを悔いることのなかった者たち」など、さまざまな種類の罪人に対して、「解放の希望も約束もない地獄の火のなかでサタンとともに焼かれる」という判決を下すのである[☆14]。見開き図は、この「正義」が与える判決をソースとして、それを「正義」の擬人像から分かれでる複数の列として視覚化したものにほかならない。編纂者は単にソースから対応するテクストを抜粋するのではなく、ソースとなったテクストの主題をメディアを変えてダイアグラム的な挿絵へと翻訳しているのであり、この図の複雑な構図は、テクストの線形性を保ちながら、その内容を視覚的に変換した結果であると解釈される。人生の選択に従って分岐する複数の人間の列を目で追う行為は、読者に自分自身の人生の選択をうながす劇的な効果がある。その意味でこの見開き図は、『信仰の荒野』と同様に、行動的な読書をうながす絵として機能していると言えるだろう。

以上のようなテクストとイメージを交差させた典拠の活用の背景には、そもそも『魂の巡礼』という作品が挿絵入

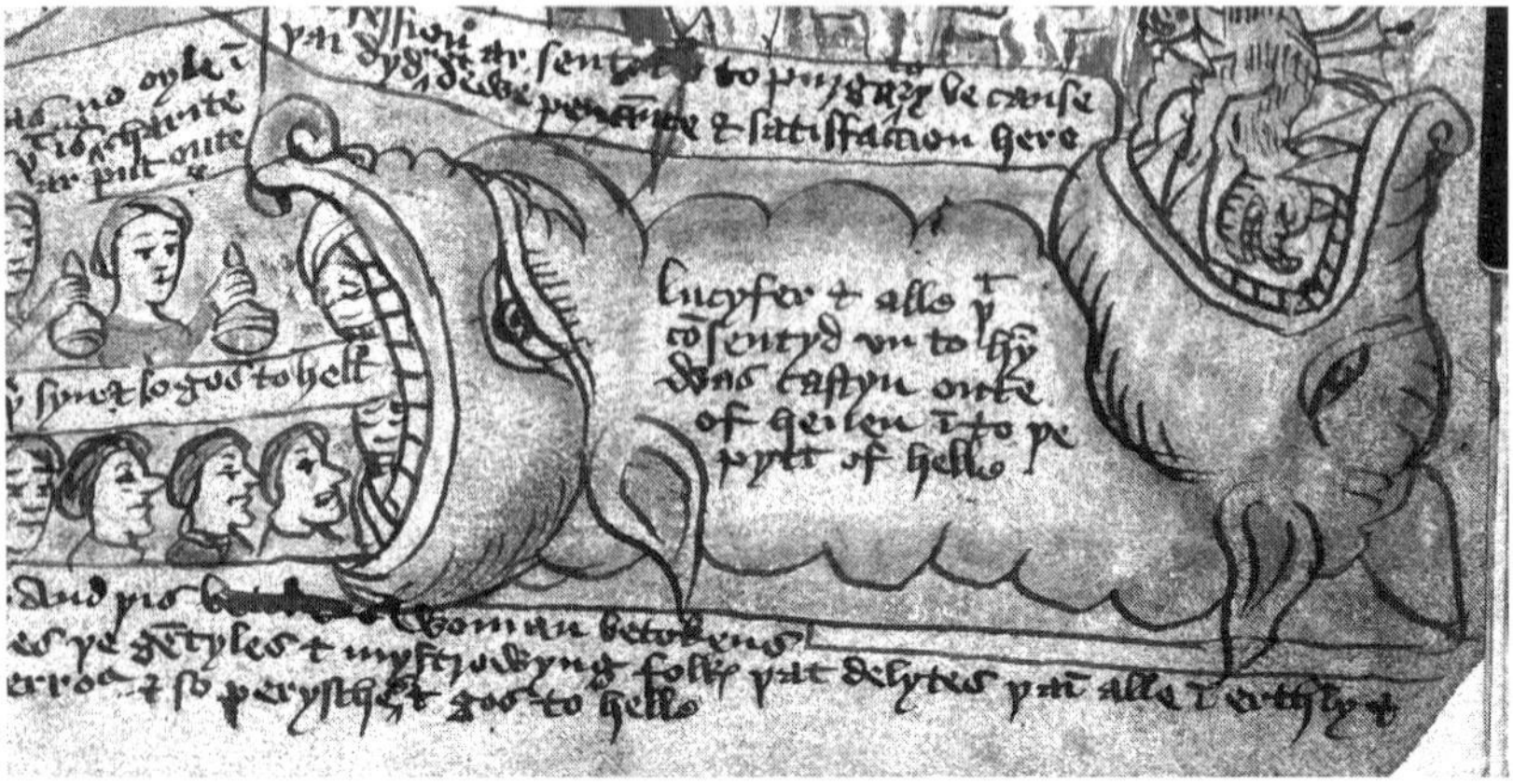

図16　図17　図18　図19

図16〜23（図15の部分）ロンドン　大英図書館
MS Addit. 37049, fols 72v-73r

図20
図21
図22
図23

り写本として流通していたという事実がある。アディショナル写本を編纂した「専門の読み手」は『魂の巡礼』のテクストを熟知しているが、写本の編纂にあたって意識していたのはそのテクストだけではなく、一冊の挿絵入り書物としての『魂の巡礼』の存在であり、テクストとイメージが相互に意味を補うことで、読者に行動をうながす読書体験を現出させようと試みていると言える。そう考えると、同じく挿絵入り作品である『信仰の荒野』を写本編纂にあたって中核にすえた意味も明らかとなる。アディショナル写本の編纂者は「専門の読み手」としてテクストとイメージを積極的に融合させて、行動的読書のための空間を一冊の書物のなかに構築しているである。

3　解釈のユニットとしてのコンピラティオ

アディショナル写本のコンテクストにおいて、上述の見開き図の前後のテクストとの関連を検討してみると、そこには主題上の連続性が認められる。見開き図の直前には、やはり『魂の巡礼』からの抜粋に基づく「煉獄から解放された魂に関する詩」がおかれ、一方で直後には、善悪両方に引きつけられる人間の二面性を説明する『魂の巡礼』からの抜粋が続き、人間には改悛するかどうか自ら決める自由意志があるので、地獄落ちの責任も自分自身にあることが示されている。さらに紙葉をめくると、読者は先に論じた「魂が罪によって歪み、地獄に落ちる様子」を描いたページにいきつく。このように見開き図を囲む数葉は、死後の運命を共通の主題とする連続したひとつのユニット、言い換えれば『魂の巡礼』に基づいた数編の詩文と挿絵からなる小型のコンピラティオを構成していると言える。同時にこの事実を読者の視点から見るならば、それは、この『魂の巡礼』からの抜粋を中心として編纂された数編のテクストと挿絵の連続を、統一の主題に貫かれたひとつの作品とみなして受容することにほかならないのである。

コンピラティオがひとつの作品として機能するという事実は、中世文学における作品の概念と直接にかかわってくる。作者の立場から見た作品と、それを具体的な写本において読む読者にとっての作品は、ミセラニー写本の場合必ずしも一致しない。テクストの作者およびソースとの関連で判断するならば、作品を構成する単位はそれぞれ出典が

図24———ロンドン　大英図書館　MS Addit. 37049, fol. 17r

異なる個々のテクストではあるのだが、しかし実際の写本においては、それらがいくつか集まってひとつのユニットを構成しているという例は少なくない。編纂者によってテクストの切れ目に挿入された見出文《ルブリカ》が、複数の異なるテクストをつなぎあわせ、ひとつの作品として受容可能なコンピラティオを生成しているのである。[☆15] 複数のテクストが連続するミセラニー写本においては、テクスト間に境界線を引き、作品としての単位を決定するのは、作者の意図よりもむしろ「専門の読み手」による写本の編纂方針であり、それを具体的に写本の構造やページ・レイアウトに反映させたオルディナティオであると言える。

　複数のテクストがひとつのコンピラティオを構成している例は、抒情詩、短い宗教散文、説教逸話などにしばしば見られる。「何故この世はうつろうのか」と始まる、現世の無常を主題とした一編の抒情詩はその好例である。[☆16] ラテン語の原詩は中世後期でもっともポピュラーな教訓詩のひとつであり、ラテン語の典礼用聖歌集から一五世紀のロンドン商人が所有していた備忘録的な写本にいたるまで、数十の写本で現存している。こうした写本のコンテクストを見るかぎりでは、原詩は多様な用途と内容の写本に単独で「埋め草」のように挿入されていて、読者層も多様であることがうかがえる。この詩は一四世紀に英語に訳されて広まり、現在、英訳詩は一四世紀と一五世紀に制作された一二点の写本で現存しているが、そのうち少なくとも一〇例までがほとんど同一のコンテクストに見いだされる。つまり、英訳詩は、ラテン語の原詩のように単独で写本に収められていることはほとんどなく、たいていの場合、『（セビーリャの）イシドルスの忠告』と題される作者不明の教訓散文、「現世蔑視に関するアウグスティヌスの言葉」と称される短い散文（実際には、一二世紀に書かれたもので、現世蔑視を主題とした擬ベルナルドゥス作『最も敬虔なる黙想』の英訳からの抜粋）、「土塊から土塊へ」として知られる現世の無常を主題とした短詩、そして二、三編のラテン語の格言などと一緒に登場する。「何故この世はうつろうのか」の英訳詩は、これらの一連のテクストとともに、現世蔑視を統一テーマとして編纂されたひとつのコンピラティオを形成していると言えるのである。実際、写本によっては、そうした主題の連続性を意識した編纂者の見出文《ルブリカ》が随所に挿入されているものもある。一五世紀の一写本では、[☆17] 散文の

「現世蔑視に関するアウグスティヌスの言葉」と「何故この世はうつろうのか」のあいだに、「同じ題材を次に韻文で」という編纂者ジョン・シャーリーによる見出文《ルブリカ》が挿入されており、それは、教訓的散文と抒情詩を併用して、韻文の詩的効果によって同じ教訓をくりかえし教えこむという編纂者の意図を遂行するパラテクストとして機能している。テクストのソースとの関連で判断するならば、「何故この世はうつろうのか」の英訳詩は、ラテン語の原詩と同様に一編の独立した詩にほかならないが、それが登場する実際の写本のコンテクストにおいては、この詩は主題的に統一性のあるひとつのコンピラティオを構成する一要素となる。こうした文脈から判断するかぎり、作品としての最小ユニットはこのコンピラティオであり、抒情詩を単独で「鑑賞する」読みは考慮されておらず、少なくとも「専門の読み手」のレヴェルでは、この詩は単独の抒情詩としては成立していないのである。ひとつの作品としての物理的なかたちが写本毎に異なるコンテクストのもとで新たに生成され、その写本の文脈次第で、テクストの作品としての性質が機能的にもジャンル的にも変化するありようは、中世文学の重要な特色である。作者が作成したテクストを物理的にとりかこむパラテクストと、一冊の書物の編集方針、さらに解釈伝統というかたちでテクストをさらに大きくとりかこむコンテクストは、作者がテクストに与えた前提を変容させて、書物一冊毎に異なる新たな作品をつくりあげるのである。「専門の読み手」は書物と一般読者のあいだに位置して、読者が物理的なメディアとしての書物から自らの作品をつくりだす道筋を具体的に示す。本章でとりあげたアディショナル写本は、編纂者がテクストとイメージをさまざまに駆使して行動的な読書の方向性を読者に示した好例であると言えよう。

終　章　中世の書物のポピュラリティ

ロジェ・シャルチエは一九八五年に刊行された『書物から読書へ』において、「印刷物の所有形態ないし読書行為の実際的なあり方の問題」に目を向けて「文化的実践（pratique culturelle）としての書物の歴史」の必要性を説いた。☆1近年の書物史（history of the book）は、書物の生産と受容をめぐる文化的コンテクストを重視し、また一九八〇年代以降の受容美学の視点をとりいれ、とくに読書行為に注目しつつ研究を深めてきたと言える。本書では、従来の書誌学、文学史、美術史、キリスト教文化史を領域横断的に統合する書物文化史の視点から、一五世紀と一六世紀の挿絵入り本を挿絵とテクストの関係性を軸として考察してきた。対象としたのは、有名な画家によって強力なパトロンのために制作された豪華な彩色写本でもないし、また、中世文学史や思想史に登場する代表作品の写本や初期刊本でもない。むしろ、美術史からも文学史からも等閑視されてきたジャンルの書物で、工房生産、複製技術としての版画、素人の写字生兼絵師などの特徴が見られる挿絵入り本である。そこにはいくつかの共通点が認められる。

これらの書物の内容は、キリスト教の基本教理や信心、実践的な知恵や処世訓を中核に据えたミセラニーで、異端や神学的論争とは無縁のオーソドックスな教訓性が特徴である。この点は時禱書も例外ではなく、本来の典礼的役割を超えてさまざまなテクストが追加され、俗信徒にとって必要な基本教理を教え、実践的な信仰へと導く書物に変容していった。この広汎な教訓性を反映して、アカデミックな学識とは無縁な女性やラテン語が読めない俗信徒をも読者層にとりこむ結果となった。そのような読者を対象として、第一章から第三章で論じた時禱書や「羊飼いの暦」は、実際に数多くの版で刊行されて一六世紀後半まで人気を保ち続けた。また、第四章でとりあげた英語の宗教文学のミセラニー写本（大英図書館 MS Additional 37049）は、『魂の巡礼』をはじめとして中世後期に広く流通していたテクストを中心に編纂されている。中世後期の英語のテクストはしばしばこうしたミセラニー写本の一部を形成しており、この形態は俗語文学の流通と伝播において重要な役割を果たしている。さらにこれらの書物では、読者層の実用的だが限定的なリテラシーを想定して、挿絵がテクストをときに補足し、またときには逆に同じページ上のテクストからは独立したナラティヴを展開することで、読者に書物を視覚的に読むことをうながしている。挿絵は必ずしも読者の読解力不足を補うものではないが、イメージの存在が書物のミセラニー的性格と相俟って、より広い読者層に書物との出会いをもたらし、より多様な読書形態を誘発するという可能性は本書で検討した書物に共通している。整理するならば、本書でとりあげた挿絵入り本は、（相対的な意味で）エリートでもなく特権化もされていない制作者（編纂者、絵師、写字生）と読者をもち、特権的教育の恩恵を受けておらずラテン語の読めない俗信徒に広く理解可能な内容であり、実際に広く流通していたという特徴をもつ。それらは、一言で言うならば、ポピュラリティと定義されうる共通要素である。言い換えれば、これらの書物が中世後期においてポピュラーであったのは、以上のように、ラテン語識字層に限定されない広汎な読者層、内容の保守的な教訓性、そして複数のバージョンによる広い流通といういくつかの要素が作用しあった結果であり、さらに、その中核には読書の幅を広げる挿絵の存在があったのである。

さらに、これらの書物を特徴づけているポピュラリティは、自作を意識的にコンピラティオととらえ、テクストを積極的に読者に向かって開放するような中世の俗語作家の意識とも無関係ではない。中世の作家が自作の行く末に無関心であったわけではない。自ら著わしたテクストの正確な伝達を重視するという意味での作者の意識は、近代の作家や二〇世紀の校訂版の編者に劣らず存在している。それは、チョーサーが写字生アダム・ピンクハーストの誤記を誹る短詩を残していることからも推察できるし、また、ガワーは自作の写本の制作を自ら監督していたとされている。[☆2]しかしそれと同時に、書物を手にした読者の立場に立って、自らを編纂者とみなし、しばしば一冊毎に異なる書物のミセラニー性を恃んで読者に自由な選択を許すことも俗語作家の基本的姿勢なのである。巡礼仲間が順番に話を披露する『カンタベリー物語』においては、進行役の宿屋の主人が騎士に続く語り手として修道僧を指名し、物語を「秩序だてて」(thriftily) 進めようとするが、泥酔した粉屋が闖入してきて語り手の階層に準じた語りの秩序が崩壊する。その場面でチョーサーが『カンタベリー物語』を構成する複数の話をいかに読むべきかについて、読者に語りかける箇所は有名である。

これ以上わたしは何を申し上げましょうか。ただ、この粉屋は誰にも言葉を慎しもうとはしないで、彼独特の話しぶりで下衆の話をしたということです。それをここでそのまま繰り返すのはちょっと遺憾なことです。そこで上品な方々にお願いですが、どうかわたしが悪意から言っているなどと思わないで下さい。ただわたしは話がよくても悪くても、全部の話をそのまま繰り返さなければなりません。そうでないとわたしの話の内容を少々偽ることになりますからな。そこで、聞きたいと思われない方はどなたもページをめくって別の話をお選びになって下さい。そうすりゃ、大となく小となく、上品な内容の歴史物語だとか、道徳や聖なる話だとかが十分見つけられることでしょうからな。間違ってお選びになったとしてもどうかわたしを咎めないで下さい。[☆3]

こうした基本姿勢は世俗の物語文学にかぎらない。一五世紀前半にジョーン王妃(ヘンリー四世の二番目の妻)に仕え、晩年をベネディクト会修道院で過ごしたエレナー・ハルは、中世の女性としては傑出したラテン語と神学の知識をもち、痛悔詩篇へのラテン語の注釈やフランス語の祈禱文集『一週間の黙想』を英訳した。[☆4]『一週間の黙想』は「聖母マリアの五つの喜び」などへの黙想を七日間の枠組みのなかに収めたもので、その序文で、この黙想の読み方について次のように述べている。

以下の祈禱と黙想は、聖アウグスティヌス、聖アンセルムス、聖ベルナルドゥスをはじめさまざまな著作から選ばれたもので、それを読む者が心に神への愛の火を点し、自分自身を知るためのものである。これらは、騒音のない静かなところで、気軽にさっと読むのではなく、少しずつ、時間をかけて熱心に読まれねばならない。さらに読者は、一度に全部を読もうと思うのではなく、神の加護によって祈りへの信心と意志を強めるのに有益と感じられる量だけを、一回に読むべきである。また、毎回最初から読み始める必要もなく、最も気に入っていて、最も熱心に読みたいと思う箇所を選べばよい。そのため、好きなところから始めて好きなところで終われるようにと、頭文字で区切られているのである。というのも、読書はそれを長くしすぎて苦痛となるのではなく、読者は書物からその中身を引きだして記憶に留めるべきで、その中身とは、慈悲の心と神を愛し自分自身を知る意志にほかならない。[☆5]

黙想のための読書であるから、読者は、少しずつ、好きなところから読めばよく、世俗文学とは読書の目的は異なってはいるが、テクストの選択を読者に委ねる点は両者に共通している。結果として、テクストを物理的に存在させるべく構築された書物の「もの」としての個性が実際の読書行為を左右すると同時に、読者が書物に与える役割と読書の結果のテクスト解釈は多様で流動的なものとなる。この状況において、中世の書物とは、つまるところさまざまな利用を生みだし許容するような、思考と黙想のためのひとつの環境にほかならないのであり、イメージがパラテクストとして機能する挿絵入り本はそのための特に柔軟な環境を提供している。

書物が読書のための環境であるという認識は、そこにある中世固有の環境をいかにして再構築するかという次なる課題にいきつく。作者の側から見た作品を現代において再現しようとするとき、それは歴史的実体である作者を拠りどころとして、作者の意図をより忠実に反映していると思われる「良い」写本（必ずしもひとつではない）を底本として異同《バリアント》を記述する伝統的な校訂版のかたちにいきつく。しかし、文化的営みとして作品をとらえると、この作者によるテクストは、「専門の読み手」をはじめとするさまざまな読者がつくりだす読みとともに作品を構成している数あるレイヤーのひとつにすぎない。これは中世固有の特質ではないが、写本、印刷本を問わず、同じ作品でも一冊毎にテクストもパラテクストも異なる中世の書物においては、この多層性は近代以降の書物と比べて顕著であると言えよう。環境としての書物は、同時代の読者、後世の所有者、そして現代の研究者の目的や解釈によって、その意味が時間のなかで常に変容している四次元的実体なのであるから、それにふさわしいかたちを与えられる必要がある。近年の編集文献学は、そうした作品の多層性への観念的考察を深め、さらにそれをいかにしてデジタル環境において再構築するかについての試みをくりかえしている。[☆6] 複数の読みが重なることで構成されたものが「作品」ならば、それではそうした作品の姿を視覚的に認識できるものとしていかに現出させ、それを中世の書物の実体を具体的に知るための環境として機能させることができるかが、書物文化史や文学史におけるひとつの課題である。そうした環境としての書物のかたちは、異なった時代的、文化的背景をもった個々の読者の解釈（一人一人の読者にとっての作品）を文化的実践として多層的に重ねあわせ、それらを横断的に見ることを可能にするデジタル・コンテンツとして構築することで実現されるかもしれない。歴史的実体としての書物の内容と受容への書物文化史的考察と、それを具体的にとらえるための環境の構築の試みのあいだを行き来することで、中世の書物への理解は深まってゆくのである。

註

序　章

☆1——Celia M. Chazelle, 'Pictures, Books, and the Illiterate: Pope Gregory I's Letters to Seremus of Marseilles', *Word & Image*, 6 (1990), 138-153.

☆2——Lawrence G. Duggan, 'Was Art Really the "Book of the Illiterate"?'; 'Reflections on "Was Art Really the 'Book of the Illiterate'?"', in *Reading Images and Texts: Medieval Images and Texts as Forms of Communication*, ed. by Mariëlle Hageman and Marco Mostert (Turnhout, 2005), pp. 63-119. また、グレゴリウスの真意をめぐる近年の研究については、関連する一次資料とともに以下にまとめられている。木俣元一「Pro lectione pictura est?　グレゴリウス1世、イメージ、テキスト」『西洋美術史研究』1、特集イメージとテキスト、一九九九年、一五五〜六三ページ。

☆3——グレゴリウスの手紙の中世における受容については、以下を参照。Herbert L. Kessler, 'Gregory the Great and Image Theory in Northern Europe during the Twelfth and Thirteenth Centuries', in *A Companion to Medieval Art: Romanesque and Gothic in Northern Europe*, ed. by Conrad Rudolph (Chichester, 2010), p. 1.

☆4——*Rationale Divinorum Officiorum*, I, 3; CCCM, 140 (1995), I. iii. 4 (36).　以下の英訳も存在する。William Durand of Mende, *The Rationale Divinorum Officiorum of William Durand of Mende: A New Translation of the Prologue and Book One*, trans. by Timothy M. Thibodeau (New York, 2007), pp. 33-34.

☆5——Duggan, 'Was Art Really the "Book of the Illiterate"?', p. 74.

☆6——Lucy Freeman Sandler, *Omne Bonum: A Fourteenth-century Encyclopedia of Universal Knowledge, British Library MSS Royal 6 E VI - 6 E VII,* 2 vols (London, 1996), II, 245.

☆7——Eberhard König, *Boccaccio Decameron: Alle 100 Minaturen der ersten Bilderhandschrift* (Zürich, 1989).

☆8——*The Holkham Bible: Picture Book*, with commentary by Michelle P. Brown (London, 2007).

☆9——Otto Pächt, *Book Illumination in the Middle Ages: An Introduction*, trans. by K. Davenport (London, 1986), pp. 76-77.

☆10——J. J. G. Alexander, *Decorated Letter* (New York, 1978), pl. 6.

☆11——中世写本のマージンの装飾については、以下を参照。L. M. C. Randall, *Images in the Margins of Gothic Manuscripts* (Berkeley, CA, 1966). マイケル・カミール『周縁のイメージ——中世美術の境界領域』永澤峻・田中久美子訳、ありな書房、一九九九年（Michael Camille, *Image on the Edge : The Margins of Medieval Art* [Cambridge, MA, 1992]）。Ruth Mellinkoff, *Averting Demons: The Protective Power of Medieval Visual Motifs and Themes*, 2vols (Los Angeles, CA, 2004).

☆12——Mary Carruthers, 'Reading with Attitude, Remembering the Book', in *The Book and the Body*, ed. by Dolores Warwick Frese and Katherine O'Brian O'Keeffe (Notre Dame, IN, 1997), pp. 1-33 (p. 6). メタファーとしての書物については、E・R・クルツィウス『ヨーロッパ文学とラテン中世』南大路振一・岸本通夫・中村善也訳（みすず書房、一九七一年）、四五四〜五八ページ参照。

☆13——*De afflictione et lectione*, 9-10, 12. *La spiritualité de Pierre de Celle,* ed. by Jean Leclercq (Paris, 1946), pp. 231-39; Peter of Celle, *Selected Works,* trans. by H. Feiss, Cistercian Studies Series, 100 (Kalamazoo, MI, 1987), pp. 131-41.

☆14——Michael Camille, 'Seeing and Reading: Some Visual Implications of Medieval Literacy and Illiteracy', *Art History,* 8(1985), 26-49 (p.29).

☆15——Paul Saenger, *Space Between Words: the Origins of Silent Reading* (Stanford, CA, 1997).

☆16——ordinatio と後述する compilatio の発展については、以下を参照。M. B. Parkes, 'The Influence of the Concepts of Ordinatio and Compilatio on the Development of the Book', in *Medieval Learning and Literature: Essays Presented to Richard William Hunt*, ed. by J. J. G. Alexander and M. T. Gibson (Oxford, 1976), pp. 115-41; Mary A. Rouse and Richard H. Rouse, *Authentic Witnesses: Approaches to Medieval Texts and Manuscripts* (Notre Dame, IN, 1991), chaps 6-7; R. H. Rouse and M.A. Rouse, '*Ordinatio and Compilatio* Revisited', in *Ad litteram: Authoritative Texts and Their Medieval Readers*, ed by Mark D. Jordan and Kent Emery, Jr. (Notre Dame, IN, 1992), pp. 113-134.

☆17——Rouse and Rouse, *Authentic Witnesses*, pp. 191-255. 松田隆美「『薔薇の名前』のコスモロジー——中世ヨーロッパの情報検索と「世界という書物」」『ドキュメントの時代』（富士ゼロックス、一九九七年）、五七〜六二ページ。

☆18——カミール『周縁のイメージ』、二六ページを参照。

☆19——『ペトルス・ロンバルドゥス「命題集」への註解』(Prooemii qu. 4). *Medieval Literary Theory and Criticism c.1100-1375*, ed. by A. J. Minnis, A. B. Scott, and D. Wallace (Oxford, 1988), p. 229.

☆20——J. B. Allen, 'Reading and Looking Things up in Chaucer's England', *The Chaucer Newsletter*, 7(1985), 1, 1-2.

☆21——松田隆美「中世英語の宗教写本における compilatio と ordinatio ——Bodl. Libr. MS Douce 322 を中心に——」、飯田隆編『西洋精神史における言語と言語観——継承と創造』（慶應義塾大学言語文化研究所、二〇〇六年）、二八二～三〇三ページ。

☆22——John Bromyard, *Summa praedicantium omni eruditione refertissima...*, 2 pts (Venice, 1586), pt. 1, sig. A2r.

☆23——A. J. Minnis, 'Late-Medieval Discussions of Compilatio and the Role of the Compilator', *Beiträge zur Geschicite der deutschen Sprache und Literatur*, 101(1979), 385-421.

☆24——Geoffrey Chaucer, *A Treatise on the Astrolabe*, line 60; *The Riverside Chaucer*, gen. ed. by L. D. Benson, 3rd edn (Oxford, 1988), p. 662.『カンタベリー物語』の compilatio 的性質については以下を参照。A. J. Minnis, *Medieval Theory of Authorship: Scholastic Literary Attitudes in the Late Middle Ages* (London, 1984), pp. 207-10.

☆25——チョーサーの一五世紀における受容については、以下を参照。Seth Lerer, *Chaucer and His Readers: Imagining the Author in Late-Medieval England* (Princeton, NJ, 1993), pp. 109-16. 松田隆美「ナラティヴ・ジャンルの「権威」への挑戦——『カンタベリ物語』の場合」、『英語青年』（二〇〇〇年一一月号）、四九三～九五ページ参照。

☆26——John Gower, *Confessio Amantis*, Prol. line 34 (gloss); *The Complete Works of John Gower*, ed. by M. A. Macaulay, 4 vols (Oxford, 1899-1902), II, 2-3.

☆27——P. R. Robinson, '"The Booklet": A Self-Contained Unit in Composite Manuscript', *Codicologica*, 3(1980), 46-69; Ralph Hanna III, 'Booklets in Medieval Manuscripts', in *Pursuing History: Middle English Manuscripts and their Texts* (Stanford, CA, 1996), pp. 21-34.

☆28——Ralph Hanna III, 'Miscellaneity and Vernacularity: Conditions of Literary Production in Late Medieval England', in *The Whole Book: Cultural Perspectives on the Medieval Miscellany*, ed. by Stephen G. Nichols and Siegfried Wenzel (Ann Arbor, MI, 1996), p. 50.

☆29——ジェラール・ジュネット『スイユ——テクストから書物』和泉涼一訳（水声社、二〇〇一年）、一一～一二ページ。

☆30——David Lawton, 'Dullness and the Fifteenth Century', *English Literary History*, 54 (1987), 761-99.

☆31——松田隆美「アングロ・ノルマン語の文学」高宮利行、松田隆美編『中世イギリス文学入門——研究と文献案内』（雄松堂出版、二〇〇八年）、二六一～六六ページ。

第一章

☆1——Bella Millett, 'Ancrene Wisse and the Book of Hours', in *Writing Religious Women: Female Spiritual and Textual Practices in Late Medieval England*, ed. by Denis Renevey and Christian Whitehead (Cardiff, 2000), pp. 21-40.

☆2——Claire Donovan, *The de Brailes Hours: Shaping the Book of Hours in Thirteenth-century Oxford* (London, 1991).

☆3——Mary C. Erler, 'Devotional Literature', in *The Cambridge History of the Book in Britain: Volume III 1400-1557*, ed. by Lotte Hellinga and J.B. Trapp (Cambridge, 1999), pp. 495-525 (p. 496).

☆4——Christopher de Hamel, 'Books of Hours: "Imaging" the Word', in *The Bible as Book: The Manuscript Tradition*, ed. by John L. Sharpe, III and Kimberly van Kampen (London,1998), pp. 137-43 (p.137).

☆5——Roger S. Wieck, *Painted Prayers: The Book of Hours in Medieval and Renaissance Art* (New York, 1997), p. 9.

☆6——V. Leroquais, *Les Livres d'heures manuscrits de la Bibliothèque Nationale*, 2vols (Paris, 1927), I, i .

☆7——John Oliver Hand, Catherine A. Metzger, and Ron Spronk, *Prayers and Portraits: Unfolding the Netherlandish Diptych* (Washington, D.C., 2006); Henk van Os, et al., *The Art of Devotion in the Late Middle Ages in Europe 1300-1500*, trans. by Michael Hoyle (London, 1995).

☆8——以下に一例を挙げる。Eamon Duffy, *Marking the Hours: English People and their Prayers 1240-1570* (New Haven, CT, 2006); Kathryn A. Smith, *Art, Identity and Devotion in Fourteenth-century England: Three Women and their Books of Hours* (London, 2003).

☆9——Paul Saenger, 'Books of Hours and the Reading Habits of the Later Middle Ages', in *The Culture of Print: Power and the Uses of Print in Early Modern Europe*, ed. by Roger Chartier and trans. by Lydia G. Cochrane (Cambridge, 1989), pp. 141-73 (p.150) [*Les Usages de L'Imprimé (XVe-XIXe siècle)*, ed. by Roger Chartier (Paris, 1987)].

☆10——R. N. Swanson, *Religion and Devotion in Europe c.1215-c.1515* (Cambridge, 1995), p. 79.

☆11——Saenger, 'Books of Hours and the Reading Habits', p. 142.

☆12——*The Myroure of Oure Lady*, ed. by J. H. Blunt, EETS ES 19 (London, 1873), p. 2; R. N. Swanson, *Indulgences in Late Medieval England: Passport to Paradise?* (Cambridge, 2007), p. 395.

☆13——'Moralité de la Passion'; Jean Gerson, *Oeuvres complètes volume VII, L'oeuvre française (292-339)*, introduction, texte et notes par Mgr Glorieux (Paris, 1966), pp. 143-44.

☆14——この時禱書はオランダで一四二五年から五〇年頃に制作されたが、セイラム（ソールズベリー）式典礼方式に準拠していることからイングランド向けに制作されたことが推察される。「聖グレゴリウスのミサ」がヴィジョンを「見通して」目に見えないものへと向かうという、一五世紀の不可視性の重要さを反映しているという点については以下を参照。Caroline Walker Bynum, 'Seeing and Seeing Beyond: The Mass of St. Gregory in the Fifteenth Century', in *The Mind's Eye: Art and Theological Argument in the Middle Ages*, ed. by Jeffrey F. Hamburger and Anne-Marie Bouché (Princeton, NJ, 2006), pp. 208-40. 時禱書におけるディヴォーショナル・イメージについては以下を参照。Flora Lewis, 'From Image to Illustration: The Place of Devotional Images in the Book of Hours', in *Iconographie médiévale: image, texte, contexte*, ed. by G. Duchet-Suchaux (Paris, 1993), pp. 29-48.

☆15——Katherine L. Scott, *Later Gothic Manuscripts 1390-1490*, 2 vols, A Survey of Manuscripts Illuminated in the British Isles, 6 (London, 1996), II, 351.

☆16——Vincent Gillespie, 'Lukynge in haly bukes: Lectio in some Late Medieval Spiritual Miscellanies', in *Spätmittelalterliche Geistliche Literatur in der Nationalsprache*, Analecta Cartusiana 106 (Salzburg, 1984), II, 1-27 (pp. 10-11).

☆17——Jeffrey F. Hamburger, 'Medieval Self-Fashioning: Authorship, Authority and Autobiography in Suso's *Exemplar*', in *The Visual and the Visionary: Art and Female Spirituality in Late Medieval Germany* (New York, 1998), pp. 233-78.

☆18——ハインリヒ・ゾイゼ『ドイツ語著作集』（「ゾイゼの自伝」第五三章）、『キリスト教神秘主義著作集』第九巻「ゾイゼとリュースブルク」植田兼義訳（教文館、一九九五年）、一二八ページ。修道女とイメージ制作の関係については以下を参照。Jeffrey F. Hamburger, *Nuns as Artists: the Visual Culture of a Medieval Convent* (Berkeley, CA, 1997).

☆19——Wieck, *Painted Prayers*, p. 14.

☆20——Saenger, 'Books of Hours and the Reading Habits', pp. 153-55.

☆21——Duffy, *Marking the Hours*, p. 58.

☆22——暦の使い方については以下に簡潔にまとめられている。Wieck, *Painted Prayers*, pp. 26-28.

☆23——Duffy, *Marking the Hours*, pp. 44-52.

☆24——ロウルの *English Psalter* については以下を参照。*English Writings of Richard Rolle, Hermit of Hampole*, ed. by Hope Emily Allen (Oxford, 1931).　メイドストーンに関しては以下を参照。Valerie Edden, 'Richard Maidstone's Penitential Psalms', *Leeds Studies in English*, 17(1986), 77-94; *Richard Maidstone's Penitential Psalms, Ed. from Bodl. MS Rawlinson A 389*, ed. by Valerie Edden, MET 22 (Heidelberg, 1990).

☆25——Leroquais, *Les Livres d'heures manuscrits*, I, xiv-xxxii.

☆26——Duffy, *Marking the Hours*, p. 84.

☆27——中世末期のルーアンにおける写本制作については以下を参照。Rowan Watson, *The Playfair Hours: A Late Fifteenth Century Illuminated Manuscript from Rouen* (V & A, L. 475-1918) (London, 1984), pp. 23-34.

☆28——'Maître de l'Éhevinage de Rouen' あるいは Master of the Geneva Latini（現在ジュネーヴにあるブルネット・ラティーニ作『宝典』の彩色写本の挿絵画家）と称される。

☆29——一五世紀後半のルーアンにおける写本制作については以下を参照。Claudia Rabel, 'Artiste et clientèle à la fin du Moyen Age: les manuscrits profanes du Maître de l'Ehevinage de Rouen', *Revue de l'art*, 84 (1989), 48-60; Georges Pitter and Jean Lafond, *Manuscruits à peintures de l'Ecole de Rouen: Livres d'Heures normands: recueil de fac-similés et texte* (Rouen, 1913); Isabelle Delaunay, 'Le Manuscrit enluminé à Rouen au temps du Cardinal Georges d'Ambroise: L'oeuvre de Robert Boyvin et de Jean Serpin', *Annalses de Normandie*, 45 (1995), 211-244.

☆30——構図の類似については以下を参照。Watson, *The Playfair Hours*, pp. 61-75; de Hamel, *A History of Illuminated Manuscripts*, pp. 196-97; *Mostly British: Manuscripts and Early Printed Materials from Classical Rome to Renaissance England in the Collection of Keio University Library*, ed. by Takami Matsuda (Keio University, 2001), pp. 94-95.

☆31——ロスチャイルド・コレクションの時禱書については以下を参照。L. M. J. Delaissé, James Marrow, and John de Wit, *The James A. de Rothschild Collection at Waddesdon Manor: Illuminated Manuscripts* (London, 1977), fig. 15.

☆32——松田隆美「一五世紀後半にルーアンで制作された時禱書（慶應義塾図書館蔵）の書物史的研究」佐藤道生編『慶應義塾図書館の蔵書』（慶應義塾大学出版会、二〇〇九年）、一五七～七一ページ。

☆33——たとえば Sotheby's の競売目録（2002.10, lot 51）における本写本の記述では、*The Beck Collection of Illuminated Manuscripts* (London: Sotheby's, 1997.6) に記述されている一四七五～九〇年頃ルーアンで制作された時禱書（lot 27）との類似が指摘されている。

☆34—— Erler, 'Devotional Literature', p. 500.

☆35—— ISTC（インキュナビュラ所在目録）によると、次が最初の例として記録されている。*Horae: ad usum Romanum* (Augsburg: Günther Zainer, 12 Mar. 1471; ig00112700); *Horae: ad usum Romanum* (Rome)([Rome]: Theobaldus Schencbecher, [about 1473]; ih00357200).

☆36——書誌としては、一四五〇～一六〇〇年にヨーロッパで刊行された典礼書のデータベース（Renaissance Liturgical Imprints: A Census (RELICS) <http://quod.lib.umich.edu/r/relics/>）が存在する。以下も参照のこと。Hans Bohatta, *Bibliographie der livres d'heures (Horae B.M.V.) officia, hortuli animae, coronae B. M. V., Rosaria und cursus B.M.V. des XV. und XVI. jahrhunderts* (Wien, 1924); Paul Lacombe, *Livres d'heures imprimés au XV*e *et au XVI*e *siècles conservés dans les bibliothèques publiques de Paris: catalogue* (Paris, 1907). 印刷本の時禱書のもっとも包括的な図録としては、以下を参照。*Horae B. M. V.: 158 Stundenbuchdrucke der Sammlung Bibermühle 1490-1550*, ed. by Heribert Tenschert and Ina Nettekoven, 3 vols (Rotthalmünster, 2003). 内容に関する研究は、以下の文献以外に、未だ総括的なものはない。*Les Heures gothiques et la littérature pieuse aux XV*e *et au XVI*e *siècles*, ed. by

Félix Soleil (Rouen, 1882).

☆37——*Books of Hours / Livres d'Heures*, catalogue by Sandra Hindman (Akron, OH: Bruce Ferrini, 2000), p. 108.

☆38——Nicolas Barker, 'The Printed Book of Hours', *The Book Collector*, 53. 3 (2004), 1-9.

☆39——STC 15987 / ESTC S109465.

☆40——Duffy, *Marking the Hours*, p. 58.

☆41——カルロ・ギンズブルク『チーズとうじ虫——一六世紀の一粉挽屋の世界像』杉山光信訳（みすず書房、一九八四年）、八三ページ。

☆42——Erler, 'Devotional Literature', pp. 501-2.

☆43——Erler, 'Devotional Literature', p. 497.

☆44——以下に引用されている。Erler, 'Devotional Literature', pp. 496-97.

☆45——そのテクスト（英訳）については以下を参照。*Women's Books of Hours in Medieval England: Selected Texts Translated from Latin, Anglo-Norman French and Middle English with Introduction and Interpretive Essay*, trans. by Charity Scott-Stokes (Cambridge, 2006), pp. 145-47.

☆46——このトリプティックのイコノグラフィーについては以下を参照。Virginia Nixon, *Mary's Mother: Saint Anne in Late Medieval Europe* (University Park, PA, 2004), pp. 140-41. ヤコブが手にしている刷りものは免償証書であるという解釈がなされている。以下を参照。Christine Göttler, 'Vom süßen Namen Jesu', in *Glaube Hoffnung Liebe Tod: Von der Entwicklung religiöser Bildkonzepte*, ed. by Christoph Geissmar-Brandi and Eleonora Louis (Wien, 1995), pp. 292-95.

☆47——*The Canterbury Tales*, VII. 516-43. チョーサー『カンタベリー物語』（中）桝井迪夫訳（岩波文庫、一九九五年）、三四八ページから引用。

☆48——*The Canterbury Tales*, VII. 536, 545-47.

☆49——Flora Lewis, '"Garnished with Gloryous Tytles": Indulgences in Printed Books of Hours in England', *Transactions of the Cambridge Bibliographical Society*, 10(1991/95), 577-90 (p. 582).

☆50——*Hore beatissime virginis Marie ad legitimu[m] Sarisburiensis ecclesie ritum...* (Paris: F. Regnault, 1526). STC 15944 / ESTC S107998.

☆51——*Hore intemerate dei genitricis virginis Marie...* (Paris: Nicolas Vivien, 1511).

☆52——以下を参照。*Thys prymer in Englyshe and in Laten is newly tra[n]slatyd after the Laten texte. by Church of England* [Rouen : Printed by N. le Roux for F. Regnault? in Paris], 1538), B6v-B8v (STC 16008.5); Mary C. Erler, '*The Maner to Lyue Well* and the Coming of

English in François Regnault's Primers of the 1520s and 1530s', *The Library*, (1984), 229-243.

☆53——以下を参照。Annette C. Grisé, 'The Mixed Life and Lay Piety in Mystical Texts Printed in Pre-Reformation England', *Journal of the Early Book Society*, 8(2005), 97-123.

☆54——*Walter Hilton's Mixes Life Edited from Lambeth Palace MS 472*, ed. by S. Ogilvie-Thomson (Salzburg, 1986), lines 240-57.

☆55——一五世紀中期に書かれた作者不詳の『カンタベリー物語』の続編には、カンタベリー大聖堂に到着した巡礼達がおのおのバッジを買い求める場面が描かれている。「そして習慣に従って、そこで彼らはバッジを買いました。彼らがどの聖人を詣でてきたのかが、故郷の人たちにわかるように。……そしてバッジを頭や帽子につけたのです」。'The Canterbury Interlude and Merchant's Tale of Beryn', lines 171-2, 191; *The Canterbury Tales: Fifteenth-Century Continuations and Additions*, ed. by John M. Bowers, TEAMS Middle English Texts Series (Kalamazoo, MI, 1992).

☆56——*Pilgrimage: The Sacred Journey*, ed. by Ruth Barnes and Crispin Branfoot (Oxford, 2006), p. 35. 慶應義塾図書館所蔵のルーアン式典礼の時禱書（120X 680 1）にも巡礼バッチを留めた痕が残っている。松田隆美他『テクスト・イメージ・コンテクスト——「見ること」の心性』（慶應義塾大学　心の統合的研究センター、二〇〇七年）、六八〜七〇ページ参照。

☆57——'Le Miroir de Mariage', *Oeuvres complètes de Eustache Deschamps*, ed. by marquis de Queux de Saint-Hilaire et Gaston Raynaud, 11 vols, SATF (Paris, 1878-1903), IX (1894), 1311-22, (pp. 45-46).

☆58——徳永聡子「書物に探る中世後期の女性と読書」、田村俊作編『文読む姿の西東——描かれた読書と書物史』（慶應義塾大学出版会、二〇〇七年）、七七〜九八ページ（八二〜八三ページ）。*The Hours of Mary of Burgundy: Codex Vindobonensis 1857: Vienna, Österreichische Nationalbibliothek*, commentary by Eric Inglis (London, 1995); Michael Clanchy, 'Images of Ladies with Prayer Books: What do They Signify?', *Studies in Church History*, 38(2004), 106-22.

☆59——Alexandra Walsham, 'Jewels for Gentlewomen: Religious Books as Artefacts in Late Medieval and Early Modern England', *Studies in Church History*, 38(2004), 123-42.

☆60——Lisa Jardine, *Wordly Goods: A New History of the Renaissance* (London, 1997), pp.135-50.

第二章

☆1——*Apologia ad Guillelmum Sancti Theoderici Abbatem*, PL. 182: 915-16.

☆2——R・ウィトカウアー『アレゴリーとシンボル——図像の東西交渉史』大野芳材・西野嘉章訳（平凡社、一九九一年）、第三、四章。

☆3――『全訳マルコ・ポーロ東方見聞録――『驚異の書』fr. 2810写本』月村辰雄・久保田勝一訳（岩波書店、二〇〇二年）、『マンデヴィルの旅』福井秀加・和田章監訳（英宝社、一九九七年）［*Mandeville's Travels*, ed. by M.C. Seymour (Oxford, 1967)］。Oderic de Pordenone, *Descriptio Orientalium partium* に関しては、*The Travels of Sir John Mandeville*, introd. by A. W. Pollard (New York, 1964), pp. 326-62 に抄訳がある。

☆4――*De civitate Dei*, XVI. Viii. アウグスティヌス『神の国（四）』服部英次郎・藤本雄三訳（岩波文庫、一九八六年）、一四八～四九ページから引用。中世における異形の概念については以下を参照。David Williams, *Deformed Discourse: The Function of the Monster in Mediaeval Thought and Literature* (Exeter, 1996).

☆5――「現世蔑視」（contemptus mundi）を主題としたテクストでは、中世を通じてもっとも広く流通したと思われる一二世紀の擬ベルナルドゥス作『人間の境遇の認識をめぐる敬虔なる黙想』（*Meditationes piissimae de cognitione humanae conditionis*, III）からの引用。松田隆美「一二世紀ラテン語散文 *Meditationes Piissimae*」（訳・解説）『慶應義塾大学日吉紀要――言語・文化・コミュニケーション』第三号（一九八七年）、七二～八六ページ、第五号（一九八九年）、一～二六ページ。Takami Matsuda, 'The Reception and Influence of ps.-Bernardine *Meditationes Piissimae* in Middle English', in *The Medieval Translator* 6, ed. by Roger Ellis, René Tixier, and Bernd Weitemeier (Turnhout, 1998), pp. 285-305.

☆6――M・カミール『周縁のイメージ』、三六ページ。

☆7――New York, Pierpont Morgan Library, M. 917, M. 945. *The Hours of Catherine of Cleves*, introd. by J. Plummer, 2nd edn (New York, 1975).

☆8――Claude Schaefer, 'Nouvelles observations au sujet des Heures de Louis de Laval', *Arts de l'Ouest*, 1.2 (1980), 33-56.

☆9――Taymouth Hours (BL MS Yates Thompson 13). これについては以下を参照。Jessica Brantley, 'Images of the Vernacular in the Taymouth Hours', *English Manuscript Studies 1100-1700*, 10(2002), 83-113; Linda Brownrigg, 'The Taymouth Hours and the Romance of Beves of Hampton', *English Manuscript Studies 1100-1700*, 1(1989), 222-41. アングロ・ノルマン語の説明文のテクストは以下に収録されている。Scott-Stokes, *Women's Books of Hours*, pp. 144-47.

☆10――カミール『周縁のイメージ』、一三五ページ。

☆11――Denise Hillard, 'La *Destruction de Jérusalem* en bande dessinée (Paris, vers 1515)', *Bulletin du bibliophie*, (1996), 302-340.

☆12――Mary Beth Winn, 'Printing and Reading the Book of Hours: Lessons from the Borders', *Bulletin of John Rylands Library*, 81(1999), 177-204 (pp. 180-83).

☆13――「貧者の聖書」のファクシミリ版としては以下のものがある。Avril Henry, *Biblia pauperum: A Facsimile and Edition* (London,

1987)。その解読の複雑さに関しては以下を参照。Tobin Nellhaus, 'Mementos of Things to Come: Orality, Literacy, and Typology in the Biblia pauperum', in *Printing the Written Word : The Social History of Books, circa 1450-1520*, ed. by Sandra Hindman (Ithaca, NY, 1991), pp. 292-321.

☆14——Winn, 'Printing and Reading', p. 189.

☆15——これらの奇跡譚の類型については以下を参照。*Index Exemplorum: A Handbook of Medieval Religious Tales*, ed. by F. C. Tubach (Helsinki, 1969), nos. 3572, 4649, 5139.

☆16——ヤコブス・デ・ウォラギネ『黄金伝説2』前田敬作・山口裕訳（平凡社、二〇〇六年）、五二〜五八ページ。リュトブフの詩については以下を参照。*Rutebeuf: La Vie de Sainte Marie l'Egyptienne*, ed. by Bernardine A. Bujila (Ann Arbor, MI, 1949).

☆17——原文は以下を参照。Erwin Panofsky, *Abbot Suger on the Abbey Church of St.-Denis and Its Art Treasures*, ed. by G. Panofsky-Soergel, 2nd edn (Princeton, NJ, 1979), pp. 62-63. cf. Duggan, 'Was Art Really the "Book of the Illiterate"?', p. 75.

☆18——Mary Beth Winn, *Antoine Vérard Parisian Publisher 1458-1512: Prologues, Poems, and Presentations* (Genève, 1997), p. 222.

☆19——Erwin Panofsky, *Early Netherlandish Painting*, 2 vols (Princeton, NJ, 1953), I, 32.

☆20——「月々の仕事」についての文献は枚挙に暇がない。以下に主要なものを挙げる。*Time in the Medieval World: Occupations of the Months and Signs of the Zodiac in the Index of Christian Art*, ed. by Colum Hourihane, Index of Christian Art Resources, 3 (Princeton, NJ, 2007); Wilhelm Hansen, *Kalenderminiaturen der Stundenbücher: Mittelalterliches Leben im Jahreslauf* (München, 1984); Bridget Ann Henisch, *The Medieval Calendar Year* (University Park, PA, 1999); J. C. Webster, *The Labors of the Months* (Evanston, IL, 1938); P. Mane, *Calendriers et techniques agricoles (France-Italie, XIIe-XIIIe siècles)* (Paris, 1983).

☆21——C. M. Kauffmann, *Romanesque Manuscripts 1066-1190, A Survey of Manuscripts Illuminated in the British Isles*, 3 (London, 1975), no.29 (pp. 68-70); O. Pächt, C. R. Dodwell, and F. Wormald, *The St. Alban's Psalter (Albani Psatler)*, Studies in the Warburg Institute, 25 (London, 1960).

☆22——*On the Properties of Things: John Trevisa's Translation of Bartholomaeus Anglicus De Proprietatibus Rerum*. A Critical Edition, gen. ed. by M. C. Seymour, 3 vols (Oxford, 1975-89), IX. x; (I, 529-30).

☆23——Seymour, *On the Properties of Things*, I, 528.

☆24——もちろん例外がないわけではない。「ルイ・ド・ラヴァルの時禱書」では、ページ下部の欄外に、しばしば月暦図とともに記されるラテン語の短詩の一月の連の最初の一行——「ヤヌス（一月）は杯を愛す」——と、水瓶座の図像をイエスのヨルダン川での洗礼と結びつけるフランス語による説明文が記されている。以下を参照。François Avril and Nicole

Reynaud, *Les Manuscrits à peintures en France 1440-1520* (Paris, 1995), p. 328.

☆25——「人生の諸時期」に関する主要な研究には以下のものがある。Franz Boll, 'Die Lebensalter', *Neue Jahrbucher für das klassische Alterum, Geschichte, und deutsche Literatur, und fur Padagogik*, 31 (1913), 89-145; Samuel C. Chew, *The Pilgrimage of Life* (New Haven, CT, 1962), pp.144-73; J. A. Burrow, *The Ages of Man: A Study in Medieval Writing and Thought* (Oxford, 1986); Mary Dove, *The Perfect Ages of Man's Life* (Cambridge, 1986); Elizabeth Sears, *The Ages of Man: Medieval Interpretations of the Life Cycle* (Princeton, NJ, 1986).

☆26——フィリップ・アリエス『〈子供〉の誕生——アンシャン・レジーム期の子供と家族生活』杉山光信・杉山恵美子訳（みすず書房、一九八〇年）、一二三ページ。

☆27——Burrow, *The Ages of Man*, p.198.

☆28——Sears, *The Ages of Man*, pp.110-13.　伊藤博明『ヘルメスとシビュラのイコノロジー——シエナ大聖堂舗床に見るルネサンス期イタリアのシンクレティズム研究』（ありな書房、一九九二年）。

☆29——*Les Quatre Ages de l'homme: traité moral de Philippe de Navarre*, ed. by M. de Fréville, SATF, 28 (Paris, 1888).

☆30——Seymour, *On the Properties of Thinkings*, I, 291-93; *Three Prose Versions of the Secreta Secretorum*, ed. by R. Steele and T. Henderson, vol. I, EETS ES 74 (Oxford, 1898), pp. 28-29, 73-74, 243-46; *Secretum Secretorum*, ed. by M. A. Manzalaoui, vol. I, EETS OS 276 (Oxford, 1977), pp. 56-58, 153-55, 346-49, 573.

☆31——Burrow, *The Ages of Man*, pp. 134-36.

☆32——John Gower, *Confessio Amantis*, VIII. 2828-57; *The Complete Works of John Gower*, 4 vols, ed. by M. A. Macaulay (Oxford, 1899-1902)III, 463-64.　翻訳は、ジョン・ガワー『恋する男の告解』伊藤正義訳（篠崎書林、一九八〇年）、八九六〜九七ページから引用。

☆33——'twelve ages of man' のさまざまなバージョンのテクストについては以下を参照。E. Dal, E. and P. Skårup, *The Ages of Man and the Months of the Year* (København, 1980); J. Morawski, 'Les douze mois figurez', *Archivum Romanicum*, 10(1926), 351-63.

☆34——こうした二面性については以下を参照。Takami Matsuda, *Death and Purgatory in Middle English Didactic Poetry* (Cambridge, 1997), pp.192-206.

☆35——ペトラルカ『我が秘密』近藤恒一訳（岩波文庫、一九九六年）、六七〜六八ページ。

☆36——*The Macro Plays: the Castle of Perseverance, Wisdom, Mankind*, ed. by Mark Eccles, EETS OS 262 (Oxford, 1969).

☆37——Jean-Jacques Boissard, *Theatrum vitae humanae* (Metz: Abraham Faber, [1596]), p. 1.

☆38——New York, Pierpont Morgan Library, MS M. 813 (Sears, *The Ages of Man*, pp. 118-19); Paris, BN ms. lat. 13268 (Leroquais, II, 59-63).

☆39——テクストは以下に拠る。Dal and Skårup, *The Ages of Man and the Months of the Year*, pp. 58-59.

☆40――ヨランド・ボノムは一五三四年に、ほぼ同じ内容の英語版を、小型の廉価版として刊行している（*Thys prymer of Salysbury use is set out*...[Paris: Yolande Bonhomme, 1534]; STC 15985）。

☆41――Curt F. Bühler, 'At Thy Golg First eut of the hous vlysse the saynge thus', *Studies in the Renaissance*, 6(1959), 223-35.

☆42――原文は以下のとおり。'Au.chan.de.lier.a.ga.the.beut. / Mais.le.vin.si.fort.les.meut./ Quil.tu.a.pres.daus.si./ Pier.res.mat.thias.aus.si.' (A4r). ヨランド・ボノムの一五三四年版ではこのナンセンス詩も英訳され、「花嫁マリア、かろうじてギルバート、あなたのそばに立つ友人すべて。あなたと一緒に食事をするよう祈ります。ピーター、マタイ、オースティン」となっている。二月二日の「マリアの御清めの祝日」に対応して、マリアの名前が第二音節に登場している。原文は以下のとおり。'Bryde.Ma.ry.gyl.bert.har.de ly./ All.thy.frendes.stan.dyng.the.by./ And.pray.with.the.to dyne./ Pe.ter.Ma.thy.and.Au.styne.' (b2r).

☆43――Hans Holbein, *Les simulachres & historiees faces de la mort*... (Lyon: Melchior et Gaspar Trechsel fratres, 1538). 海津忠雄編『ホルバイン――死の舞踏』（岩崎美術社、一九九一年）。

☆44――*Imagines mortis* (Köln: heirs of Arnold Birckmann, 1555). ホルバインの『死の舞踏』の版木を用いて刊行された『死の像』と題された版画集に続いて、エラスムス『死に対する準備』、聖キプリアーヌス『死すべき運命に関する説教』などが一緒に収められている。

第三章

☆1――「羊飼いの暦」のファクシミリ版は複数刊行されている。*Calendrier des Bergers*, préface de Max Engammare (Paris, 2008). これは一四九三年四月一八日の奥付があるギュイヨ・マルシャン版のファクシミリ版で、序文に一五・一六世紀のフランス語諸版の書誌を含む。*Le compost et kalenderier des bergiers: reproduction en fac-simile de l'éditions de Guy Marchant (Paris, 1493)*, introd. by Pierre champion (Paris, 1926). これは、同じくマルシャン版の解説付きファクシミリ版だが、底本の奥付は一四九三年七月一八日である。両版の内容には若干の相違が見られる。本書では、作品としての「羊飼いの暦」と特定の刊本としての『羊飼いの暦』をカッコで区別する。

☆2――Sandra Hindman, 'The Career of Guy Marchant (1483-1504): High Culture and Low Culture in Paris', in *Printing the Written Word: The Social History of Books, circa 1450-1520*, ed. by Sandra Hindman (Ithaca, NY, 1991), pp. 68-100 (pp. 71, 81).

☆3――Hindman, 'The Career of Guy Marchant', pp. 90-91.

☆4――一四九七年にジュネーブで刊行された版は、*Le Grand Calendrier des Bergiers von Jean Belot Genf 1497*, ed. by Gustav Grunau (Bern, 1920) としてファクシミリが刊行されている。英語版は初期の三つの版が、Oskar H. Sommer, *The Kalender of*

Shepherdes: The Edition of Paris 1503 in Photographic Facsimile; A Faithful Reprint of R. Pynson's Edition of London 1506, Edited with a Critical Introduction and Glossary, 3 vols in one (London, 1892)　として刊行されており、それ以外にも、*The Kalender of Sheepehards (c. 1585): A Facsimile Reproduction*, ed. and introd. by S. K. Heninger, Jr (New York, 1979)　がある。

☆5――以下、とくに明記しないかぎり、原文は一四九三年のフランス語版のファクシミリ（Engammare, *Calendrier des Bergers*）に基づく。

☆6――久木田直江「中世末の霊性と病の治療――ランカスター公ヘンリーの『聖なる治癒の書』」『西洋中世研究』一（二〇〇九年）、三一～四一ページ（三三ページ）。

☆7――Nicholas of Lynn, *Kalendarium*, ed. by Sigmund Eisner, The Chaucer Library (Athens, GA, 1980); *The Kalendarium of John Somer*, ed. by Linne R. Mooney, The Chaucer Library (Athens, GA, 1998); Linne R. Mooney, 'English Almanacks from Script to Print', in *Texts and Their Contexts: Papers from the Early Book Society*, ed. by John Scattergood and Julia Boffey (Dublin, 1997), pp. 11-25.

☆8――Johann Stoeffler, *Der newe groß romisch Kalender mit seinen Ausklegüngen, Erclärungen, und Regeln*.... (Oppenheim: Jacob Koebel, 1518-22).

☆9――Helen Cooper, *Pastoral: Mediaeval into Renaissance* (Ipswich, 1977), pp. 71-79.

☆10――フランス語版及び英語版の詳細な内容については以下を参照。Takami Matsuda and Satoko Tokunaga, 'A Composite Copy of the *Kalender of Shepherdes* in Keio University Library', in *Codices Keionenses: Essays on Western Manuscript and Early Printed Books in Keio University Library*, ed. by Takami Matsuda (Tokyo, 2005), pp.119-208; Takami Matsuda, '*Le Compost et kalendrier des bergiers (Paris, 1497)* — A Preliminary Description', *Geibun-Kenkyu*, 95 (2008), 550-579.　松田隆美「『羊飼いの暦』の書誌学的記述とデジタル・エディション」『デジタルアーカイヴ――その継承と展開　慶應義塾大学デジタルアーカイヴ・リサーチセンター報告書（二〇〇六―二〇〇九）』（慶應義塾大学デジタルアーカイヴ・リサーチセンター、二〇〇九年）、一一九～一三五ページ。簡潔な内容紹介としては以下を参照。Brigitte Roux, 'Lire les étoiles', in *Renaissance et modernité du livre illustré: Ouvrages remarquables de la collection Jean Bonna: Cabinet des estampes*, introd. by Christophe Cherix, 2 pts (Genève, 2005), pp. 29-38 (commentaires).

☆11――Matsuda, *Death and Purgatory*, pp. 34-78.

☆12――*L'art de bien mourir* (Paris: Anthoine Vérard, 1492). cf. *Ars Moriendi (1492) ou l'art de bien mourir*, ed. by P. Girard-Augry (Paris, 1986).

☆13――中世写本におけるダイアグラムの使用については以下を参照。Fritz Saxl and Otto Kurz, 'A Spiritual Encyclopaedia of the Later Middle Ages', *JWCI*, 5(1942), 82-142 (pp. 83-84); J. J. Vaissier, *A Deuout Treatyse Called the Tree & xii. Frutes of the Holy Goost*

(Groningen, 1960), pp. lvi-lxxvi; Anna C. Esmeijer, *Divina Quaternitas: A Preliminary Study in the Method and Application of Visual Exegesis* (Amsterdam, 1978), pp. 41-47; Lina Bolzoni, *The Web of Images: Vernacular Preaching from its Origins to St Bernardino da Siena* (Aldershot, 2004).

☆14——この版木とテクストの組みあわせについては以下を参照。Martha W. Driver, *The Image in Print: Book Illustration in Late Medieval England and Its Sources* (London, 2004), pp. 47-50.

☆15——フランス語版の解説は以下のとおりである。「人間は一二カ月の季節に対応して一二回変わる、丁度一二の月が一年に一二回変わるように。それぞれの自然のなりゆきに従って、六年ごとに一二回変化し、一二の時節で七二の数になる。すると老いの陰に横たわり、衰弱して死を迎えることとなる（sig. m2r）」。

☆16——*Here begynneth the kalender of shepardes* (London: William Powell, 1556), sig. M3r-M3v.

☆17——cf. Marie-Dominique Leclerc, 'Les Dits des Oiseaux', *le Moyen Age,* 109(2003), 59-78.

☆18——Matsuda and Tokunaga, 'A Composite Copy of the Kalender of Shepherdes', pp. 131-33.

☆19——「各月の食事法や健康に関するラテン語の詩」は両方の暦に登場する。さらに、時禱書でこの詩とともに各月毎に印刷されていることが多い「一二カ月と祝日に関するフランス語の詩」は、「羊飼いの暦」では一二カ月分をまとめた一編の詩として教会暦の前に印刷されている。「祝日を記憶するためのナンセンス詩」も同様に一編の詩にまとめられている。また、教会暦の後には一二カ月の星座に関する短い散文が続くが、これは、「月々の仕事」に関するラテン語による一行詩——印刷本の時禱書では「人生の一二時期」を用いた『パリ式典礼の時禱書』（パリ、ヨランド・ボノム印行、一五二五年）にも登場する——に各月の星座の詳しい説明を追加したものである。

☆20——ロベール・マンドルー『民衆本の世界——一七・一八世紀フランスの民衆文化』二宮宏之・長谷川輝夫訳（人文書院、一九八八年）、八四〜八九ページ。Robert Mandrou, *De la culture populaire aux 17ᵉ et 18ᵉ siècles* (Paris, 1975); Bernard Capp, *Astrology and the Popular Press: English Almanacs 1500-1800* (London, 1979), p. 328.

☆21——*The Shepherd's Kalender, or The Citizen's and Country Man's Daily Companion*, 5th edn (London: printed for G. Hitch, R. Waye, J. Hodges, [c.1706]).

☆22——*Le grant Kalendrier & compost des Bergiers auecq leur Astrologie. Et plusieurs aultres choses* (Troyes: Nicolas le Rouge, 1529). 本書には、以下のファクシミリ版もある。*Le grant Kalendrier & compost des Bergiers auecq leur Astrologie*, ed. by Bertrand Guégan (Paris, 1925).

☆23——Erler, 'Devotional Literature', pp. 513-14.

☆24——詳細については以下を参照。*Mostly British: Manuscripts and Early Printed Materials from Classical Rome to Renaissance England in the Collection of Keio University Library*, ed. by Takami Matsuda (Keio University, 2001), p. 95.

☆25——ロンドンのヴィクトリア・アンド・アルバート博物館の展示品に、ノリッジの St Michael-at-Coslnay 教会の旧司祭館にあった「人生の一二時期」を描いた二点のステンドグラス（四月と一〇月）がある。これらは、一六世紀フランスで制作されたもので、図案は時禱書の版画と基本的に同じものである。以下を参照されたい。Takami Matsuda, 'Twelve Ages of Man'『慶應義塾大学日吉紀要　英語英米文学』4(1986), 1-23; H, Read, 'The Labours of the Months: A Series of Stained Glass Roundels', *Burlington Magazine*, 43(1923), 167-68. 一六世紀の「人生の一二時期」の枠組みに基づいたタペストリーについては以下を参照。Edith A. Standen, 'The Twelve Ages of Man: A Further Study of a Set of Early Sixteenth-century Flemish Tapestries', *Metropolitan Museum Journal*, 2(1969), 127-68.「羊飼いの暦」の月暦図との類似が指摘されている。

第四章

☆1——Kathleen Scott, 'A Preliminary List of Late Fourteenth and Fifteenth Century English Manuscripts with Marginal Illustrations', in *Piers Plowman: A Facsimile of Bodleian Library, Oxford, MS Douce 104*, introd. by Derek Pearsall, a Catalogue of the illustrations by Kathleen Scott (Cambridge, 1992), pp. lxxxvi-vii.

☆2——N. J. Morgan, *Early Gothic Manuscripts (I) 1190-1250*, A Survey of Manuscripts Illuminated in the British Isles, 4, 2 vols (London, 1982), I, 31.

☆3——*Secular Lyrics of the XIVth and XVth Centuries*, ed. by R. H. Robbins, 2nd edn (Oxford, 1955), p. 62.

☆4——ジュネット『スイユ』、一二ページ。

☆5——Kathryn Kerby-Fulton and Denise L. Despres, *Iconography and the Professional Reader: The Politics of Book Production in the Douce 'Piers Plowman'* (Minneapolis, MI, 1999), pp. 2-3.

☆6——ウィクリフ派のイメージに対する否定的姿勢については以下を参照。Sarah Stanbury, 'The Vivacity of Images: St Katherine, Knighton's Lollards, an the Breaking of Idols', in *Images, Idolatry, and Iconoclasm in Late Medieval England: Textuality and the Visual Image*, ed. by Jeremy Dimmick, James Simpson, and Nicolette Zeeman (Oxford, 2002), pp. 131-50.

☆7——この写本の制作と挿絵に関しては以下を参照。Kerby-Fulton and Despres, *Iconography and the Professional Reader*. 個々のイメージについては、本写本のファクシミリ版（*Piers Plowman: A Facsimile of Bodleian Library, Oxford, MS Douce 104*）で、キャサリーン・スコット（Kathleen Scott）が詳しく解説している。

☆8——MS Additional 37049 に関する最新の研究としては以下を参照。Jessica Brantley, *Reading in the Wilderness: Private Devotion and Public Performance in Late Medieval England* (Chicago, IL, 2007).

☆9——Walter Hübner, 'The Desert of Religion', *Archiv für das Studium der neueren Sprachen und Literaturen*, 126(1911), 58-74; A. McGovern-Mouron, 'The Desert of Religion in British Library Cotton Faustina B VI, pars II', in *The Mystical Tradition and the Carthusians*, ed. by James Hogg, Analecta cartusiana, 130:9 (Salzburg, 1996), pp. 148-62

☆10——Gary D. Schmidt, *The Iconography of the Mouth of Hell: Eighth-century Britain to the Fifteenth Century* (London, 1995).

☆11——Francis Wormald, 'Some Popular Miniatures and their Rich Relations', in *Miscellanea pro Arte* (Dusseldorf, 1965), pp. 279-85 (pp. 281-83); Ann E. Nichols, *Seeable Signs: The Iconography of the Seven Sacraments 1350-1544* (Woodbridge, 1994), pp. 52-55.

☆12——詳しくは以下を参照。Takami Matsuda, 'A Pictorial Compendium in British Library, MS Additional 37049', in *The Medieval Book and a Modern Collector: Essays in Honour of Toshiyuki Takamiya*, ed. by Takami Matsuda, Richard A. Linenthal and John Scahill (Cambridge/Tokyo, 2004), pp. 233-44.

☆13——Baltimore, Walters Art Gallery, MS W. 300, fol. 3; *Medieval and Renaissance Manuscripts in the Walters Art Gallery. Vol.I: France, 875-1420*, ed. by Lillian M.C. Randall (Baltimore, MD, 1989), pp. 242-49, pl. VIII.

☆14——引用は以下。MS Egerton 615, fols 32v-33r; M. D. Clubb, Jr, 'The Middle English Pilgrimage of the Soul: An Edition of MS. Egerton 615' (unpublished doctoral thesis, University of Michigan, 1954), pp. 110-11.『魂の巡礼』のフランス語原典の校訂版は以下。*Le Pelerinage de l'Ame de Guillaume de Deguileville*, ed. by J. J. Stürzinger, Roxburghe Club (London, 1895).

☆15——写本におけるテクスト間のルブリカに注目して複数のテクストの連続性を論じた研究には、以下ものがある。C. W. Marx, 'Beginnings and Endings: Narrative-Linking in Five Manuscripts from the Fourteenth and Fifteenth Centuries and the Problem of Textual "Integrity", in *Manuscripts and Readers in Fifteenth-century England*, ed. by Derek Pearsall (Cambridge, 1983), pp. 70-81; J. C. Hirsh, 'Prayer and Meditation in Late Medieval England: MS Bodley 789', *Medium Aevum*, 48(1979), 55-66.

☆16——'Cur mundus militat sub vana gloria', *The Oxford Book of Medieval Latin Verse*, ed. by F. J. E. Raby (Oxford, 1959), no. 284. 中英語訳（IMEV 4160, 3475）については以下を参照。*Religious Lyrics of the XIVth Century*, ed. by Carleton Brown, 2nd edn, rev. by G. V. Smithers (Oxford, 1952), no. 134.

☆17——Bodl. Libr., MS Ashmole 59. この写本とその編纂者である John Shirley の関係については以下を参照。Margaret Connolly, *John Shirley: Book Production and the Noble Household in Fifteenth-century England* (Aldershot, 1998), pp. 145-69.

終章

☆1——ロジェ・シャルチエ「書物から読書へ」ロジェ・シャルチエ編『書物から読書へ』（みすず書房、一九九二年）、八八ページ。

☆2——'Chaucers wordes unto Adam, his owne scriveyn'; Benson, *The Riverside Chaucer*, p. 650.

☆3——*The Canterbury Tales*, I. 3167-81.　翻訳は、チョーサー『カンタベリー物語』桝井迪夫訳（岩波文庫、一九七三年）、（上）、一四七ページから引用。

☆4——以下を参照。Dame Eleanor Hull (c. 1394-1460) については、*The Seven Psalms: A Commentary on the Penitential Psalms translated from French into English by Dame Eleanor Hull*, ed. by Alexandra Barratt, EETS OS 307 (Oxford, 1995).

☆5——*Meditations upon the Seven Days of the Week*; Cambridge, CUL MS Kk. 1. 6, fol. 148r.

☆6——一例を挙げるならば、ピーター・シリングスバーグ『グーテンベルクからグーグルへ——文学テキストのデジタル化と編集文献学』明星聖子、大久保譲、神崎正英訳（慶應義塾大学出版会、二〇〇九年）。

主要参考文献

本書においてとりあげた主要な中世写本および初期刊本と、中世後期の書物文化に関する重要な近年の研究を挙げる。

写本（所蔵図書館の地名の五十音順）

ウィーン　オーストリア国立図書館 (Wien, Österreichische Nationalbibliothek)

Codex Vindobonensis 1857: Inglis, Eric, *The Hours of Mary of Burgundy: Codex Vindobonensis 1857: Vienna, Österreichische Nationalbibliothek* (London, 1995)

オクスフォード　ボドレアン図書館 (Oxford, Bodleian Library)

MS Bodley 978

MS Douce 104: Pearsall, Derek, intro., *Piers Plowman: A Facsimile of Bodleian Library, Oxford, MS Douce 104*, a catalogue of the illustrations by Kathleen Scott (Cambridge, 1992),

東京　慶應義塾図書館

120X 680 1

ニューヨーク　ピアポント・モーガン図書館 (New York, Pierpont Morgan Library)

MS H. 8: Wieck, S., William M. Voelkle and K. Michelle Hearne, *The Hours of Henry VIII : A Renaissance Masterpiece by Jean Poyet* (New York, 2000)

MS M. 813

MS M. 917, M. 945: Plummer, J. introd., *The Hours of Catherine of Cleves*, 2nd edn (New York, 1975)

パリ　国立図書館 (Paris, Bibliothèque nationale)
MS latin 920
MS latin 9428

ロンドン　大英図書館 (London, British Library)
MS Addit. 37049: Hogg, James, ed., *An Illustrated Yorkshire Carthusian Religious Miscellany: British Library London Additional MS. 37049: 3. Illustrations*, Analecta Cartusiana, 95 (Salzburg, 1981)
MS Addit. 47682: Brown, Michelle P., *The Holkham Bible: Picture Book* (London, 2007)
MS Cotton Faustina B. 6 pars II
MS Egerton 615
MS Stowe 39
MS Royal 6. E. VI-VII: Sandler, Lucy Freeman, *Omne Bonum: A Fourteenth-century Encyclopedia of Universal Knowledge, British Library MSS Royal 6 E VI - 6 E VII*, 2 vols (London, 1996)
MS Yates Thompson 13

初期刊本（刊行年順）
時禱書
Les presentes heures a lusaige de Rome (Paris: Philippe Pigouchet for Simon Vostre, 1498)
Hore Intemerate Dive Virginis Marie secundum Usum Ecclesie Romane (Paris: Jehan Poitevin, c. 1503)
Horae Beate Marie Virginis secundum Usum Romanum (Paris: Philippe Pigouchet for Simon Vostre, c.1508)
Hore intemerate dei genitricis virginis Marie... (Paris: Nicolas Vivien, 1511)
Heures a l'usaige de Romme (Paris: Gillet Hardouyn, 1515?)
Hore diue virginis Marie secundum Usum Romanum... (Paris: Gille Hardouyn, 1520)
Ces presentes heures a lusaige de Paris... (Paris: par la veufue de Thielman Kerver [i.e. Yolande Bonhomme], 1525)
Thys prymer of Salysbury vse is set out...[Paris: Yolande Bonhomme, 1534] (EEBO)

Thys prymer in Englyshe and in Laten is newly tra[n]slatyd after the Laten texte. by Church of England ([Rouen : Printed by N. le Roux for F. Regnault? in Paris], 1538) (EEBO)

「羊飼いの暦」

Le Kalendrier des bergiers (Paris: Guy Marchant, 1493): Engammare, Max, préface, *Calendrier des Bergers* (Paris, 2008)

Le Kalendrier des bergiers (Paris: Guy Marchant, 1493; Paris, BN. RLR VELINS-518)

Le Compost et kalendrier des bergiers (Paris: Guy Marchant, for Jean Petit, 1497)

Here begynneth the kalender of shepardes (London: William Powell, 1556)

Sommer, Oskar H., *The Kalender of Shepherdes: The Edition of Paris 1503 in Photographic Facsimile; A Faithful Reprint of R. Pynson's Edition of London 1506. Edited with a Critical Introduction and Glossary*, 3 vols in one (London, 1892)

研究文献

Alexander, Jonathan J. G., James H. Marrow, and Lucy Freeman Sandler, *The Splendor of the Word: Medieval and Renaissance Illuminated Manuscripts at the New York Public Library* (London, 2005)

Aries, Philippe, *L'enfant et la vie familiale sous l'Ancien Régime*, Nouv. éd. (Paris, 1973) / フィリップ・アリエス『〈子供〉の誕生——アンシャン・レジーム期の子供と家族生活』杉山光信、杉山恵美子訳（みすず書房、一九八〇年）

Avril, François and Nicole Reynaud, *Les Manuscrits à peintures en France 1440-1520* (Paris, 1995)

Barker, Nicolas, 'The Printed Book of Hours', *The Book Collector*, 53. 3(2004), 1-9

Barnard, John, and D. F. McKenzie, eds, *The Cambridge History of the Book in Britain: Volume IV 1557-1695* (Cambridge, 2002)

Bolzoni, Lina, *La Stanza della memoria* (Torino, 1995) / リナ・ボルツォーニ『記憶の部屋——印刷時代の文学的‐図像学的モデル』足立薫、伊藤博明訳（ありな書房、二〇〇七年）

Bolzoni, Lina, *La rete delle immagini: Predicazione in volgare dalle origini a Bernardino da Siena* (Torino, 2002)

Brantley, Jessica, *Reading in the Wilderness: Private Devotion and Public Performance in Late Medieval England* (Chicago, IL, 2007)

Brantley, Jessica, 'Images of the Vernacular in the Taymouth Hours', *English Manuscript Studies 1100-1700*, 10(2002), 83-113

Brownrigg, Linda, 'The Taymouth Hours and the Romance of Beves of Hampton', *English Manuscript Studies 1100-1700*, 1(1989), 222-41

Bryan, Jennifer, *Looking Inward: Devotional Reading and the Private Self in Late Medieval England* (Philadelphia, PA, 2008)
Burrow, J.A., *The Ages of Man: A Study in Medieval Writing and Thought* (Oxford, 1986)
Bynum, Caroline Walker, 'Seeing and Seeing Beyond: The Mass of St. Gregory in the Fifteenth Century', in *The Mind's Eye: Art and Theological Argument in the Middle Ages*, ed. by Jeffrey F. Hamburger and Anne-Marie Bouché (Princeton, NJ, 2006), pp. 208-40
Camille, Michael, 'Seeing and Reading: Some Visual Implications of Medieval Literacy and Illiteracy', *Art History*, 8 (1985), 26-49
Camille, Michael, *Image on the Edge: the Margins of Medieval Art* (Cambridge, MA, 1992) / マイケル・カミール『周縁のイメージ——中世美術の境界領域』永澤峻・田中久美子訳（ありな書房、一九九九年）
Capp, Bernard, *Astrology and the Popular Press: English Almanacs 1500-1800* (London, 1979)
Carruthers, Mary, 'Reading with Attitude, Remembering the Book', in *The Book and the Body*, ed. by Dolores Warwick Frese and Katherine O'Brian O'Keeffe (Notre Dame, ID, 1997), pp. 1-33
Chartier, Roger, *Pratique de la lecture* (Paris, 1985) / ロジェ・シャルチエ「書物から読書へ」、ロジェ・シャルチエ編『書物から読書へ』（みすず書房、一九九二年）
Chazelle, Celia M., 'Pictures, Books, and the Illiterate: Pope Gregory I's Letters to Seremus of Marseilles', *Word & Image*, 6(1990), 138-153
Clanchy, Michael, 'Images of Ladies with Prayer Books: What do They Signify?', *Studies in Church History*, 38(2004), 106-22
Curtius, Ernst Robert, *Europäische Literatur und laternisches Mittelalter*, 4. Aufl. (Bern, 1963) / E・R・クルツィウス『ヨーロッパ文学とラテン中世』南大路振一・岸本通夫・中村善也訳（みすず書房、一九七一年）
Dal, E. and P. Skårup, *The Ages of Man and the Months of the Year* (København, 1980)
De Hamel, Christopher, *A History of Illuminated Manuscripts* (London, 1994)
De Hamel, Christopher, 'Books of Hours: "Imaging" the Word', in *The Bible as Book: The Manuscript Tradition*, ed. by John L. Sharpe, III and Kimberly van Kampen (London,1998), pp. 1 37-43
Dimmick, Jeremy, James Simpson, and Nicolette Zeeman, *Images, Idolatry, and Iconoclasm in Late Medieval England: Textuality and the Visual Image* (Oxford, 2002)
Donovan, Claire, *The de Brailes Hours: Shaping the Book of Hours in Thirteenth-century Oxford* (London, 1991)
Dove, Mary, *The Perfect Ages of Man's Life* (Cambridge, 1986)
Driver, Martha W., 'Pictures in Print: Late Fifteenth- and Early Sixteenth-century English Religous Books for Lay Readers', in *De Cella in Seculum: Religious Life and Devotion in Late Medieval England*, ed. by Michael G. Sargent (Cambridge, 1989), pp. 229-44

Driver, Martha W., *The Image in Print: Book Illustration in Late Medieval England and Its Sources* (London, 2004)
Duffy, Eamon, *Marking the Hours: English People and their Prayers 1240-1570* (New Haven, CT, 2006)
Duggan, Lawrence G., 'Was Art Really the "Book of the Illiterate"?', 'Reflections on "Was Art Really the 'Book of the Illiterate'?"', in *Reading Images and Texts: Medieval Images and Texts as Forms of Communication*, ed. by Mariëlle Hageman and Marco Mostert (Turnhout, 2005), pp. 63-119
Echard, Siân, and Stephen Partridge, eds, *The Book Unbound: Editing and Reading Medieval Manuscripts and Texts* (Toronto, 2004)
Erler, Mary C., *Women, Reading, and Piety in Late Medieval England*, Cambridge Studies in Medieval Literature, 46 (Cambridge, 2002)
Erler, Mary C., 'Devotional Literature', in *The Cambridge History of the Book in Britain: Volume III 1400-1557*, ed. by Lotte Hellinga and J.B. Trapp (Cambridge, 1999), pp. 495-525
Erler, Mary C., 'The Maner to Lyue Well and the Coming of English in François Regnault's Primers of the 1520s and 1530s', *The Library*, (1984), 229-243
Faÿ-Sallois, Fanny, *Le trésor des Heures* (Paris, 2002)
Genette, Gérard, *Seuils* (Paris, 1987) / ジェラール・ジュネット『スイユ ――テクストから書物』和泉涼一訳（水声社、二〇〇一年）
Gillespie, Vincent, 'Lukynge in haly bukes: Lectio in some Late Medieval Spiritual Miscellanies', in *Spätmittelalterliche Geistliche Literatur in der Nationalsprache*, Analecta Cartusiana 106 (Salzburg, 1984), II, 1-27 (pp. 10-11)
Green, D. H., *Women Readers in the Middle Ages* (Cambridge, 2007)
Griffiths, Jeremy, and Derek Pearsall, eds, *Book Production and Publishing in Britain 1375-1475* (Cambridge, 1989)
Grisé, Annette C., 'The Mixed Life and Lay Piety in Mystical Texts Printed in Pre-Reformation England', *Journal of the Early Book Society*, 8(2005), 97-123
Grössinger, Christa, *Humour and Folly in Secular and Profane Prints of Northern Europe, 1430-1540* (London, 2002)
Hamburger, Jeffrey F., *Nuns as Artists: the Visual Culture of a Medieval Convent* (Berkeley, CA, 1997)
Hamburger, Jeffrey F., *The Visual and the Visionary: Art and Female Spirituality in Late Medieval Germany* (New York, 1998)
Hand, John Oliver, Catherine A. Metzger, and Ron Spronk, *Prayers and Portraits: Unfolding the Netherlandish Diptych* (Washington, D.C., 2006)
Hanna, Ralph III, 'Miscellaneity and Vernacularity: Conditions of Literary Production in Late Medieval England', in *The Whole Book: Cultural Perspectives on the Medieval Miscellany*, ed. by Stephen G. Nichols and Siegfried Wenzel (Ann Arbor, MI, 1996)
Hansen, Wilhelm, *Kalenderminiaturen der Stundenbücher: Mittelalterliches Leben im Jahreslauf* (München, 1984)

Hellinga, Lotte, and J.B. Trapp, eds, *The Cambridge History of the Book in Britain: Volume III 1400 - 1557* (Cambridge, 1999)

Henisch, Bridget Ann, *The Medieval Calendar Year* (University Park, PA, 1999)

Henry, Avril, *Biblia pauperum: A Facsimile and Edition* (London, 1987)

Hilmo, Maidie, *Medieval Images, Icons, and Illustrated English Literary Texts from the Ruthwell Cross to the Ellesmere Chaucer* (Aldershot, 2004)

Hindman, Sandra, catalogue, *Books of Hours/ Livres d'Heures* (Akron, OH: Bruce Ferrini, 2000)

Hindman, Sandra, 'The Career of Guy Marchant (1483-1504): High Culture and Low Culture in Paris', in *Printing the Written Word: the Social History of Books, circa 1450-1520*, ed. by Sandra Hindman (Ithaca, NY, 1991), pp. 68-100

Hourihane, Colum, ed., *Time in the Medieval World: Occupations of the Months and Signs of the Zodiac in the Index of Christian Art*, Index of Christian Art Resources, 3 (Princeton, NJ, 2007)

Jardine, Lisa, *Wordly Goods: A New History of the Renaissance* (London, 1997)

Kauffmann, C. M., *Romanesque Manuscripts 1066-1190*, A Survey of Manuscripts Illuminated in the British Isles, 3 (London, 1975)

Kerby-Fulton, Katheryn, and Maidie Hilmo, eds, *The Medieval Reader: Reception and Cultural History in the Late Medieval Manuscript* (New York, 2001)

Kerby-Fulton, Kathryn, and Denise L. Despres, *Iconography and the Professional Reader: The Politics of Book Production in the Douce 'Piers Plowman'* (Minneapolis, MN, 1999)

Kessler, Herbert L., 'Gregory the Great and Image Theory in Northern Europe during the Twelfth and Thirteenth Centuries', in *A Companion to Medieval Art: Romanesque and Gothic in Northern Europe*, ed. by Conrad Rudolph (Chichester, 2010), pp. 151-72

Lawton, David, 'Dullness and the Fifteenth Century', *English Literary History,* 54(1987), 761-99

Lerer, Seth, *Chaucer and His Readers: Imagining the Author in Late-Medieval England* (Princeton, NJ, 1993)

Lerer, Seth, ed., *Reading from the Margins: Textual Studies, Chaucer, and Medieval Literature*, (San Marino, CA, 1996)

Lerer, Seth, 'Medieval English Literature and the Idea of the Anthology', *PMLA*, 118(2003), 1251-1267

Leroquais, V., *Les Livres d'heures manuscrits de la Bibliothèque Nationale*, 2vols (Paris, 1927)

Lewis, Flora, '"Garnished with Gloryous Tytles": Indulgences in Printed Books of Hours in England', *Transactions of the Cambridge Bibliographical Society*, 10(1991/95), 577-90

Mandrou, Robert, *De la culture populaire aux 17ᵉ et 18ᵉ siècles* (Paris, 1975) / ロベール・マンドルー『民衆本の世界——一七・一八世紀フランスの民衆文化』二宮・長谷川訳（人文書院、一九八八年）

Martin, Henri-Jean, and Jean Vesin, eds, *Mise en page et mise en texte: du livre manuscrit* (n.p., 1990)

Matsuda, Takami and Satoko Tokunaga, 'A Composite Copy of the *Kalender of Shepherdes* in Keio University Library', in *Codices Keionenses: Essays on Western Manuscript and Early Printed Books in Keio University Library*, ed. by Takami Matsuda (Tokyo, 2005), pp. 119-208

Matsuda, Takami, *Death and Purgatory in Middle English Didactic Poetry* (Cambridge, 1997)

Matsuda, Takami, ed., *Mostly British: Manuscripts and Early Printed Materials from Classical Rome to Renaissance England in the Collection of Keio University Library* (Keio University, 2001)

Matsuda, Takami, 'A Pictorial Compendium in British Library, MS Additional 37049', in *The Medieval Book and a Modern Collector: Essays in Honour of Toshiyuki Takamiya*, ed. by Takami Matsuda, Richard A. Linenthal and John Scahill (Cambridge/ Tokyo, 2004), pp. 233-44

Matsuda, Takami, 'Le Compost et kalendrier des bergiers (Paris, 1497) - A Preliminary Description', *Geibun-Kenkyu*, 95 (2008), 550-579

McGovern-Mouron, A., 'The Desert of Religion in British Library Cotton Faustina B VI, pars II', in *The Mystical Tradition and the Carthusians*, ed. by James Hogg, Analecta Cartusiana, 130:9 (Salzburg, 1996), pp. 148-62

Mckitterick, David, *Print, Manuscript ad the Search for Order, 1450-1830* (Cambridge, 2003)

Mellinkoff, Ruth, *Averting Demons: The Protective Power of Medieval Visual Motifs and Themes*, 2vols (Los Angeles, CA, 2004)

Mellinkoff, Ruth, *Outcasts: Signs of Otherness in Northern European Art of the Late Middle Ages*, 2 vols (Berkeley, CA, 1993)

Minnis, A. J. , *Medieval Theory of Authorship: Scholastic Literary Attitudes in the Late Middle Ages* (London, 1984)

Minnis, A. J., A. B. Scott, and D. Wallace, eds, *Medieval Literary Theory and Criticism c.1100-1375* (Oxford, 1988)

Minnis, A. J., 'Late-Medieval Discussions of Compilatio and the Role of the Compilator', *Beiträge zur Geschicite der deutschen Sprache und Literatur*, 101(1979), 385-421

Morgan, N. J., *Early Gothic Manuscripts (I) 1190-1250*, A Survey of Manuscripts Illuminated in the British Isles, IV.1, 2 vols (London, 1982)

Morgan, Nigel, and Rodney M. Thomson, eds, *The Cambridge History of the Book in Britain, volume II, 1100-1400* (Cambridge, 2008)

Morrison, Elizabeth, and Thomas Kren, eds, *Flemish Manuscript Painting in Context: Recent Research* (Los Angeles, CA, 2006)

Nellhaus, Tobin, 'Mementos of Things to Come: Orality, Literacy, and Typology in the *Biblia pauperum*', in *Printing the Written Word : The Social History of Books, circa 1450-1520*, ed. by Sandra Hindman (Ithaca, NY, 1991), pp. 292-321

Nichols, Stephen G., and Sirgfried Wenzel, eds, *The Whole Book: Cultural Perspectives on the Medieval Miscellany* (Ann Arbor, MI, 1996)

Nixon, Virginia, *Mary's Mother: Saint Anne in Late Medieval Europe* (University Park, PA, 2004)

Os, Henk van, et al., *The Art of Devotion in the Late Middle Ages in Europe 1300-1500*, trans. by Michael Hoyle (London, 1995)

Panofsky, Erwin, *Abbot Suger on the Abbey Church of St.-Denis and Its Art Treasures*, ed. by G. Panofsky-Soergel, 2nd edn (Princeton, NJ, 1979)

Parkes, M. B., 'The Influence of the Concepts of Ordinatio and Compilatio on the Development of the Book', in *Medieval Learning and Literature: Essays Presented to Richard William Hunt*, ed. by J. J. G. Alexander and M. T. Gibson (Oxford, 1976), pp. 115-41

Pickering, F. P., *The Calendar Pages of Medieval Service Books* (Reading, 1980)

Plotzek, Joachim M., *Andachtsbücher des Mittelalters aus Privatbesitz. Katalog zur Ausstellung im Schnütgen-Museum* (Köln, 1987)

Pächt, Otto, *Book Illumination in the Middle Ages: An Introduction*, trans. by K. Davenport (London, 1986)

Rabel, Claudia, 'Artiste et clientèle à la fin du Moyen Age: les manuscrits profanes du Maître de l'Ehevinage de Rouen', *Revue de l'art*, 84 (1989), 48-60

Randall, L. M. C., *Images in the Margins of Gothic Manuscripts* (Berkeley: CA, 1966)

Rouse, Mary A. and Richard H. Rouse, *Authentic Witnesses: Approaches to Medieval Texts and Manuscripts* (Notre Dame, ID, 1991)

Rouse, R. H. and M. A. Rouse, 'Ordinatio and Compilatio Revisited', in *Ad litteram: Authoritative Texts and Their Medieval Readers*, ed by Mark D. Jordan and Kent Emery, Jr. (Notre Dame, IN, 1992), pp. 113-134

Saenger, Paul, *Space Between Words: the Origins of Silent Reading* (Stanford, CA, 1997)

Saenger, Paul, 'Books of Hours and the Reading Habits of the Later Middle Ages', in *The Culture of Print: Power and the Uses of Print in Early Modern Europe*, ed. by Roger Chartier and trans. by Lydia G. Cochrane (Cambridge, 1989) [*Les Usages de L'Imprimé (XVe-XIXe siècle)* (Paris, 1987)]

Sandler, Lucy Freeman, *Studies in Manuscript Illumination 1200-1400* (London, 2008)

Schaefer, Claude, 'Nouvelles observations au sujet des Heures de Louis de Laval', *Arts de l'Ouest*, 1.2(1980), 33-56

Scott, Katherine L., *Later Gothic Manuscripts 1390-1490*, 2 vols, A Survey of Manuscripts Illuminated in the British Isles, 6 (London, 1996)

Scott, Kathleen L., *Tradition and Innovation in Later Medieval English Manuscripts* (London, 2007)

Scott-Stokes, Charity, trans., *Women's Books of Hours in Medieval England: Selected Texts Translated from Latin, Anglo-Norman French and Middle English with Introduction and Interpretive Essay* (Cambridge, 2006)

Sears, Elizabeth, *The Ages of Man: Medieval Interpretations of the Life Cycle* (Princeton, NJ, 1986)

Shillingsburg, Peter L., *From Gutenberg to Google: Electronic Representations of Literary Texts* (Cambridge, 2006). ピーター・シリングスバーグ『グーテンベルクからグーグルへ——文学テキストのデジタル化と編集文献学』明星聖子、大久保譲、神崎正英訳（慶應義塾大学出版会、二〇〇九年）

Smith, Kathryn A., *Art, Identity and Devotion in Fourteenth-century England: Three Women and their Books of Hours* (London, 2003)
Smith, Lesley, and Jane H.M. Taylor, eds, *Women and the Book: Assessing the Visual Evidence* (London, 1996)
Swanson, R. N., *Indulgences in Late Medieval England: Passport to Paradise?* (Cambridge, 2007)
Swanson, R. N., *Religion and Devotion in Europe c.1215-c.1515* (Cambridge, 1995)
Swanson, R. N., ed., *The Church and the Book*, Studies in Church History, 38 (Woodbridge, 2004)
Tenschert, Heribert and Ina Nettekoven, eds, *Horae B. M. V.: 158 Stundenbuchdrucke der Sammlung Bibermühle 1490-1550*, 3 vols (Rotthalmünster, 2003)
Watson, Rowan, *The Playfair Hours: A Late Fifteenth Century Illuminated Manuscript from Rouen (V & A, L.475-1918)* (London, 1984)
Webster, J. C., *The Labors of the Months* (Evanston, IL, 1938)
Wieck, Roger S., *Painted Prayers: The Book of Hours in Medieval and Renaissance Art* (New York, 1997)
Wieck, Roger S., *Time Sanctified: the Book of Hours in Medieval Art and Life*, with essays by L. R. Poos, V. Reinburg, and J. Plummer (New York, 1988)
Williams, David, *Deformed Discourse: The Function of the Monster in Mediaeval Thought and Literature* (Exeter, 1996)
Winn, Mary Beth, 'Biblical Typology in the Border of French Books of Hours (1488-1510)', *Acta*, 15(1998), 101-120
Winn, Mary Beth, *Antoine Vérard Parisian Publisher 1458-1512: Prologues, Poems, and Presentations* (Genève, 1997)
Winn, Mary Beth, 'Printing and Reading the Book of Hours: Lessons from the Borders', *Bulletin John Rylands Library*, 81(1999), 177-204
Winn, Mary Beth, 'Vérard's Hours of 8 February 1489/90: Prologue, Table, and Typological Borders', *The Papers of Bibliographical Society of America*, 87(1993), 337-362
Wittkower, Rudolf, *Allegory and the Migration of Symbols* (London, 1977) / R・ウィトカウアー『アレゴリーとシンボル――図像の東西交渉史』大野芳材・西野嘉章訳（平凡社、一九九一年）

伊藤博明『ヘルメスとシビュラのイコノロジー――シエナ大聖堂舗床に見るルネサンス期イタリアのシンクレティズム研究』（ありな書房、一九九二年）
木俣元一「Pro lectione pictura est?　グレゴリウス1世、イメージ、テキスト」『西洋美術史研究』1（一九九九）、一五五〜六三ページ
髙宮利行、松田隆美編『中世イギリス文学入門――研究と文献案内』（雄松堂出版、二〇〇八年）

田村俊作編『文読む姿の西東——描かれた読書と書物史』（慶應義塾大学出版会、二〇〇七年）

松田隆美「『羊飼いの暦』の書誌学的記述とデジタル・エディション」『デジタルアーカイヴ——その継承と展開　慶應義塾大学デジタルアーカイヴ・リサーチセンター報告書（二〇〇六—二〇〇九）』（慶應義塾大学デジタルアーカイヴ・リサーチセンター、二〇〇九年）、一一九～一三五ページ

松田隆美「『薔薇の名前』のコスモロジー——中世ヨーロッパの情報検索と「世界という書物」」『ドキュメントの時代』（富士ゼロックス、一九九七年）、五七～六二ページ

松田隆美「ナラティヴ・ジャンルの「権威」への挑戦——『カンタベリ物語』の場合」『英語青年』（二〇〇〇年一一月号）、四九三～九五ページ

松田隆美「一五世紀後半にルーアンで制作された時禱書（慶應義塾図書館蔵）の書物史的研究」佐藤道生編『慶應義塾図書館の蔵書』（慶應義塾大学出版会、二〇〇九年）、一五七～七一ページ

松田隆美「中世英語の宗教写本における compilatio と ordinatio ——Bodl. Libr. MS Douce 322 を中心に——」飯田隆編『西洋精神史における言語と言語観——継承と創造』（慶應義塾大学言語文化研究所、二〇〇六年）、二八一～三〇三ページ

松田隆美他『テクスト・イメージ・コンテクスト——「見ること」の心性』（慶應義塾大学　心の統合的研究センター、二〇〇七年）

あとがき

本書でとりあげた時禱書や「羊飼いの暦」のような中世後期のポピュラーな書物への興味は、私が中世イギリスの文学を主たる専門領域としてきたことと関連している。一一世紀以降のイギリスは中世末期まで、英語、フランス語、ラテン語の三言語文化であった。一二世紀のマリ・ド・フランスや一四世紀のジョン・ガワーのように、意識的に執筆の言語を選択したり使い分けたりした作家が存在したのと同じように、読者の側もそれぞれのリテラシーに応じて、三つの言語と対峙していたのである。中世後期のイギリス文学を研究対象とするとき、この三つの文学言語と読者層の関係性を無視することはできないのであり、その実体を具体的にとらえ、この時代の文学研究のためのコンテクストをつくりあげることは私の関心事のひとつである。その関心を深める過程において、時禱書や「羊飼いの暦」などのポピュラーな挿絵入り本は、自然なかたちで私の興味の範疇に入ってきた。

イメージとテクストによって構成されたこれらの書物は版を重ねて広く流通し、一四世紀から一六世紀にかけてのベストセラーであるとしばしば形容されてきたが、いまだ書物史的には十分な考察がされていない。創造性と革新性を評価の指標とする伝統的な文学史や美術史のもとでは、保守的な内容の大衆的なベストセラーが注目される余地はなかったのである。「羊飼いの暦」は、その月暦版画の魅力ゆえに、二〇世紀に何度か現代語版やリプリント版が刊行されたが、いずれも今では入手は困難である。一二カ月の月暦図だけを拡大して再版した一般向けの図版集

（*Calendrier des Bergers* [Paris: Siloé, n.d.]）も出版されたが、その序文に記された「本屋では見つからず、図書館でも閲覧困難な『羊飼いの暦』。これはなぞの書物か」という文は、『羊飼いの暦』をめぐる現代の状況を端的に表わしていると言えるだろう。また、時禱書についても状況はさして変わらない。『ベリー公のいとも豪華なる時禱書』の月暦図は広く知られているが、本書でとりあげたような工房生産や印刷本の時禱書は研究者のあいだでもあまり注目されてこなかった。実際、印刷本の時禱書には、本格的なファクシミリや校訂版も未だ存在しないのである。しかし、こうしたポピュラーな書物こそ、中世におけるポピュラリティとは何かという問題とあわせて検討に値するのであり、その研究は、一五世紀と一六世紀という、中世から近代へのゆるやかな移行期の文学史をバランスよく描きだすためには欠かせないものなのである。

終章の終わりで述べた「環境としての書物の再構築」の実践として、私は本書でとりあげた書物のデジタル・エディションを作成し、ウェブ・コンテンツとして公開している（XML Digital Edition of European Illustrated Books [http://www.flet.keio.ac.jp/~matsuda/]）。現在公開しているのは、「羊飼いの暦」の二つの版（一四九七年のフランス語版、一五五六年の英語版）と『聖母マリアの時禱書』（パリ、シモン・ヴォートル印行、一五〇八年頃）のデジタルファクシミリと、XML でタグ付けすることでいくつかの「読み」を反映させたトランスクリプション、そして、画像の拡大やテクスト比較など研究に必要な環境を拡充させるオンライン・コンテンツである。このようなコンテンツを作成する主な理由は、書物の高精細デジタル画像を研究に実際に利用し、その成果やプロセスを発表する過程で、研究と研究環境の構築は不可分であると再認識したからである。中世後期の挿絵入り本の研究とそのための研究環境として機能するデジタル・エディション作成の試みの両者を行き来することによって、新たな発想や方法論が生まれ、さらなる課題へと導かれる可能性は小さくないだろう。本書も、その過程で生まれたひとつの成果である。

本書の執筆にあたってはさまざまな助力を得た。本書で例としてとりあげた時禱書や『羊飼いの暦』の刊本の一部については、その購入および高精細デジタルファクシミリの制作を「私立大学学術研究高度化推進事業　オープン・リサーチ・センター整備事業」（二〇〇一〜二〇〇九年）及び科学研究費補助金の助成に負っている。本書に用いた図版のいくつかは、一九九六年から活動した HUMI プロジェクトならびにデジタルアーカイヴ・リサーチセンター（DARC）の研究活動によって作成された高精細デジタル画像である。高宮利行氏には、ご所蔵の写本の写真の掲載をこころよく許可していただいた。厚くお礼申しあげる。原稿を読んで貴重なコメントをくれた山岸恵美子氏と徳永聡子氏にも、謝意を表したい。本書が世に出たのは、ありな書房の松村豊氏が執筆を勧めてくれたおかげである。執筆を辛抱強く見守ってくれた松村氏には厚くお礼申しあげる。

二〇一〇年春

松田　隆美

マルミオン，シモン（Simon Marmion） 62
『マンデヴィルの旅』（*Mandeville's Travels*） 96
メアリー女王（Queen Mary） 173
メイドストーン，リチャード（Richard Maidstone） 55
『最も敬虔なる黙想』（*Meditationes piissimae de cognitione humanae conditionis*） 212

ヤ行
ヤコブス・デ・ウォラギネ（Jacobus da Voragine） 115
　『黄金伝説』（*Legenda aurea*） 115, 195
『善く死ぬ術』（*L'art de bien mourir*） 159, 164

ラ行
『ラスキン時禱書』（*The Ruskin Hours*） 18, 20
ラステル，ジョン（John Rastell） 76
『ラトランド詩篇』（*The Rutland Psalter*） 24-25
『ラトレル詩篇』（*The Luttrell Psalter*） 21
「ラピダリウム」（Lapidarium） 116
ラングランド，ウィリアム（William Langland） 36, 185, 190
　『農夫ピアズ』（*Piers Plowman*） 185, 190-91
リュトブフ（Rutebeuf） 115
「ルーアン助役職の画家」（*Maître de l'Éhevinage de Rouen*） 63, 68
『ルイ・ド・ラヴァルの時禱書』（*Heures de Louis de Laval*） 103-104
ルノー，フランソワ（François Regnault） 72, 76, 81
ル・ルー，ニコラ（Nicolas le Roux） 76, 81
ル・ルージュ，ニコラ（Nicolas le Rouge） 180
レギオモンターヌス（Regiomontanus） 155
ロウル，リチャード（Richard Rolle） 55
ロンバルドゥス，ペトルス（Petrus Lombardus） 9, 23-25, 27, 173
　『パウロの書簡への注解』（*Collectanea in epistolas Pauli*） 23, 25
　『命題集』（*Libri quatuor Sententiarum*） 9, 27, 173

人名／著作名　索引

ア行

アウグスティヌス（Augustinus）	26, 96, 98, 173, 218
『エンキリディオン』（*Enchiridion*）	173
『神の国』（*De civitate Dei*）	96
アルドゥアン，ジル（Gille Hardouyn）	69, 108
アルドゥス（Aldus Manutius）	92
アンセルムス（カンタベリーの）（Anselmus Cantuariensis）	218
イエンセン（Nicolas Jenson）	92
イシドルス，セビーリャの（Isidorus Hispalensis）	124
『語源論』（*Etymologiae*）	124
『一週間の黙想』（*Meditations upon the Seven Days of the Week*）	217
ヴィヴィアン，ニコラ（Nicolas Vivien）	81
ヴェラール，アントワーヌ（Antoine Vérard）	69, 72, 108, 117, 150
ウェルギリウス（Vergilius）	26, 158
『ウォリックのガイ』（*Guy of Warwick*）	104
ヴォートル，シモン（Simon Vostre）	69, 108, 134, 141
エラスムス（Erasmus）	148
『死に対する準備』（*De praeparatione ad mortem*）	148
オウィディウス（Ovidius）	26
「往生術」（*ars moriendi*）	34, 35
オドリコ（ポルデノーネの）（Oderic de Pordenone）	96
『東方地誌』（*Descriptio Orientalium partium*）	96
『オムネ・ボーヌム』（*Omne bonum*）	11-12

カ行

『カトリーヌ・ド・クレーヴの時禱書』（*The Hours of Catherine of Cleves*）	99, 101-102
「カレンダリウム」（kalendarium）	155, 158, 180
ガワー，ジョン（John Gower）	28, 36, 130, 216
『恋する男の告解』（*Confessio Amantis*）	28, 130
『驚異の書』（*Le livre des merveilles*）	96
ギヨーム・ド・ディギュルヴィル（Guillaume de Deguileville）	192, 200
『イエス・キリストの巡礼』（*Pelerinage de Jhesucrist*）	200
『人生の巡礼』（*Pelerinage de la vie*）	200
『魂の巡礼』（*Pelerinage de l'ame*）	192, 200-201, 203, 207, 210, 216
クリスティーヌ・ド・ピザン（Christine de Pisan）	36
クロムウェル，トマス（Thomas Cromwell）	76

グーテンベルク，ヨハン（Johann Gutenberg） 31
「グーテンベルク聖書」（The Gutenberg Bible） 31, 34
グレゴリウス１世（Gregorius I） 7-9, 44, 65, 109, 173
　『対話編』（*Dialogi*） 173
ケルヴェール，ティルマン（Thielmann Kerver） 69, 80
コラールト，アドリアン（Adriaen Collaert） 181

サ行

『サレルノ式の健康規範』（*Regimen Sanitatis Salernitanum*） 77, 141
シェイクスピア，ウィリアム（William Shakespeare） 130
　『お気に召すまま』（*As You Like It*） 130
シェファー，ペーター（Peter Schöffer） 31
ジェルソン，ジャン（Jean Gerson） 44
シャーリー，ジョン（John Shirley） 213
シャルル・ドルレアン（Charles d'Orléans） 36
『シャンペイネーブランダン時禱書』（*Champeigné-Blandin Hours*） 71
シュジェール（Suger） 116
シュテフラー，ヨーハン（Johann Stoeffler） 155-56
『死の像』（*Imagines mortis*） 147
『信仰の荒野』（*The Desert of Religion*） 192, 195, 197-99, 207, 210
『聖パトリックの煉獄譚』（*Tractatus de Purgatorio Sancti Patricii*） 159
『聖母の鏡』（*The Myroure of Oure Lady*） 44
セネカ（Seneca） 27-28
　『ルキリウスへの書簡』（*Ad Lucilium epistularum moralium libri XX*） 27-28
セレヌス（Selenus） 7
『セント・オーバンズ詩篇』（*St Albans Psalter*） 121-22
ソムナー，ジョン（John Sonmer） 155
ゾイゼ，ハインリヒ（Heinrich Seuse） 47-48

タ行

チョーサー，ジェフリー（Geoffrey Chaucer） 28, 36, 77, 80, 216-17
　『カンタベリー物語』（*The Canterbury Tales*） 28, 36, 77, 217
　『天球観測儀論』（*A Treatise on the Astrolabe*） 28
『テイマス時禱書』（*Taymouth Hours*） 104-105
テオクリトス（Theocritus） 158
デシャン，ユスタシュ（*Eustache Deschamps*） 36, 88
デッラ・ロッビア，ルッカ（Luca della Robbia） 183
「東方見聞録」→『驚異の書』
ドゥランドゥス，マンドの（Durandus Mimatensis） 8-9
　『聖務日課の原理』（*Rationale Divinorum Officiorum*） 8
『トヌグダルスの幻視』（*Visio Tnugdali*） 159

『ド・ブレイルの時禱書』(*The de Brailes Hours*) 39
ドュプレ，ジャン（Jean Dupré） 69, 113
「トリスタン物語」(Tristan) 36
『ドロゴの典礼書』(*Drogo Sacramentary*) 13, 16

ナ行
ニコラス・オブ・リン（Nicholas of Lynn） 155
『人間の救済の鏡』(Speculum Humanae Salvationis) 34

ハ行
パウエル，ウィリアム（William Powell） 173
『パドヴァ聖書』(*Bibbia Istoriata Padovana*) 12
『薔薇物語』(*Le Roman de la rose*) 12, 36
パリス，マシュー（Matthew Paris） 185-86, 188
『イギリス史』(*Historia anglorum*) 185-86
『大年代記』(*Chronica maiora*) 185
ハル，エレナー（Eleanor Hull） 217
バルトロマエウス・アングリクス（Bartholomaeus Anglicus） 124
『物性論』(*De proprietatibus rerum*) 124-25, 129
『ハンプトンのベヴィス』(*Beves of Hampton*) 104
ヒエロニムス（Hieronymus） 26
ピグーシェ，フィリップ（Philippe Pigouchet） 113, 141
ヒグデン，ラヌルフ（Ranulf Higden） 22
『ポリクロニコン』(*Polychronicon*) 22
『秘中の秘』(*Secretum Secretorum*) 124, 129
「羊飼いの暦」(Le Compost et kalendrier des bergiers) 37, 144, 149-55, 157-63, 165, 167-81, 185, 216
『羊飼いの暦と暦法』(*Le Compost et kalendrier des bergiers*) 149, 158
『羊飼いの大暦書と暦法』(*Le grant Kalendrier & compost des Bergiers auecq leur Astrologie*) 178
ヒルトン，ウォルター（Walter Hilton） 87
『実践と観想の生活』(*Mixed Life*) 87
ピンクハースト，アダム（Adam Pinkhurst） 216
『貧者の聖書』(*Biblia pauperum*) 34, 109, 110, 112-13
ピンソン，リチャード（Richard Pynson） 150
ファン・ライク，ハンス（Hans van Luyck） 181
フィリップ善良侯（Philippe le Bon） 41
フィリップ・ド・ナヴァール（Philippe de Navarre） 129
『人間の人生の四つの時期』(*Les Quatre Ages de l'homme*) 129
『フィリベール・ド・クレルモンの時禱書』(*Hours of Philibert de Clermont*) 135
フーケ，ジャン（Jean Foucquet） 62
『ブシコー元帥の時禱書』(*Heures du maréchal de Boucicaut*) 65
フスト，ヨハン（Johann Fust） 31

ブロムヤード，ジョン（John Bromyard） 27
『説教大全』（*Summa praedicantium*） 27
プトレマイオス（Ptolemaios） 128
『テトラビブロス（四つの書）』（*Tetrabiblos*） 128
プリニウス（Plinius） 96
『プレイフェア時禱書』（*The Playfair Hours*） 63
ヘシオドス（Hesiodos） 96
「ベスティアリウム」（bestiarium） 10, 12, 172
ペトラルカ，フランチェスコ（Francesco Petrarca） 132
ペトルス（セルの）（Petrus Cellensis） 18
「苦痛と読書について」（De afflictione et lectione） 18
ペトルス・コメストル（Petrus Comestor） 12
『スコラ神学の歴史』（*Historia Scholastica*） 12
ベニング，シモン（Simon Bening） 62
ベネディクトゥス（ヌルシアの）（Benedictus Nursiae） 30, 51
『ベリー公のいとも豪華なる時禱書』（*Les Très Riches Heures du Duc de Berry*） 40, 124, 125
ベリー公ジャン（Jean de Berry） 40
ベルナルドゥス（クレルヴォーの）（Bernardus Clarevallensis） 95, 218
ベルール（Béroul） 36
ヘンリー六世（Henry VI） 36
『ヘンリー八世の時禱書』（*The Hours of Henry VIII*） 77, 79, 122, 124
ボッカッチョ，ジョヴァンニ（Giovanni Boccaccio） 12, 14
『デカメロン』（*Il Decameron*） 12, 14
ボナヴェントゥーラ（Bonavantura） 9, 26
ボノム，ヨランド（Yolande Bonhomme） 108, 112, 118, 144
ボル，ハンス（Hans Bol） 181
『ホルカム聖書絵本』（*Holkham Bible Picture Book*） 12, 15
ホルバイン，ハンス（子）（Hans Holbein the Younger） 148
『死の舞踏』（*Les simulachres & historiees faces de la mort*） 148-49
ボワヴァン，ロベール（Robert Boyvin） 63, 69
ボワサール，ジャン＝ジャック（Jean-Jacques Boissard） 132-33
『人生の劇場』（*Theatrum vitae humanae*） 132-33
ポーロ，マルコ（Marco Polo） 96
ポワトヴァン，ジャン（Jehan Poitevin） 118

マ行

マセイス，クエンティン（Quentin Massys） 77, 79
マリ・ド・フランス（Marie de France） 36
マリ・ド・ブルゴーニュ（Marie de Bourgogne） 90, 92
『マリ・ド・ブルゴーニュの時禱書』（*Le Livre d'Heures de Marie de Bourgogne*） 90, 92, 99, 100
マルシャン，ギュイヨ（Guyot Marchant） 149, 159, 172, 174, 180

ヴィジュアル・リーディング
——西洋中世におけるテクストとパラテクスト

二〇一〇年八月一日　発行

著　者——松田隆美（慶應義塾大学文学部教授）
装　幀——中本　光
発行者——松村　豊
発行所——株式会社　ありな書房
東京都文京区本郷一—五—一五
電話　〇三（三八一五）四六〇四
印　刷——株式会社　厚徳社
製　本——株式会社　小泉製本

ISBN978-4-7566-1014-0 C0070